AF496722

CATALOGUE

D'UNE BELLE COLLECTION

DE

LETTRES AUTOGRAPHES

SUR L'ART, LA LITTÉRATURE ET LA MUSIQUE DRAMATIQUE

Avec des portraits, costumes coloriés, scènes, etc.

DONT LA VENTE AURA LIEU

Après départ de Paris

LE JEUDI **3** DÉCEMBRE **1857** ET JOURS SUIVANTS

à **7** heures du soir

RUE DES BONS-ENFANTS, 28, MAISON SILVESTRE

Salle n° 3

PAR LE MINISTÈRE

DE Mᵉ PERROT, COMMISSAIRE-PRISEUR

quai des Augustins, 55

ASSISTÉ DE M. LAVERDET, EXPERT

chargé de la vente

Ce Catalogue se distribue

A PARIS

CHEZ LAVERDET, expert en autographes

RUE SAINT-LAZARE, 24

1857

Prix   Anonyme   Autographes (acteurs F^a)   18/
Prix   id   d   18/
Prix   id   d   18/
Prix   id   d   18/
Prix   id   d   18/
Prix   id   (Chauveau) et livres   18/
Prix   id   id d.   18/
Prix   Esterhazy   id   18/
Prix   anonyme   id et livres   18/
        Boissieux   à Lyon   18/
Prix   M V (valette)   1
Prix   Comte de *** Autographes et livres   .18
        Chavin de Malan Edit. et Estampes   18
Prix   Jussieu   1
Prix   Lerminier   18/
Prix   anonyme (Mme Truelle)   18/
Prix   Violet le Duc   18/
Prix   M ***   18/
Prix   Anonyme (Jahine)   18/
Prix   d   (Hubert)   18/
Prix   id (date)   (Dehèque)   18
Prix   d   18/
Prix   d   18/
Prix   d   18/
Prix   id (Mlle de St Aulaire)   18/

Date	Provenance / Montant
... xbre	Lavendet 1069 avt
19 fevrier	id 474 avt
18 Mai	id 514 avt
15 avril	id 815 avt
26 9bre	Charavey 302 avt
5 fevrier	id 119 et 225 avt
27 Avril	id 230 avt
26 Mars	id 792 avt
15 Mars	id 675 et 119 avt
12 Mars	id 1225 avt
28 Mars	id 172 avt
3 fevrier 1858	id 439 & 103 avt
8 fevrier 1858	Defer 352 - 100 avt
11 janvier 1858	Labitte 1069 avt
12 xbre	id 346 avt
16 xbre	id 131 avt
11 Aout	id 100 avt
20 Avril	id 408 avt
26 fevrier	id 50 avt
23 7bre	id 411 avt
24 9bre	id 146 avt
11 juin	id 105 avt
26 8bre	id 249 avt
9 9bre	id 280 avt
3 Avril	id 248 avt

CATALOGUE

D'UNE BELLE COLLECTION

DE

LETTRES AUTOGRAPHES

SUR L'ART, LA LITTÉRATURE ET LA MUSIQUE DRAMATIQUE

Avec des portraits, costumes coloriés, scènes, etc.

DONT LA VENTE AURA LIEU

Après départ de Paris

LE JEUDI **3** DÉCEMBRE **1857** ET JOURS SUIVANTS

à **7** heures du soir

RUE DES BONS-ENFANTS, 28, MAISON SILVESTRE

Salle n° 3

PAR LE MINISTÈRE

DE M° PERROT, COMMISSAIRE-PRISEUR

quai des Augustins, 55

ASSISTÉ DE M. LAVERDET, EXPERT

chargé de la vente

Ce Catalogue se distribue

A PARIS

CHEZ LAVERDET, expert en autographes

RUE SAINT-LAZARE, 24

—

1857

ORDRE DES VACATIONS.

Première Vacation.	— Jendi 3 décembre 1857. Du n° 1 au n° 155.
Deuxième Vacation.	— Vendredi 4 décembre. Du n° 156 à 310.
Troisième Vacation.	— Samedi 5 décembre. Du n° 311 à 465.
Quatrième Vacation.. . . .	— Lundi 7 décembre. Du n° 466 à 620.
Cinquième Vacation	— Mardi 8 décembre. Du n° 621 à 775.
Sixième Vacation	— Mercredi 9 décembre. Du n° 776 à 930.
Septième Vacation.	— Jeudi 10 décembre. Du n° 931 à 1069.

Il y aura chaque jour de vente, de une heure à trois, exposition des pièces qui seront vendues le soir.

Les acquéreurs payeront 5 pour 100 en sus du prix d'adjudication applicables aux frais.

On aura huit jours pour la vérification des pièces ; passé ce délai, aucune réclamation ne sera admise.

M. Laverdet, chargé de la vente, recevra les commissions qui lui seront adressées (*les lettres doivent être affranchies*). Il est chez lui de une heure à quatre, les dimanches et fêtes exceptés, et du 15 avril au 15 octobre, les mercredis et samedis seulement.

EN DISTRIBUTION :

Catalogue de Lettres Autographes, *Manuscrits, Documents historiques*, etc. (avec prix), de A. Laverdet, à Paris, rue Saint-Lazare, 24. Ce Catalogue (dont il a déjà paru onze numéros), est envoyé franc de port, aux personnes qui en font la demande par lettre affranchie.

SOUS PRESSE POUR PARAITRE FIN OCTOBRE :

A LA LIBRAIRIE DE J. TECHENER,

Rue de l'Arbre-Sec, 52, *près la Colonnade du Louvre.*

Correspondance de Boileau et Brossette, avec les Œuvres supplémentaires. Première édition complète, en partie inédite, publiée sur les manuscrits originaux, par Auguste Laverdet, avec une Introduction par M. Jules Janin. — Un volume in-8, enrichi de plusieurs fac-simile.

Paris. — Typographie de Gaittet et Cie, rue Gît-le-Cœur, 7.

CATALOGUE

DE

LETTRES AUTOGRAPHES.

PREMIÈRE VACATION.

Jeudi 3 décembre 1857. — N⁰ˢ 1 à 155.

1. **ACHARD** (Frédéric), acteur comique du *Palais-Royal* et du *Gymnase*.   N. 1808. M. 1856.
     L. aut. sig., à M. Donvé. Rouen, 5 août 1842, 3 p. pl. in-4. Biographie imprimée, 4 pages in-4.
     Détails curieux sur ses représentations à Angers... Il est arrivé à Rouen mercredi matin 3 août. « Je lis les affiches, je vois Déjazet pour le soir, Corlotta
« Grisi, et Petitpas pour le lendemain, et toute la troupe des Folies-Dramati-
« ques, au second théâtre, heureusement que j'ai un fixe, et si je ne fais pas le
« sou ce ne sera pas ma faute, mais bien celle du directeur qui est un melon
« d'engager des acteurs ensemble, et coup sur coup. Déjazet n'a pas d'engage-
« ment pour ce mois-ci, le directeur va, je crois, nous faire jouer ensemble, ce
« soir vendredi je joue seul l'aumonier, le fumiste, fleur des champs et les
« modistes au grand théâtre ; hier Déjazet a joué au petit théâtre Frétillon et
« un scandale, il y avait beaucoup de monde..... »
     ACHARD (Léon), fils du précédent, acteur du Théâtre Lyrique. L. aut. sig., à M... 1 p. in-8.

2. **ADAM** (Adolphe), célèbre compositeur. N. 1804. M. 1856.
     L. aut. sig., à son cher Basset. 3, vendredi. 4 p. in-18. Charge de Dantan. *Le 1ᵉʳ homme.* Biogr. imp. in-4. Musicale.
     ADAM (Mlle Chérie *Courand*), femme du précédent, 1ʳᵉ chanteuse de l'Opéra National. L. aut. sig., à M... 11 mai (1856). 3 p. in-18. Papier de deuil. Jolie lettre. Intéressante.

3. **AÉRONAUTES FRANÇAIS ET ÉTRANGERS.**
     BIXIO. Billet aut. sig. — BARRAL. L. aut. sig., 2 p. in-8. — BOLLÉ père. L. aut. sig., au marquis de Sémonville (avec la réponse aut. de M. de Sémonville, 1 p. in 4). Paris, 11 juillet 1824. 2 p. in-fol. Il le prie de lui permettre d'enlever dimanche prochain, 18 juillet, dans le jardin du Luxembourg, un aérostat de grande dimension, ayant la forme d'un éléphant. — BUNTEN. L. aut. sig., au même, (également avec la réponse aut.). Paris, 5 juillet 1825. 2 p. in-fol. Demande d'autorisation pour faire une ascension aérostatique dans le jardin du Luxembourg, au profit des incendiés de la rue de Vaugirard. — CÉCILE (Mlle Cécile *Strazburger*, dite) Aéronaute de l'Hippodrome. L. aut. sig., à M. de Filippi. Anvers, 10 février 1853. 2 p. in-8. Curieuse. — MATZNEFF, russe. Deux lett. aut. sig. 1 p. in-8 et 3 p. in-18.

4. **AICKIN** (James), célèbre comédien anglais. 1731-1803.
     1°. Deux quittances signées de ses appointements. *Portr.* gravé in-8.
     2°. L. aut. sig. (en anglais), à M. Aickin jeune, 18 juillet 1796. 2 p. in-4.
     Curieuse lettre, relative à la position chanceuse du théâtre.

3º. L. aut. sig. (en anglais), à M. Peake, trésorier de Drury-Lane.
18 juillet 1801. 2 p. in-4. Belle lettre.

Il a été bien malade, il n'est sorti que trois fois depuis dix mois. Il espère
que M. Shéridan voudra bien lui faire donner le restant qui lui est dû...

5. ALBANESE (Egide-Joseph-Ignace-Antoine), célèbre
chanteur italien, compositeur. N. 1731. M. 1800.

L. aut. sig., au Ministre de l'Intérieur. Paris, 1er vendémiaire an
XI. 1 p. in-4. (Remontée, déchirure en haut de la marge intérieure).

DAVID (Giovanni), célèbre 1er ténor du Théâtre Italien. Rossini écri-
vit pour lui *Othello*, la *Donna del Lago*, etc. Quittance signée. 2 nov.
1830. 1 p. in-4.

NICCOLINI (Philippe), 1er ténor du Théâtre Italien. N. 1798. M.
1834. Résiliation d'engagement, signé. Paris, 28 janvier 1832. 1 p. in-4.

6. ALBERT (Mme Thérèse), née *Vernet*, mariée en secondes
noces à l'acteur Bignon, actrice du Vaudeville et des
Nouveautés.

L. aut. sig., à M. Singier. Paris, 31 août 1830. 1 p. in-8. *Portr.*
lith. (avant la lettre) in-4, et biog. imp. in-4.

ALBERT (Rodrigues, dit), mari de la précédente, acteur des Nouveautés et du Théâtre Français. L. aut. sig., à M. Berger, maire du 2e
arrondissement. Clermont-Ferrand, 6 août 1840. 3 p. pl. in-4. Curieuse.

7. ALBERT, père (Ferdinand-Albert *Decombe*, dit), 1er
danseur noble et chorégraphe de l'Opéra.

On a dit de lui : « Il ne saute pas autant que Paul, mais il saute avec plus de
grâce. »

L. aut. sig., à son ami Durandeau. Paris, 7 mai 1814. 2 gr. pl.
in-4. Belle lettre.

Rien ne pouvoit lui être plus agréable que la nouvelle de son avancement
auprès de M. Lainé qui l'a attaché à sa personne. On a admiré à Paris la con-
duite ferme de ce brave M. Lainé. Combien les Bordelais doivent s'énorgueillir
de posséder un homme qui s'est en quelque sorte dévoué pour le salut de sa
patrie..... « Il ne m'est rien arrivé le jour de l'affaire de Montmartre, malgré
« que nous ayons entendu siffler les balles et les obus à nos côtés. Nous
« sommes à présent fort tranquilles à Paris, les spectacles sont pleins tous les
« jours. Paris est superbe dans ce moment-ci, il y a une affluence d'étrangers
« extraordinaire. Nous avons donné il y a quelques jours un spectacle où il y
« avait une petite société assez passable ; voici les principaux personnages qui
« la composoit : S. M. l'Empereur de Russie, le Grand Duc Constantin ; S. M.
« le roi de Prusse, le prince son frère, et S. A. R. le comte d'Artois. La salle
« était comble, ils ont excité un enthousiasme général, toutes les applications
« ont été saisies avec transport, ils doivent être bien flattés de l'accueil qu'on
« leur a fait..... Quelques jours après nous avons eu l'honneur d'être applaudis
« par Mgr le duc de Berry, dans une représentation des plus brillantes. Enfin,
« mon ami, nous sommes enchantés, ma femme et moi, de tous les événements
« qui ont eu lieu, puisqu'ils assurent le bonheur à la France...... »

ALBERT (Mme Louise), née *Himm*, femme du précédent, 1re chanteuse de l'Opéra. Romance de J.-J. Rousseau, paroles et musique
aut. in-fol. Portr. lith. dans le rôle d'*Olimpie*.

8. ALBERTAZZI (Miss Emma Howson, femme), célèbre
cantatrice du Théâtre Italien de Paris et de Londres
Née en 1814. Morte en 1847.

L. aut. sig. (en anglais, à la 3e personne), à M. Philipps. 23 mai
1838. 1/2 p. in-8. Biogr. impr. (en anglais). *Portr.* gravé (avec Paul
Bedfort) dans l'*Elisir d'Amore*. In-18.

UNGHER (Mlle Caroline Unger, dite en Italie), femme *Sabatier*, célèbre cantatrice, admirable dans *Lucrezia Borgia*. L. aut. sig., à Ferville. Rome, 6 janvier 1835. 2 p. pl. in-4. Portr. lith. in-4. Belle
lettre théâtrale.

9. ALBERTINE (*Coquillard, Mlle*), danseuse de l'Opéra en

1838. Connue par la passion qu'elle inspira à un haut personnage de la Cour de Louis-Philippe. Cette liaison eut pour suite son départ pour Londres. Morte à l'hôpital en 1849.

Billet aut. sig., à son directeur. 1 p. in-12. Cachet. *Portr.* anglais lith. (avec Bretin), in-4.

BELLON (Mlle Elisa), femme *Albert*, dite *Albert Bellon*, danseuse de l'Opéra. *Adieu!* Pièce de vers aut. 2 p. in-4.

10. ALBONI (Mlle Marietta), femme *Pepoli*, célèbre cantatrice italienne.

Fragment musical aut. sig. Londres, 15 juillet 1856. in-8 en travers. Biogr. Deux anecdotes impr. en anglais. Deux *Portr.*-costumes in-8 et in-4.

11. ALDEGONDE (Mlle Aldegonde-Jeanne *Pélissié*, dite), actrice de l'ancien théâtre des Variétés. N. 1792.

L. aut. sig., à Dumersan, sans date. 1 p. in-4. *Portr.*-costume colorié. Théâtrale. *Rare.*

12. ALDRIGE (Ira), dit le *Roscius africain*, très-éminent acteur tragique et comique. Né au Sénégal.

L. aut. sig. *Ira Aldrige Africa Tragedian*, à M.... Munich, 24 août 1854. 1 gr. p. pl. in-4. *Portr.* et biogr. impr. en anglais.

Belle et curieuse lettre sur ses succès sur les théâtres de l'Allemagne, de Berlin, de Vienne, Wurtemberg, etc. Il a l'intention de venir en France avec une troupe d'artistes anglais pour donner les représentations suivantes : Othello, Macbeth, King Lear, Richard, Merchant of Venise et Bertram.

13. ALEXIS DIDIER, célèbre somnambule, débuta aux Folies-Dramatiques en 1850, dans *Blanche et Blanchette*.

1o. Fragment d'un de ses rôles copié par lui. 2 p. pl. et tiers in-8.
2o. Billet aut. sig. *Alexis.* 1/2 page in-8.
MARCILLET (son magnétiseur). L. aut. sig. (au crayon). 13 juin 1850. 1 p. in-8.

14. ALLAN (Mme *Caradori*), née Marie-Catherine Rosalbina de *Munck*, célèbre cantatrice et compositeur de romances. N. 1800.

Billet aut. sig. (en anglais). 12 oct. 1844. 1 p. in-18. *Portr.* anglais lith. in-8. Envoi de son autographe.

ALLAN (Edward), mari de la précédente. L. aut. sig., à Benelli. 1 p. in-8. Deux quittances sig. pour sa femme. 1825.

15. ALLAN-DESPREAUX (Mme), née Louise-Rosalie *Despréaux*, célèbre actrice de la Comédie-Française, d'abord au Gymnase. N. 1810. M. 1856.

1o. Son répertoire aut. 1 p. et quart in-8. *Portr.* lith. in-8. — 2o. Billet aut. sig. 1 p. in-8.

ALLAN, mari de la précédente, acteur du Théâtre Feydeau, des Variétés et du Gymnase. Billet aut. sig., à son cher camarade .... 2 p. in-18.

16. ALLEMANDS (acteurs tragiques et comiques).

BAUMEISTER (Wilhelm). 1 p. in-4. — BECKER (Carl). 1833. 2 p. in-4. — BESCHORT Fréd.-Jonas). 1828. 1 p. in-4. — BLUMAUER (Charles). 1827. 2 p. in-4. — BOLTZMANN (Ant.-Charles). 1843. 1 p. in-4. — BUNDE (Camille), mari de la célèbre chanteuse, Jenny Ney. Quatre vers aut. sig. 1853. — BURMEISTER (Fréd.). 1835. 1 p. in-4. — CARL (Charles Von *Bernbrunn*, dit Carl). 1837. 1 p. in-4. — Ensemble 12 lett. aut. sig. (en allemand). Très-beau lot.

17. ALLEMANDS (acteurs tragiques et comiques).

DITTMARSCH (Charles). 1/3 de p. in-4. — DURAND (Auguste). Quatre vers de Gœthe. 1846. 1/2 p. in-4. — ECKHARDT (Siegfried-Gotthelf), dit *Kock*. Billet relatif à l'acteur Rosner. *Portr.* gravé. — FICHTNER (Charles). 1 p. in-18. — GRUA (Franç.-Guill.). Deux lett. 1 p. in-8 et 1 p. in-4. — HASSEL. 1 p. in-4. — HELLWIG (Fréd.). 1817. 1 p. in-4. Jolie et aimable lettre. — JERRMANN (Edouard), à M. Ottinger. Cologne, 15 avril 1834. 1 p. pl. in-4. Il lui annonce qu'hier il a fait son 1er début dans le roi *Léar*, et qu'il a fait fureur. A la fin de la pièce, le public en masse l'a rappelé. — Ensemble, 9 lett. et pièces aut. sig. (en allemand), et 1 portrait. Très-beau lot.

18. ALLEMANDS (acteurs tragiques et comiques).

JOST (Jean-Ch.-Fréd.). 1845 1 p. in-8. — KETTEL (Georges). 1842. 1 p. in-4. Relative à sa traduction de la comédie de Scribe, *Oscar, ou le mari qui trompe sa femme*. — KRIETE (Georges-Jean-Auguste-Werner-Henri). Vers aut. sig. 2 p. in-8. — LEBRUN (Ch.-Aug.). Deux lett. 1834 et 1837. 1 p. in-8 et 1 p. in-4. — LOWE (Louis). 1834. 1 p. in-12. *Portr.* lith. in-4. — OCHSENHAIMER (Ferd.). 1806. 1 p. et demie in-4. — PAULI (Louis-Ferd.). 1833. 1 p. in-8. — PERGLASS (Fréd.-Guill.-Henri-Auguste), et auteur dramatique. 1843. 1 p. in-fol. — PORTH (Fréd.-Guill.). 1827. 1 p. in-fol. — Ensemble, 10 lett. et pièces aut. sig. (en allemand), et 1 portrait. Très-beau lot.

19. ALLEMANDS (acteurs tragiques et comiques).

QUANTER (Charles-Auguste-Louis). 1849. 2 p. in-8. — REGER (Phil.-Salomon). Pièce tirée de Gœthe. 1844. 1/2 p. in-4. — RINGELHARDT (Fréd.-Sebald). 1835. 1 p. in-4. — ROTH (Maurice). 1845. 1 p. in-4. — SCHMIDT (Ch.-Christian). 1845. 1 p. in-4. — SOLBRIG (Charles-Fréd.). 1815. 1 p. in-4. — STAWINSKI (Charles). 1833. 1 p. in 8. — VOGEL (Wilhelm). 1838. 1 p. in-4. — WALLNER (Franç.). 1843. 1 p. in-8. — WERDY (Fréd.-Aug.). 1823. 1 p. et quart, in-8. — ZALLHAAS (J.-B. Von). 1848. 3 p. in-4. — Ensemble, 11 lett. aut. sig. (en allemand). Très-beau lot.

20. ALLEMANDS (chanteurs, ténors, barytons, basses-taille).

ABIGER (Fréd.). 1855. 1 p. in-8. — BABNIGG (Ant.). 1842. 1 p. in-8. — BADER (Charles-Adam). 1837. 1 p. in-8. — BLUME (Henri-*Blum*, dit). 1842. 2 p. in-4. Cachet. — GENAST (Edouard-Franç.). 1841. 1 p. in-8. Et lettre de son père, régisseur général du Théâtre de Weymar, avec le répertoire d'Opéra de Mme Unzelmann. 1818. 2 p. in-4. — GERSTACKER (Fréd.). 1821. 1 p. in-4. Cachet. — GERSTEL (Aug.). 1851. 2 p. in-8. — NESTROY (Jean). 1842. 1 p. in-4. — POECK (Joseph). 2 p. in-4. — SIEBERT (Franç.). 1827. 1 p. in-4. — STIGELLI (Jules-G.). 1 p. et demie, in-8. — TŒRPER (Carl). Quittance. 1816. 1 p. in-8. — Ensemble, 12 lett. et pièces aut. sig. (en allemand). Très-beau lot.

21. ALLEMANDS (célèbres chanteuses des théâtres).

BARTH (Anna-Maria-Wilhelmine von *Hassell*, femme). 1845. 1 p. in-18. — GENTILUOMO (Aloïse *Spatzer*, femme). 1844. 1 p. in-4, et une pièce (aut. de Zachariast Ernst) à elle adressée. 1 p. in-8. — HAHNEL (Amélie). 1844. 1 p. in-8. — HEYGENDORFF (Caroline *Jagemans* von). Une des plus jolies femmes et des plus ravissantes cantatrices d'Allemagne, maîtresse du grand-duc de Weimar, qui lui donna la seigneurie et le titre d'HEYGENDORFF. 1 p. in-18. — KRIETE (Henriette *Wüst*, femme). Pièce a. s. tirée de Gœthe pour M. de Falkenstein. 1846. 1 p. in-4. — MILDER (Anna), femme *Hauptmann*). 3 p. in-8. — PIXIS (Francilla), fille adoptive du musicien Pixis. Fragment aut. 1 p. in-18. — SCHUBERT (Maschinka *Schneider*, femme). Deux lett. 3 p. in-18. Musicales. — TUCZEK (Léopoldine). 1845. 1 p. in-4. Intéressante. — VELTHEIM (J.-M.-Charlotte). 1842. 1 p. in-18. — Ensemble, dix lett. et pièces, dont neuf aut. sig. (en allemand). Très-beau lot.

22. ALLEMANDES (actrices tragiques et comiques).

Berg. (Francisca). Deux lett. 1843 et 1844. 2 p. in-4. — Binder (M... *Meyer*, femme *Von der Klogen*, puis femme). 1 p. in-8. — Crelinger (Augusta *Düring*, femme *Stich*, puis femme). 1 p. in-8. — Eigensatz (Chrétienne Dorothée). 1804. Demi-p. in-8. Cachet. — Krickeberg (Sophie-Fréd. *Koch*, femme). 1821. 2 p. in-8. — Lebrun (Antoinette), Lady *Donne*. 1847. 1 p. in-18. — Michalesi (Maria). Deux vers aut. sig. 1855. — Rettig (Julie *Gley*, femme), charmante et affectueuse lettre. — Schwarz (Thérèse). 1 p. pl. in-8. Musicale. — Weissenthurn (Jeanne-Franul-Véronique *Grünberg*, femme), et auteur dramatique. 1824. 1 p. in-4. Relative à sa pièce de *Pauline*. Sa biographie ms. en (allemand) de M. Falkenstein. — Ensemble, 11 lett. et pièces aut. sig. (en allemand). Très-beau lot.

23. ALLAYN (Edward), célèbre acteur anglais sous Elisabeth et Jacques Ier, ami et camarade de Shakspeare. Plus tard, fondateur du collége de Dulwich, où il fut enterré.

Quittance aut. sig. (en anglais) de la somme de 20 schelling. 7 novembre 1624. In-8 en travers. Portr. gravé in-8. Note ms. de M. Winston. *Très-rare.*

24. AMBIGU-COMIQUE (acteurs du théâtre de l').

Albert (Aug.-Alfred *Thiry*, dit). Deux lett. - - Constant. 1855. — Debreuil. — Dubiez. Rôle de *Bertrand* dans l'*Auberge des Adrets.* 1836. *Rare.* — Dumont (Edme), surnommé le *Molé des boulevards.* Engagement sig. 1er pluviôse an VIII. 1 p. in-4. *Rare.* — Duplanty (*Morain*, dit). Sa présence seule suffisait pour mettre en gaieté le parterre et l'amphithéâtre. 1831. — Fleury (E.) — Gaston. — Laurent (Joseph), l'idole des boulevards. 1853. Portr. — Costume colorié. — Omer (Pierre-Théophile *Penot*, dit), scélérat des plus atroces.... au théâtre. — Révalard (Pierre-Joseph). Quittance aut. sig. de la somme de 24 liv. sur sa pièce des *Trois Hermites blancs.* 17 nov. 1811. in-18. *Rare.* — Roger, et auteur dramatique. 1845. Intéressante. — Salvador (J.-B. Tuffet), et auteur dramatique. 1850. *Portr.*-costume colorié. — Verner (Victor *Durandin*, dit), deux *portr.*-costume coloriés. — Ensemble, 15 lett. et pièces, dont quatorze aut. sig., et quatre portraits. Joli lot.

25. AMBIGU-COMIQUE (actrices du théâtre de l').

Barthelemy (Elisa). 1835. — Emma (*Bertrand*). *Portr.*-costume colorié. — Henry (Henriette-Anna). — Irma (*Pique*), femme *Gabriel*. *Portr.*-costume colorié. — Jeanne (Anaïs). — Laudié (Aglaé). *Portr.*-costume colorié. — Marcel (Eléonore-D... *Lecerf*, dite Marie). — Martin (Virginie). 1836. Portr.-costume colorié. — Pastelot (J.-Clémence *Bury*, femme Alexis). 1840. Théâtrale. — Saint-Firmin, femme de l'excellent acteur Saint-Firmin. 1834. — Verteuil (Elisa-Armand). 1827. 4 p. in-4. Curieuse. — Ensemble, 11 lett. aut. sig. et trois portraits.

26. AMBIGU-COMIQUE (directeurs du théâtre de l'), auteurs dramatiques.

Audinot (Nicolas-Médar), acteur de la Comédie Italienne, qu'il quitta pour fonder et diriger le théâtre de l'Ambigu-Comique. Né à Nancy, en 1741. Mort le 21 mai 1801. Etat signé des frais journaliers du spectacle de l'Ambigu-Comique. 1 p. in-4. *Rare.* — Beraud (Antony). Cession signée des *Prisonniers de guerre.* 1825. in-8, en travers. Vue gravée de l'Ambigu. — Ces-Caupenne (le baron Octave de) L. aut. sig. 1835. 2 p. in-8. Curieuse. — Chaussier (Hector). Cession aut. sig. (sig. aussi par Fleureau de Ligny et Chateauvieux) de *Maria ou la Forêt de Limberg.* 15 thermidor an VIII. 1 p. in-4. *Rare.*

— COURNOL. L. aut. sig. (sig. aussi par Cormon). 1838. 2 p. in-8.
— DESNOYERS (Charles-Louis-Fr.) L. aut. sig. 1849.

27. AMBURGH (Van), célèbre dompteur d'animaux. Il a joué à la Porte-Saint-Martin en 1839 (la *Fille de l'Emir*). Né en Amérique.

Billet aut. sig. (en anglais), à M. Alfred Vernon. 30 avril 1848. 1 p. in-18. Envoi de son autographe. Portr. gravé. *Rare*.

GÉRARD (Jules), officier des spahis, célèbre tueur de lions. L. aut. sig. au directeur... 22 déc. 1856. 1 p. in-8. Intéressante.

CUMMING (Gordon), célèbre tueur de lions ; le Gérard de l'Ecosse. Il donna, en 1856, des soirées à Londres, où il raconta ses aventures. Billet aut. sig. (en anglais), à M. Vernon. 1856. in-8. Enveloppe avec cachet. Envoi de son autographe.

28. AMÉRICAINS (acteurs et actrices), directeurs de théâtres américains.

BUCHANAN (Mac-Kean). L. aut. sig. (en anglais). 1 p. in-8. Biog. impr. — HACKETT (James-Henry). L. aut. sig. (en angl.) in-8. 1845. Sa sig. découpée. Notice impr. — BARRETT (Mme Jane). L. aut. sig. (en angl.). 1848. 1 p. in-12. — SINCLAIR (miss Catherine), femme *Edwin Forrest*). L. aut. sig. (en angl, à la 3e personne). 2 p. in-8. — PRICE (Stephen), directeur en Amérique, plus tard, directeur de Drury-Lane. L. aut. sig. (en angl.). 1 p. et quart in-8. Si la musique est prête, il la paiera, sinon non. Il a déjà supporté assez de *blagues* de la part de M. Mapleson. — SMITH (E.-T.), directeur de Drury-Lane, à Londres. L. aut. sig. (en anglais). 1 p. in-8. Curieuse.

29. AMIEL, acteur de la comédie italienne (1783), du théâtre de la Cité, puis des Variétés dont il devient directeur-associé. N. 1747. M. 1807.

Pièce aut. sig. (sig. aussi par ses co-associés, Crétu, César et Brunet). 15 avril 1807. 1 p. in-4. *Rare*.

CÉSAR, acteur de Versailles, puis des Variétés, dont il devint directeur-associé. Pièce sig. par lui, Crétu, Brunet et Derville. in-8, en travers.

BRUNET (Jean-Joseph *Mira*, dit), célèbre acteur et directeur des Variétés. Pièce sig. par lui et par Crétu. 1808. 1 p. in-fol. Trois portr.-costumes, dont 2 coloriés.

CRÉTU, acteur-associé-directeur du théâtre de la Montansier, puis directeur des Variétés. L. sig. (sig. aussi par Desprez, Brunet et Lespinasse), à Charles Nodier. 11 janvier 1823. 1 p. in-4. — Billet de spectacle signé.

30. ANCELOT (Jacq.-Fr.-Arsène), littérateur, auteur dramatique, directeur du Vaudeville, membre de l'Académie Française. N. 1794. M. 1854.

Improvisation d'Olga. Pièce de vers aut. sig. Paris, 26 février 1829. 1 p. pl. et demie in-8. *Portr.* lith. in-4. Biogr. impr. 4 p. in-4.

ANCELOT (Mme), née Marie-Virginie *Chardon*, femme du précédent, romancière et auteur dramatique, née à Dijon, en 1792.

L. aut. sig., à M.... Paris, 8 nov. 1853. 1 p. in-8. *Portr.* lith. in-4. Biogr. impr. 4 p. in-4.

31. ANDRIEUX (Fr.-Guill.-Jean-Stanislas), auteur dramatique, membre de l'Académie française. N. 1759. M. 1833.

1°. L. aut. sig., à M. Bellancourt. Paris, 30 août 1832. 1 p. in-8. *Portr.* gravé in-4.

2°. Feuille de présence du jury de lecture de l'Odéon, séance du 24 juin 1826, signée Andrieux, Raynouard, Auger, Mély Janin, de Nugent, Alissan de Chazet, Gimel, etc. 1 p. in-fol.

32. **ANGELY** (Louis), acteur comique du théâtre de Berlin, auteur dramatique.　　　　N. 1780. M. 1836.
Recueil aut. sig. de onze pièces de vers (en allemand), dont les titres sont : un *Châle de crêpe de Chine*, une *Paire de Gants*, un *Bouquet de roses artificielles Pompadour*, etc. Dix p. pl. in-8, plus une page de titre.

33. **ANGLAIS** (acteurs tragiques et comiques).
Abbott (Will.). — Amherst (John), et auteur dramatique. Trois lett. 1817-22. — Anderson (James-Robertson) 1849. *Portr.* — Armstrong (Justinian). 1824. Intéressante. — Attwood (Will.), bas-comique. Lors de la représentation de *Monte-Christo*, par les artistes Français, à Drury-Lane, il fut un des émeutiers les plus acharnés. 1848. — Auld (Alex.-Saint-Georges). 1809. Affiche impr. du théâtre Surrey. Rare. — Baker (Henry). 1817. Intéressante. — Balis (John-Stanley). Deux lett. — Barnett (Morris), excellent acteur dans les rôles de français. *Portr.* dans *Pauvre Jacques*, et biogr. impr. — Barrymore (Will. *Bluett*, dit). Deux lett. 1819. Curieuses. — Bass (Charles). 1834. — Ensemble, quinze lett. aut. sig. (en anglais), 22 p. in-8 et in-4, et 2 portr.

34. **ANGLAIS** (acteurs tragiques et comiques),
Bedford (Paul). 1842. Scène gravée. — Bellamy (P.-B.). 1833. Belle lettre théâtrale. — Bennett (Stephen). 1835. — Bennett (Georges). Trois lett., dont une à la 3e personne. *Portr.* et biogr. anglaise. — Bennett (Will.). Deux lett. 1840 et 1842. — Bernard (John). *Portr.* gravé dans *Jack Meggot*. *Rare.* — Bernard (Will. Bayle). Littéraire. — Betterton (Will.). 1813. Intéressante. — Beverley (Will. Roxby). 1840. — Brough (Robert B.). 1852. — Butler (Samuel). 1834. Théâtrale. — Byrne (Joseph). 1802. — Campbell (A.-L. *Voullaire*, dit). Trois lett. 1833. Littéraires. — Carles (J.-H.). Lett. 1815, et un billet aut. — Ensemble, seize lett. aut. sig. et deux billets aut. (en anglais). 28 pages in-12, in-8 et in-4, et 3 portr.

35. **ANGLAIS** (acteurs tragiques et comiques).
Carr (G.-C.). 1818. Théâtrale. — Cathcart (James-L.). — Caulfield. Quitt. sig. 1802. *Portr.* gravé. — Chatterley (R.-E.). 1821. Théâtrale. — Chippendale (Will.). Deux lett. 1812 et 1819. Littéraires et théâtrales. — Chippendale (J.-M.). Fragment de l'*Ecole du scandale*, envoyé comme aut. 1856. — Clifford (Will. *Nash*, dit). 1822. Deux affiches. *Rare.* — Collins (J.). Deux lett. 1842 et 1844. Théâtrales. — Compton (Henry). L. a. s. (à la 3e personne). *Portr.* — Conquest (Robert). Deux lett. 1835 et 1837. — Cooper (John). Trois lett. 1836 à 1845. Deux *Portr.* — Coveney (H.). 1813. Intéressante. — Ensemble, seize lett. aut. sig., et une pièce sig. (en anglais). 20 pages in-12, in-8, in-4 et in-fol., et 4 portr.

36. **ANGLAIS** (acteurs tragiques et comiques).
Creswick (Will.). 1848. *Portr.* et biog. — Davide (G.-B.). Billet de spectacle aut. sig. Rare. — Digges (West). Curieuse et rare. — Egerton (Daniel). Deux lett. 1822 et 1833. — Fairbrother (Robert). 1821. Belle lettre théâtrale. 3 gr. p. pl. in-fol. — Farley (Charles). Deux lett. 1820 et 1834. *Portr.* gravé. — Farrell (John). Trois lett. — Fenton (Edm.-James). Après quarante ans de service et d'esclavage, il se trouve dégoûté d'un état qui doit finir par la misère... Il ne fait qu'un vœu, celui de pouvoir quitter le théâtre à tout jamais. — Fischer (David), et auteur dramatique. Fragment aut. sig. d'un de ses rôles envoyé pour une collection d'autographes. 1856. — Foot (John-Forrester). 1817. — Forester (Henry). Deux lett. 1835 et 1839. — Forster (John). 1847. — Forster (Sidney). 1839. Relative à des entrées supprimées. Curieuse. — Ensemble, quinze lett. et deux bil-

lets aut. sig. (en anglais), 23 pages in-12, in-8, in-4 et in-fol., et deux portr.

37. ANGLAIS (acteurs tragiques et comiques).

GATTIE (Henry). Rare. Beau *portr.* gravé (rôle de *M. Morbleu*). In-fol. — *Glover* (Edmond). — GRANBY (Cornelius-Will.). 1849. — GRANT (J.-M.). 1804. Intéressante. — GRAY (H.). 1832. Curieuse. — GRÉGORY (Barnard). 1846. Petit *portrait* fort rare. — HALFORD (R.). 1841. — HAMMOND (Will.-John) 1839. — HAINES (J.-Fr.). 1841. — HALL (Henry). 1842. — HARLEY (John-Pritt). Trois lett. théâtrales ou littéraires. *Portr.* et imprimé, et feuille de sept jolis portraits gravés, où se trouve le sien très-ressemblant. — HICKS (Newton-Troen). *Rare. Portr.* — HILL (Benson-E.), et littérateur, rédacteur en chef du recueil mensuel, *The new Monthley magazine*. S'il avait su que M... faisait une collection d'autographes, il aurait pu lui en donner, et de très-rares. Son ami, M. Cole, le *géant-collecteur*, qui possède 80,000 autographes, lui a pris tout ce qu'il a pu demander, emprunter, ou voler! !! — HOLL (Henry). *Portr.* — Ensemble, quinze lett. aut. sig. (en anglais), 21 p. in-12, in-8 et in-4, et six *portr.*

38. ANGLAIS (acteurs tragiques et comiques).

HOLLAND (Charles). — HONNER (Robert-Will.). *Portr.* — HOOPER (Edward). Deux lett. 1834. — HUDSON (James). Deux lett. Scène gravée de *l'Etranger mystérieux* (Satan, ou le Diable à Paris). — HUGHES (John). *Portr.* gravé. — HUGHES (H.). — JONES (Richard). L. a. s. (à la 3e pers.). 1832. — JONES (Charles-Will.). 1825. Belle lettre. — LACY (Willoughby). Deux lett. *Rare.* — (Walter-Will.). — LAMBERT (J.-C.) 1832. Belle lettre théâtrale. — LÉE (John). Son engagement à Paris, signé aussi, comme témoin par le célèbre acteur *Abbott. Portr.* — Ensemble, douze lett. aut. sig., et trois pièces sig. et aut. (en anglais), 26 pages in-12, in-8, et in-4, et quatre portr.

39. ANGLAIS (acteurs tragiques et comiques).

MACARTHY (Georges). Deux lett. 1817. Affiche impr. — MARCHDANKS (E.). 1809. — MATTHEWS (Franck). Deux lett. — MAY (Henry). L. a. s. et deux engagements, sig. par lui et par Elliston. — MAYWOOD (Robert). 1817. *Rare. Portr.* gravé, rôle de *Jago*, dans *Othello.* — MEADOWS (H. Drinkwater). Deux lett. théâtrales. 1834. — MEGGETT (J.). 1809. — MIDDLETON (Will. *Middlecoat*, dit). L. a. s. 1813. Intéressante, avec l'affiche de son jour de début. Rare. Pièce sig. W. Middlecoat. *Portr.* gravé. — MILLER (Will.), dit *Miller le Marin*. Engagement signé par lui, et aut. sig. par Elliston. 1810. *Rare.* — MINTON (James). Deux lett. 1811 et 1817. — MUDE (Francis). 1819. Théâtrale. Intéressante. Affiches impr. de ses débuts. — MUSGRAVE. (C.-P. *Muskett*, dit). 1812. Affiche de son début, et comptes-rendus imprimés.— NORMAN (R.-H.). 1833. Deux affiches impr. — Ensemble, seize lett. aut. sig., et quatre pièces sig. (en anglais), 32 pages in-8 et in-4, et deux portr. Superbe lot.

40. ANGLAIS (acteurs tragiques et comiques).

OSBALDISTON (Daniel Webster). 1853. *Rare.* — OXBERRY (W.). Son engagement (minute) signé par lui et par Ward pour la direction, 1817, et quitt. sig., et lett. aut. sig. de sa veuve. Scène gravée. — PARRY (John). 1852. — PARRY (Tom.). Deux lett. 1833 et 1838. Théâtrales. PENLEY (Sampson *Junior*). Son engagement à Drury-Lane, sig. aussi par Elliston. 1821. *Rare.* — PERKINS (Charles). Trois lett. 1841 et 1843. Théâtrales. — POWELL (John). Deux lett. 1814. — PRITCHARD (John Langford).— PURSER (John). Deux lett. Affiche.— ROBSON (Thomas-Fréd.). et affiche impr. — Ensemble, quatorze lett. aut. sig. et trois pièces sig. (en anglais), 22 pages in-8 et in-4.

41. ANGLAIS (acteurs tragiques et comiques).

ROGERS (Will.). 1856. — ROXBY (Robert). 1849. — SANTER (Thomas). 1818. Intéressante. - - SCHARF (Henry). 1848. *Portr.* — SERLA

(Thomas-James). Deux lett. 1842. — SELBY (Charles). L. a. s. (à la 3e personne). 1845. — SMITH (Will.). — STANSBURG (Georges-F.). Deux lett. 1842. — STRICKLAND (Robert). Rare (il n'écrivait presque jamais). Scène gravée des *Joyeuses Comères de Windsor*. — TAYLEURE (John). — THOMPSON (Charles). — TILBURY (Will.-Harris). 1845. Curieuse. — Ensemble, treize lett. aut. sig. (en anglais), 15 pages in-8 et in-4, et deux portr.

42. ANGLAIS (acteurs tragiques et comiques).   3

VINING (Will.). — VINING. (Frédérick). 4 lett. — VINING (James). 2 lett. — VINING (Miss Mary). Portr. — VINING (Miss Fanny). 3 lig. aut. sig. — WADDY (J.). 1788. Théâtrale. Rare. — WEBSTER (Benjamin). 2 lett., 1839 et 1844. 2 scènes gravées. — WEBSTER (Fréd.). 3 lett. affiche impr. — WEBSTER (John-West). 1843. — WEST (Will.). Billet d'entrée pour *sept* personnes au théâtre Astley. Aut. sig. curieux et rare. — WIGAN. Billet aut. sig., à la 3e personne. 1856. Portr. — WILD (Georges *Brodie*, dit). Portr. — WILKINSON (James-Pimburg). 1831 et 1842. Portr. gravé — WINSTON (John). 4 lett. 1805 et 1812. — WOOLAGAR (Will.). — WYNNE (G.). 1827. — YARNOLD (Georges). 1824. Théâtrale. YOUNGE (A.) Portr. — COVENT-GARDEN). Lettre relative au théâtre de), signée par John White, Georges Robins, Charles Kemble. 23 février 1810. 1 p. in-4. — Ensemble, vingt-quatre lett. aut. sig., et trois pièces sig., ou aut. (en anglais), 29 pages in-8 et in-4, et 7 *portr.* ou scènes.

43. ANGLAIS (acteurs chantants).

ALLEN (Henry-H.). 1848. — ANDERSON (Joshua-Rose). L. aut. sig. 1836, et billet d'entrée aut. sig. 1833. — BARBER (Georges). Deux lett., a. s., et un billet aut. 1837-1846. — BELLAMY. L. a. s., et un billet au. s. au crayon, offre de sa loge. *Portr.* gravé. — BINGE (J.). 1838. Théâtrale. — BORRANI (C.-G. *Boisragon*, dit). 1845. — BRAHAM (Charles), 1849, et enveloppe aut. de lettre de son père. — BRAHAM (Augustius). 1856. En partie en musique. Jolie lettre. — COOKE (Thomas). N. 1781 M. 1848. Deux lett. — COOKE (James). Deux lett. 1801. Théâtrales ; intéressantes. — FRAZER (J.). son engagement signé par lui et le directeur Calcraft, au théâtre royal de Dublin. 1841. — Ensemble, quatorze lett. aut. sig. et trois pièces sig. et aut. (en anglais), 18 pages in-18, in-8 et in-4, et 1 portr. gravé.

44. ANGLAIS (acteurs chantants).

HARRISON (Will.). *Portr.* scène. — ISAACS (John). L. a. s. (à la 3e personne), joli *portr.* gravé, affiche et biographie imprimée. Théâtrale, rare. — INCLEDON (Benjamin-Charles), petit billet a. s. joli *portr.* gravé. *Rare.* — KING. (Donald-W.). 1849. Intéressante. — LEFFLER (Adam). Sa sig. aut., avec celles de Wilson, Frazer, Philipps, Braham, Harrison, et Mme Keeley. — Mc KEON (P.-T,-S.). Son engagement signé par lui et Elliston. 1817. — Table imprimée d'amendes, signée par lui et par Elliston. L. a. s. (à la 3e personne). 1820. — MALLINSON (Joseph). Quatre lett. 1809-1818. — MILLAR (Thomas). Engagement signé, sig. aussi par Elliston. 1822. Affiche impr. — MILLEN (Samuel). Billet a. s. — Deux lett. a. — Deux quitt. sig., et plusieurs affiches. — MORLEY (John). Théâtrale. — NATHAN (Isaac), et affiche, et art. imprimés. — NICHOLSON (Renton). 1841. Ensemble, onze lett. et billets aut. sig., huit billets et pièces. sig. et aut. (en anglais). 27 pages in-18. in-12. in-4 et in-fol., et 3 portr.

45. ANGLAIS (acteurs chantants).

PEARMAN (Will.). L. a. s. — L. a., la sig. a été coupée. — Quitt. sig. — Engagement rempli mais non sig. — Affiche, etc. — PYNE (James-Hendrick). 1825. — Deux quitt. sig. — Deux affiches. — RAFTER (John). Il étudie en ce moment le rôle d'*Ardenford*, afin d'être prêt à le jouer en cas d'indisposition. — SÉGUIN (W.-H.) = STRETTON (George). — TAYLOR (Charles). Trois lett. *Portr.* gravé. — TEMPLETON (John).

WEISS (Willoghby-Hunter). 1838. Intéressage théâtrale. Scène gravée. — WELSH (Thomas). Deux lett. — WHITE (Clément). — WILSON (John). Deux lett. 1843 et 1845. Intéressantes. — YARDLEY (Charles). L. a. s., et son engagement sig., par lui et par Elliston. 1823. — Ensemble, seize lett. aut. sig., et quatre pièces sig. et aut. (en anglais), 32 pages in-18, in-12. in-4 et in-fol., et 2 portr. et scène.

46. ANGLAIS (directeurs de théâtres).
ARNOLD (A.-W.). 1834. — BUNN (Alfred). Cinq lett. Port.-charge, articles imprimés, caricatures, etc.— DAVIS. L. aut. sig. (à la 3e personne. — GLOSSOP (J.). Deux lett. — GYE (Frédérick). — HARRIS (Thomas). N. 1741. M. 1820. Trois lett. 1774. — HARRIS (Henry). L. en partie aut. sig. 1829. Longs et curieux détails sur le différend entre lui et Charles Kemble, ainsi que sur l'état financier de Covent-Garden. Document important pour l'histoire de ce théâtre. — HUGHES (Richard). 1826. — MADDOX (John). 1847. — MICTHELL (John). 1848. Affiche. — MORRIS (D.). — MURRAY (W.-H). 1850. — POLHILL (le capitaine Frédérick). 1836. Théâtrale. Intéressante. — PYM (R.-J). 1841. Théâtrale. Curieuse. — RICHARDSON (Joseph), et auteur dramatique. N. 1756. M. 1803. Théâtrale. — SIMPSON (Charles-Henry). Maître des cérémonies du jardin de Vauxall, pendant près de 40 ans. Très-singulier personnage. *Portr.*, charge (en lampions). — WESTLEY (F.). Deux lett. 1792. Théâtrales.—Ensemble, vingt-cinq lett. aut. sig., (en anglais), 35 pages in-12, in-8 et in-4, et plusieurs portr. et affiches. — KUESTNER (Charles-Théodore de), directeur des Théâtres de Leipsig, Darmstdat, Munich et Berlin. L. aut. sig. (en allemand). 1 p. pl. in-4. Intéressante. — VATEL, directeur du théâtre Italien de Paris. 1847, in-8.

47. ANGLAIS (acteurs tragiques, comiques et chanteurs), actrices anglaises.
AMHERST (John). Trois lett. — BARRYMORE (W. *Bluett*, dit). Billet a. s.— BASS (Charles). — BRATTY. — BRUNTON (John). — BUNN (Alfred). — COOKE (James). Deux lett. — DIDDEAR. Deux lett. — ELLISTON. Billet sig. — HARRIS.—LACY. — MALLINSON. Deux lett. — MINTON.— MUDE.—OULTON. Deux lett.—OXBERRY. Billet sig.—PERKINS (Charles). — PHILIPPS. — RUSSEL (S.-G.). Deux lett.— AMATI (Miss).—HARLOW. (Mme S.). — ORGER (Mme). — Ensemble, vingt-six lett. aut. sig., et trois billets sig. (en anglais), 44 pages in-8 et in-4. Belles lettres. Intéressantes. Très-beau lot.

48. ANGLAIS (acteurs, actrices, et littérateurs).
Deux cent quarante (environ) lettres et pièces sig., aut. sig. (en anglais), 360 pages (environ). in-18, in-4 et in-folio. Lot important, renfermant un grand nombre de belles et intéressantes lettres.

49. ANGLAISES (actrices tragiques et comiques).
ADDISON (Miss Laura *Wilshurst*, dite). *Portr.*, affiche, — ABSOLON (Emma). — ALLISON (Laura). Et affiche. AMATI (Harrier *Constable*, dite). Deux lett. — ANSELL (S... *Yates*, en secondes noces femme). Lett., et sept quitt. sig.—ASTHON (Louisa... femme). Billet d'entrée, fin de lettre, et affiche. — AYRES (Jane). Son engagement signé. — BENNETT (Julia), femme *Barrow*. Lett. et scène gravée. — BRAND (Hannah). Relative à une tragédie de sa composition.—BOOTH (Sarah). — BROUGHAM (Emma), née *Williams*.—BYRNE (Mary). 1817. *Rare*. Joli portrait dans son rôle de début. — CAMPBELL (Miss), femme C. *Fitz Williams*. Deux lett. 1818. Critiques imprimées du temps.—CHAMBERS (Mme).—CHAPLIN (Ellen), femme Edouard *Fitz Williams*. 1844. *Portr.* —CHATTERLEY (Mme), née Louisa *Siméon*. 1829. —Ensemble, vingtsix lett. aut. sig., aut., billets, quitt., etc. (en anglais), quatre portr. et scènes.

50. **ANGLAISES** (actrices tragiques et comiques)   3 · 7/

CHERRY (Eliza). Belle lettre. Intéressante. Curieux et rare *portr.* — CLÉLAND (Mme Eliza). Deux lett. 1816. Intéressantes.—COOPER (Fanny). femme T.-H. *Lacy.* Sa sig., et lett. de son mari. *Portr.* — COSTELLO (Louisa Stuart), et romancière et poëte.—DUNBAR (Julia).—ELPHINSTONE (Miss), femme E. Marian. — FANE (Blanche). 1856. — FISHER (Clara), femme *Meader. Rare.* — FORTESCUE (Julia). 1845. — GARRICK (Sara *Gray*, femme). 1830. Jolie lett. *Portr.* gravé. — GIBBS (Mme), née *Logan.* 1812. Curieuse et rare. *Portr.* gravé. — Ensemble, treize lett. aut. sig., et une aut. (en anglais), 19 pages in-8 et in-4, et trois portraits.

51. **ANGLAISES** (actrices tragiques et comiques).   — /4

HARDING (Emma). 1848. — HARRINGTON (Emma). Deux lett. — HOWARD-HELLIAR (Louisa-G.), femme *Platt.* — HUMBY (Anne) 1843. Théâtrale.—JONES (Eliza), femme *Charles.* 1848. — KING (Miss). 1833. — LEE (Henriette), femme *Leigh Murray.* 1842. Curieuse.— MASSALL (Miss Susan), danseuse. — MASSALL (Miss Mary-Anne), sœur de la précédente, danseuse du théâtre Italien de Londres.—MATTHEWS (Mme Frank)., née Emilia.—MONTAGNE (Emmeline), femme *Compton.* 1848.—MORDAUNT (Jane-E. *Macnamara,* dite). Théâtrale. — Ensemble, douze lett. aut. sig., et aut. (en anglais). 23 pages in-18, in-8 et in-4.

52. **ANGLAISES** (actrices tragiques et comiques).   /4

NUDIE (Maria). 1812. Belle lettre. Intéressante et rare. — NICOL (Emma). 1824. — NORMAN (Miss), femme *Foster.* 1833. — NORTON (Miss M...). 1813. — ORGER (Mary-Anne, *Ivers,* femme). Trois lett. 1819. Intéressantes. — PELHAM (Miss H.-G.).—PELHAM (Ellen). Théâtrale. Affiche. — RIVERS (Eliza). 1816. Belle lett. aut., avec son répertoire. — SAINT-ALBANS (Miss Harriet *Mellon,* femme *Cortts,* puis duchesse de). N. 1785. M. 1837. Sa signature aut. (découpée) *Harriot-Mellon* (1813), invitation avec aut. Beau *portr.* gravé, lett. a. s. de M. Robert Reynolds, au journal *The age,* sur les soirées de la Duchesse. Curieuse. — SELBY (Mme Clara), femme de Charles Selby, comédien et auteur dramatique. 1812. — SEYTON (Clara). Intéressante.— SHAW (Mary-Anne).— STANLEY (Emma). *Portr.*—Ensemble, quinze lett. aut. sig., et aut. (en anglais), 21 pages in-12, in-8 et in-4, et 2 portr.

53. **ANGLAISES** (actrices tragiques et comiques).   3

STERLING (Mme), née Fanny *Hehl.* 1845. *Portr.,* affiche, et scène gravée. —SYDNEY (Emma *Stubbs,* dite). Deux lett. — TAYLEURE (Jane *Grant,* femme). 1830. — TAYLOR (Harriet), femme *Walter Lacy.* 1839. *Portr.* — TAYLOR (Agnès). Deux lett. 1842. Curieuses. — THOMASSIN (Miss *Twambley,* dite Clari). 1836. — WALPOLE (Charlotte). 1777. Intéressante et rare lettre.—WARNER (Marie-Amélie *Huddart,* femme). 1834. *Portr.* — WAYLETT (Harriet *Cooke,* femme). Deux lett. et sa sig. découpée, 1819-1843. — WELLS (Mme Sarah Wilmont), et auteur de *mémoires.* 1843. — WESTON (Mme). *Portr.* gravé. — Ensemble, treize lett. aut. sig., et aut. (en anglais), 19 pages in-8 et in-4, et 5 portr. et scènes.

54. **ANGLAISES** (actrices-chanteuses).   au /5

ALMOND (Emma *Romer,* femme). 1845. Intéressante lett. musicale, scène gravée. — AUSTIN (Mme Elizabeth). Billet a. s. (à la 3e personne). 1820 L. a. s. de son mari. 1819, et son engagement signé par elle, son mari et Elliston. 1822. — BARTOLOZZI (Miss), sœur de Mme Vestris. Morte en 1848. Affiche impr. — BETTS (A.-E). Deux lett. — BIRCH (C.). L. aut., et aut. sig. de Wilson, le chanteur écossais. 1835. Toutes deux curieuses. —CARWLE (Félicité). 1823.— CUBITT (Maria-Caroline). *Portr.* gravé signé 1822. — CUBITT (Charlotte). Deux lett. 1846. — FLOWER (Sara). — FORDE (Catherine-Maria). Deux lett. — Théâtrales. — GRADDON (Miss). Trois billets aut. sig. (3e personne), et un billet a. s. de son frère. Affiche. — HALFORD (Sophie).

1819. — HALLANDE (Julia). Sa sig. aut. affiche, et réunion curieuse de critiques imprimées. — Ensemble, dix-neuf lett. aut. sig., billets aut., sig., et engagement sig. (en anglais), 32 p. in-18, in-8, in-4 et in-fol., et 2 portr. et scène.

55. ANGLAISES (actrices-chanteuses).

HORNOR (Priscilla), femme *Reed*. Deux lett. Scène gravée.—HUDDART (Fanny). 1856. — ISAACS (Rébecca). — LANZA (Rosalia). — MILLER (Miss). Morte en 1803. Deux lett. 1803. Théâtrales. — MIRAN (Mira). 1848. *Portr.*—PYNE (Susannah). — 1845. — REEVES (Emma *Lucombe*, femme *Sims*). — SAINT-JOHN (Frances). Très-curieuse lett., et curieux imprimé —SALA (Mme Henriette). Lettre toute musicale. —TUNSTALL (Catherine). 1833. Intéressante. — WYNDHAM (Fanny). Deux lett. Théâtrales.—Ensemble, quatorze lett. aut. sig., et aut. (en anglais), 26 pages in-18 in-8 et in-4, 2 portr. et scène.

56. AMNATO (Mlle Palmyre), charmante et gracieuse écuyère du Cirque, aujourd'hui en Russie.

L. aut. sig., à M... 1 p. pl. in-8. Joli *portrait* de l'*Illustration anglaise* (tiré à part). Lettre curieuse et rare.

57. ANSCHUTZ (Henry-Edouard), célèbre acteur-sociétaire du théâtre de la Cour à Vienne. N. 1787. M. 1850.

Feuille d'album aut. sig. (en allemand). Vienne, 20 mai 1840.

LE TALENT SE FORME DANS L'ISOLEMENT : LE CARACTÈRE DANS LE TOURBILLON DU MONDE.

ANSCHUTZ (Julienne), femme du précédent, célèbre comédienne. L. aut. sig. (en allemand), à M. Julien Koch, 3 p. pl. in-8. Très-jolie lettre d'amitié.

58. ANSEAUME (Louis), auteur dramatique : la *Clochette*, le *Tableau parlant*, etc. Mort en 1784.

L. aut. sig., à M... 31 mars 1774. 1 p. pl. in-4.

Invitation d'assister à la répétition générale de *Perrin et Lucette*.

59. ARAGO (Etienne-Vincent), auteur dramatique, directeur du Vaudeville, directeur des Postes en 1848.

1° Cession sig. (sig. aussi par Potron et Gautier), de la *fin d'un bal* 1832. 2 p. in-4. *Portr.* charge.

2° L. a. s., à ses chers concitoyens. Paris, 22 avril 1848, 2 p. in 4. Lettre curieuse au sujet de sa candidature à l'Assemblée nationale. Exposé de ses titres (littéraires) à la confiance des électeurs.

ARAGO (Jacques-Etienne-Victor), frère du précédent, voyageur, littérateur et auteur dramatique. N. 1790. M. 1855. 1° Billet aut. sig. (au crayon, étant aveugle), in-4, et dessin fait et signé par lui.

60. ARLINCOURT (Charles-Victor *Prévost*, vicomte d'), romancier, auteur dramatique. N. 1789. M. 1856.

1°. L. aut. sig., à Mme Augustine Brohan. 1 p. in-8. Biogr. impr. 4 p. in-4.

2°. L. aut. sig., à M... ce dimanche. 1 p. in-8.

3°. L. aut. sig., à M. Théodore Anne. 8 avril. 1 p. pl. in-8.

Au sujet de son drame de la *Peste noire*. Il dit :.. « Mon drame a eu hier (à la
« 2e représentation) un succès *étourdissant*, un succès *immense*. Il y a eu de
« l'enthousiasme; et la rentrée dans Paris de Charles VII a soulevé des trans-
« ports unanimes. Le triomphe a été *complet*.....

On lit sur l'enveloppe de cette lettre, de la main du collectionneur : « Quoi
« qu'en dise le vicomte, cette pièce, dont j'ai vu la première représentation à
« l'Ambigu, n'a eu qu'un succès d'ironie. Le jour de la première la salle était
« peuplée d'un auditoire légitimiste, tout le faubourg Saint-Germain s'y était
« donné rendez-vous. A la seconde, livrée au jugement plus impartial et plus
« sain des habitués ordinaires de l'endroit, le drame n'a excité que de l'ennui.
« Après 15 ou 17 représentations, achevées à grand peine, la *Peste noire* a été
« retirée, et personne ne s'en est plaint, à moins que ce ne soit l'auteur lui-
« même. »

61. **ARMAND** (A.-Benoît Roussel, dit), célèbre acteur de la
Comédie-Française.   N. 1763. M. 1852.
> L. aut. sig., à Champein. 1 p. pl. in-8. Deux *portr.-costumes*,
> coloriés.
> Il s'occupe du rôle de l'*Impatient*, mais il n'est pas seul dans l'ouvrage, trois
> cents vers ne s'apprennent pas dans un clin d'œil.....

62. **ARMAND** (Dailly), excellent *Crispin* du Théâtre Français
et de l'Odéon.   Mort en 1848.
> L. aut. sig., à son ami .... Rouen, ce 16 juillet 1827. 4 p. pl.
> in-4. *Portr.-costume*, colorié.
> Au sujet des représentations qu'il veut donner en province. Ses conditions.
> Nomenclature de la troupe de Rouen.

63. **ARMAND** (Mlle Marie-Amable), célèbre chanteuse de
Feydeau et de l'Opéra. Elle y chanta la *Marseillaise* en
1793.   N. 1774. M. 1846.
> L. aut. sig., à M. Pons. 4 ventôse an IX. 3 p. pl. in-8. Curieuse.

64. **ARNAL** (Étienne), célèbre comédien du Vaudeville, du
Gymnase, des Variétés et du Palais-Royal.   N. 1798.
> 1º. Trois reçus de feux a. s. Deux biogr. impr. 8 p. in-8 et in-4.
> 2º. L. aut. sig., à son régisseur. 28 nov. 1834. 1 p. in-4.
> 3º. L. aut. sig., à M. Ballard. Montpellier, 24 août 1842. 2 p. pl.
> in-8. Curieuse, au sujet des affaires financières du théâtre.

65. **ARNAUD** (François-Marie *Baculard* d'), romancier, littérateur, et auteur dramatique.   N. 1718. M. 1805.
> L. aut. sig., au citoyen Arnault. Paris, 29 nivôse an VIII. 1 gr. p.
> pl. in-4. Cachet.
> Son cœur est rempli de reconnaissance pour l'accueil obligeant qu'a reçu de
> lui sa femme... « Citoyen, c'est mon collègue en littérature que j'implore, je
> « n'entreprendrai point de vous peindre ma misère, elle est au comble, et si le
> « secours que j'attends de la bienfaisance du gouvernement et de la vôtre, tarde
> « encore quelques jours, il ne sera plus temps de me rappeler à la vie..... »

66. **ARNAULT** (Antoine-Vincent), poëte dramatique, membre de l'Académie Française.   N. 1766. M. 1834.
> L. aut. sig., à Ducis. 10 mars. 1 p. pl. et quart in-8. Portr. lith.
> derrière une cantate (imprimée), chantée en son honneur à Bruxelles,
> au moment de son retour en France.
> Il possède son buste depuis vingt-quatre heures, après le cadeau de ses œu-
> vres, rien ne pouvait plus le toucher.....
> ARNAULT (Lucien-Émile), fils du précédent, auteur dramatique.
> L. aut. sig., à M. Arnault le jeune, son oncle. Fontainebleau, 22
> juillet 1806. 1 p. pl. et demie in-4. Curieuse.

67. **ARNOLD** (le docteur Samuel-J.), célèbre compositeur
anglais, auteur de sept oratorios, de 55 opéras anglais,
etc. Il fut enterré à l'abbaye de Westminster. 1740-1802.
> Sa signature aut. (découpée), collée au bas de son *portr.* gravé.
> ADDISON (John), compositeur anglais. L. aut. sig. (en anglais). 1 p.
> in-8. Intéressante.
> PARRY (John), célèbre musicien et compositeur anglais. N. 1776.
> M. 1851. L. aut. sig. (en anglais), au rédacteur de la *Gazette Litté-
> raire*. 17 mai, 1822. 1 p. in-fol. — Sa signature aut. (avec tous ses
> titres comme Barde). 1842. — PARRY (John), fils du précédent, chan-
> teur et compositeur anglais. Sa signature aut. 1842.

68. **ARNOULD** (Madeleine-Sophie), célèbre cantatrice de
l'Opéra.   N. 1740. M. 1820.
> Acte de vente de sa maison, à Clichy-la-Garenne, etc.. approuvé et

signé par elle. Paris, 24 mars 1791. 4 gr. p. pl. et quart in-fol.
Beau *portr.* gravé in-fol.

69. AUBER (Daniel-François-Esprit), célèbre compositeur français. Né à Caen en 1784.
« Marche funèbre composée pour la translation des restes mortels de « l'Empereur Napoléon. Par D.-F.-E. Aubert. Année 1840. » Autog. signée et inédite. 15 pages in-fol. (*Portr.* et biogr. anglaise impr.). Très-belle pièce.

70. AUDE (Joseph), secrétaire de Buffon, auteur dramatique : *Cadet-Roussel, Madame Angot*, etc. N. 1755. M. 1841.
1º. Cession aut. sig. de *Cadet-Roussel au café des clairvoyants*. Paris, 5 germinal an III. 2 p. pl. in-4. — 2º. Cession sig. de : *Cadet-Roussel Troubadour*. Paris, 25 février 1820. in-8. — 3º. Traité approuvé et signé pour le théâtre de Lyon. Paris, 3 février 1810. 3 pages et demie in-fol.

71. AUDRAN (Pierre-Marius), chanteur de l'Opéra-Comique.
L. aut. sig., à M. Ténar. Paris, 23 juillet 1843. 2 p. in-4. *Portr.-costume*, colorié.
DARANCOURT, 1re basse-taille de l'Opéra-Comique. L. aut. sig., au baron de Margueritte (avec la minute de la réponse). 2 p. in-4. *Portr.-costume*, colorié.

72. AUGÉ, acteur de la Comédie-Française. M. 1783.
L. aut. sig. (à la 3e personne), à M.... 1 p. pl. et demie in-fol. Scène gravée du *Mercure galant*.
Lettre rare et curieuse pour obtenir de ses supérieurs la pension de quinze cents livres, comme ils ont bien voulu l'accorder à Dauberval, ainsi qu'à Mlle Luzy la cadette. Depuis dix-neuf ans qu'il est à la Comédie il a rempli son état à la satisfaction du public, et s'est acquis l'estime de ses supérieurs et de ses camarades.

73. AUGER (l'abbé Athanase), savant helléniste, auteur d'un essai sur la tragédie grecque. N. 1734. M. 1792.
L. aut. sig., à son cher ami .... Paris, 9 août 1781. 2 p. pl. et demie in-4. Jolie lettre.

74. AUGIER (Emile), auteur dramatique, membre de l'Académie Française. N. 1820.
Deux lett. aut. sig. In-12 et in-8. Charge gravée.
ALTAROCHE (Marie-Durand-Michel), journaliste, auteur dramatique, représentant du peuple à l'Assemblée Nationale de 1848.
L. aut. sig., à M. .... Paris, 27 sept. 1850, 1 p. pl. in-8. Biogr. impr. 4 p. in-4. Charge gravée. Théâtrale.

75. AURIOL (Jean-Baptiste), célèbre clown du Cirque Olimpique. Né à Toulouse en 1808.
L. aut. sig., à M. Guérin. Paris, 11 juin 1843. 1 p. in-8. Cachet. Joli *portr.* de Vigneron lith. in-fol. *Rare.*

76. AUTEURS DRAMATIQUES FRANÇAIS.
ALBITTE (Gust.). 1847. — ALBOIZE de *Pujol*. — ANGLEMONT (Edouard d'). — ANNE (Théodore). Quitt. aut. sig. — ANNÉE (Ant.). — ANTIER-*Chevillon* (Benjamin), auteur de l'*Auberge des Adrets*... — AUGER (Hipp.-Nicolas-Juste). 1838. — AVENEL (Paul). — BABAULT. — BANVILLE (Théodore de). — Ensemble, dix lett. aut. sig. In-12 et in-8.

77. AUTEURS DRAMATIQUES FRANÇAIS.
BARBIER (P.-J.). Deux lett. Curieuses. — BARON (Auguste). — BARTHE (Nicolas-Thomas), et poëte, auteur de : *Les fausses infidélités*, la *Mère jalouse*, etc. N. 1731. M. 1785. Billet d'envoi, aut. sig. *Rare.* — BARTHET (Armand). — BASSET (Charles). 1848. Curieuse. — BATTU (Léon). L. a. s., et lett. sig. — BAZIN (Jacq.-Rigomer). Cession aut.

sig., an XII. — Beauplan (Arthur de). — Belle (Gabriel-Alexandre).
1810. — Bernos (Alex.). An XIII. — Ensemble, 12 lett. et pièces aut.
sig. in-12, in-8 et in-4.

78. AUTEURS DRAMATIQUES FRANÇAIS.
Berrier (Jérôme-Constant), 1835. — Berthoud (S.-Henri, et biogr.
impr. 4 p. in-4. — Besselièvre (Charles de). Curieuse. — Biéville
(C.-H. Édouard-*Desnoyers*, dit de). Deux lett. 1841-1851. — Bilder-
berck (le baron L.-Benoist-Fr. de). Cession a. s. 1819. — Boirie
(Jean-Bernard-Eug. *Cantiran* de). N. 1783. M. 1837. Quitt. a. s.
1829, et cession a. s. — Bory de Saint-Vincent (le baron), membre
de l'Acad. des sciences. 1826. 4 p. in-8, littéraire. *Portr.* gravé. —
Boulé (Aug.-L.-Désiré). Curieuse. — Boullaye (Ferd.-Louis de la).
1845. — Bourgeois (Anicet). L. a. s., et cession sig. 1830. — Ensemble, treize lett. et pièces aut. sig., et sig.

79. AUTEURS DRAMATIQUES FRANÇAIS.
Bourgeois (Eug.). Deux lett. — Boutillier (Max.-Jean). — Boyer
(Philoxène). 1853, et corresp. imprimée. — Boyer (*Partout*, dit).
1855. — Brazier (Nicolas). Deux cessions aut. sig. 1818 et 1820.
Portr. — Bridault (Ch.). 1856. — Briffaut (Eug.-Victor). Biogr.
impr. 4 p. in-4. 1836. — Brisebarre (Édouard). Deux lett. — Brot
(Alph.). Deux lett. — Brunswick (Léon *Lhérie*, dit). Charge. — En-
semble, quatorze lett. et pièces aut. sig. in-18, in-8 et in-4.

80. AUTEURS DRAMATIQUES FRANÇAIS.
Burat de Gurgy (Edmond). 1837. *Portr.* — Caignez (Louis-Charles).
Cession a. s. de la *Forêt enchantée*. 1812. — Calvimont (Albert de).
Curieuse. — Caron de Maurecourt (Gabriel). — Chabot de Bouin (Ju-
les). Cession a. s. 1832. — Champeaux (Étienne de). 1854. — Char-
lemagne (Armand). Deux cessions sig. et a. s., an V et an X. — Chas-
les (Philarète), membre de l'Institut. Charmante lettre. — Chazet
(Alissan de). 1798. Littéraire. — Chivot (Henri). Deux lett. 1856. —
Ensemble, douze lett. et pièces aut. sig. in-18, in-8 et in-4.

81. AUTEURS DRAMATIQUES FRANÇAIS.
Choquart (Adolphe). Deux lett. 1850. — Clément (Marcel-Florent).
Cession a. s. 1806. — Cogniard (Ch.-Théod.). Charge, Biogr. impr. 4
p. in-4. — Colson (J.-B.). 1819. Curieuse. — Commerson (J.). 1851. —
Constantin (Marc). — Cormon (P.-Et. *Piestre*, dit Eugène). — Cornu
(Francis). N. 1794. M. 1848. Toulouze, 21 mai 1845. 4 gr. p. pl. in-4.
Belle et intéressante lettre, sur les représentations de la *Dame Blanche*
à Toulouse. — Coster (Aug.-Marie). Littéraire. — Couilhac (Louis).
1841. Théâtrale. — Courcy (F.-C.). Cession a. s. 1824. — Ensemble,
douze lett. et pièces aut. sig., in-12, in-8 et in-4.

82. AUTEURS DRAMATIQUES FRANÇAIS.
Crémieux (Hector). — Cressot (Eugène). — Crisafulli (Henri).
1856. — Croizette (Armand). Cession a. s., an X. — Cuvelier de
Trie (Jean-Guill.-Augustin). N. 1776. M. 1824. Deux reçus sig. et aut.
sig. 1816 et 1817. — Daniel (Aug.). Cession a. s. 1813. — Déaddé
Saint-Yves (Ed.). Deux lett. 1855. — Decour (Hyac.-Eug. *Laffilard*,
dit). N. 1779. M. 1846. Cession a. s. 1824. — Decourty. Cession
a. s. de *Lydia Seymours*. An X. — Deforge (Philippe-Aug.-Alfred).
— Ensemble, douze lett. et pièces aut. sig., in-12, in-8 et in-4.

83. AUTEURS DRAMATIQUES FRANÇAIS.
Delacour (Alfred). 1853. Charge. — Delanoue (Cordelier), et
poète. M. 1834. Deux lett., dont une sig. 1830. — D'Ennery (Eug.-
Philip., dit Adolphe). Intéressante. — Descroizilles (F., dit *Ledoux*).
docteur en médecine. Intéressante. — Deslandes (Raymond). 1855.
— Desmares (Victor-Eugène), beau-frère de Théaulon. Mort à Saint-
Pétersbourg, en 1839. — Desnoyers (Louis), sous le nom de *Derville*,
rédacteur en chef du *Siècle*. 1850. — Desolme (Charles), fondateur et

reducteur en chef de l'*Europe Artiste*. 1854. — DESVERGERS (Armand *Chapeau*, dit). N. 1793. M. 1851. L. a. s., et cession appr. et sig. de la *Cachucha*. 1838. — DORVIGNY (Louis-Archambault). N. 1733. M. 1812. Cession aut. sig. an XII. *Rare*. — Ensemble, onze pièces aut. sig. et sig., in-18, in-8 et in-4.

84. AUTEURS DRAMATIQUES FRANÇAIS.
DORVO (Hyacinthe), acteur et romancier. Né à Rennes, en 1769. Mort en 1851. Cession aut. sig. — DOUCET (Camille-Ch.). Intéressante. — DRAPARNAUD (Prudent-M.-X.-V.). N. 1773. M. 1833. L. a. s. — DROUINEAU (Gustave). L. aut. sig. *l'auteur de Fiesque et Doria*. 1818. — DUPEUTY (Charles-Désiré). 1849. Théâtrale. Biogr. impr. 4 p. in-4. — DUPIN (Jean-Henri). N. 1791. Cession aut. sig. de *Tigresse mort aux rals* (parodie de *Lucrèce*). — DUPONT de *Lille* (B.). Cession an IX. — DUPONT (Nicolas-Paul). N. 1798. Théâtrale. Intéressante. — DUPUY DES ISLETS (le chevalier). 1824. Curieuse. — DUVAL (Georges). N. 1777. M. 1853. Cession aut. sig. du *Mari impromptu*. 1826. Ensemble, dix lett. et pièces aut. sig., et sig. in-12, in-8 et in-4.

85. AUTEURS DRAMATIQUES FRANÇAIS.
ELIÇAGARAY (Ed. d'). 1831. Curieuse. — EMPIS (Ad.), memb. de l'Acad. Fr. 1856. — ERNEST (J. de *Clonar*). Cession a. s., an XI. — EYMA (Xavier). 1854. — FERRIÈRE (*Leblanc* de). 1835. Intéressante. — FIORENTINO (P.-A.). Curieuse. — FORNERET (Xavier). 1853. — FOUCHER (Paul-Henri). *Portr.*-charge. — FOURNIER. Mort en 1817. Cession a. s. 1816. — FOURNIER (Narcisse). 184.. — FRÉMY (Arnould). — Ensemble, onze lett. et cessions a. s., in-12, in-8 et in-4.

86. AUTEURS DRAMATIQUES FRANÇAIS.
FULGENCE de *Bury* (J.-D.). L'*Innocence* et l'*Echo*, chanson aut. — Cession sig. de *Turenne*. 1815. — GABRIEL (Jules-Joseph). Bill. a. s., et cession a. s. 1818. — GAILLARDET (Fréd.). L. a. s., sig. aussi par Félix *Pyat*. — GENSOUL (Justin). Deux cessions aut. sig. 1828-1835. — GENTIL de *Chavagnac* (Ad.-Mich.-Joseph). 1811. — GENTILHOMME (F.-Jos.-Benoît-Paul). Cession a. s. 1817. — GERSIN. N. 1766. M. 1833. Cession a. s. 1818. — GILBERT (L.-F.). Romancier et chansonnier. 1825. — GOUBAUX (Prosper-Parfait), auteur (en collaboration, de *Trente ans, ou la Vie d'un joueur*). 1838. — GOZLAN (Léon). 1853. *Portr.*-charge. — Ensemble, douze lett. et pièces aut. sig., in-12, in-8 et in-4.

87. AUTEURS DRAMATIQUES FRANÇAIS.
GUILLARD (Léon). Deux lett. — HALÉVY (Léon). — HENRION (Charles). Mort à Charenton, en 1808. Deux cessions a. s. an XI. — HERBIN (Victor). 1849. Curieuse. — HUART (Louis). 1855. — HUS (Pierre-Louis-*Stapleton*, dit Eugène). Intéressante. — INGRANDE (G.-M. Martin d'). Cession a. s. an XI. — JAIME (Pierre-Joseph). Deux lett. 1839. — JALLAIS (Amédée de). Deux lett. 1855-1856. — JAURE (*Bedeno*, dit *De*) 1824. — Ensemble, quatorze lett. et pièces a. s., in-12, in-8 et in-4.

88. AUTEURS DRAMATIQUES FRANÇAIS.
JANTARD (Arm.-Numa). 1856. — JOLY (Adolphe), auteur de monologues dramatiques. Jolie lett. — JOUHAUD (Auguste). N. 1806. — JULIEN. 1817. Théâtrale. — KOCK (Ch.-Paul), romancier. L. a. s., 1854, et cession de la *Bohémienne de Paris*. 1844. — KOCK (Henry de), fils du précédent. 1855. — LABICHE (Eugène). — LABROUSSE (Fabrice). — LAFARGUE (M.-C.). — LAFONT (Achille). 1856. — Ensemble, douze lett. et pièces aut. sig., et sig., in-12, in-8 et in-4.

89. AUTEURS DRAMATIQUES FRANÇAIS.
LAFONTAINE (W.). Deux cessions sig. et a. s. 1819-1823. — LAMONTAGNE DE LANGON (Pierre). 1822. — LAMOTHE-LANGON (le baron de). 1830. — LANGLÉ (Ferd.). Trois lett., dont deux a. s. 1838-1854. — LAPOINTE (A.). Deux lett. 1855-1856. — LARNAC (François). 1803. —

Curieuse lett. littéraire. — LA ROUNAT (Charles de). 1852. — LASSA-
GNE (Espérance-Hippolyte). Lett. et cession a. s. 1833-1846. — LATOU-
CHE (Henri de). Cession a. s. 1811. — LAURENCIN (D.-A. *Chapelle*,
dit). Deux lett. 1852. — Ensemble, seize lett. et pièces aut. sig., et
sig., in-12, in-8 et in-4.

90. AUTEURS DRAMATIQUES FRANÇAIS.
LAUREY (Eugène). Cession a. s. du *Sénateur*. 1832. — LANS DE BOISSY
(Louis de). 1791. Belle et curieuse lett. — LAUZANNE (Aug.-Théo. *Sar-
razin de Montferrier*, dit). 1846. Intéressante. Biogr. impr. in-4 — LA-
VALLÉE (Joseph de). An VI. Curieuse. — LAYA (Léon). 1848. — LECLÈRE
(Aristide-Jacinthe). L. a. s. 1817, et extrait a. s. de son discours. —
LECOMTE (Jules). 1855. — LEFRANC (Aug.). Deux lett. — LÉONCE. —
LEROUX (Hippolyte). Deux lett. 1855. Curieuses. — Ensemble, douze
lett. aut. sig., in-12, in-8 et in-4.

91. AUTEURS DRAMATIQUES FRANÇAIS.
LESGUILLON (J.). Deux lett — LESIRE (Jules). — LEUVEN (Ad. de).
Deux lett. et cession sig. du *Portefeuille.* — LONLAY (le comte Eug. de).
— LOPEZ (Bernard). — LUBIZE (P.-H.-*Martin*, dit). Théâtrale. — LU-
CAS (Hippolyte). Deux lett. Charge. — LURINE (Louis). Lett. et cession
de Mme *Basile*. 1834. — MAGNIN (Charles). Cession a. s. de *Racine*.
1826. — MAILLARD (Théodore). Deux cessions a. s. 1811 et 1812. —
Ensemble, seize lett. et pièces aut. sig., et sig., in-12, in-8 et in-4.

92. AUTEURS DRAMATIQUES FRANÇAIS.
MAILLOT. Cession a. s. de la suite de Mme *Angot*. An VII. — MAILLE-
FILLE (Félicien). Trois lett. 1856. — MAQUET (Auguste). 1845. — MA-
REUGE (H.). 1854. — MASSON (Michel). Deux lett. Charge. Biogr. imp.
4 p. in-4. — MAZÈRES (Edmond). Deux lett. — MÉNISSIER (Jean-Con-
stant). Lett. et cession sig. des *Folies d'un jour*. — MENNECHET
(Edouard). Curieuse. — MÉRIMÉE (Prosper). 1855. Curieuse. Charge.
— MERVILLE (P.-Fr. *Camus* dit). Deux cessions, 1820 et 1832. — En-
semble, seize lett. et pièces aut. sig., et sig., in-12, in-8 et in-4.

93. AUTEURS DRAMATIQUES FRANÇAIS.
MICHEL (Marc). Curieuse. — MIGNAN. Cession a. s. An VII. — MI-
RECOURT (Eugène *Jacquot*, dit de). 1855. — MOLÉ-GENTILHOMME.
1856. Mort en 1856. — MONNAIS (Edouard). 1831. Intéressante. —
MONTPERLIER (Jacq.-Ant.-Marie). 1817. Littéraire. — MONTÉPIN (Xa-
vier de). Deux lett. 1849 et 1856, et curieuse correspondance impri-
mée. — MONTIGNY (Louis-Gabriel). Deux cessions a. s. 1821 et 1825.
— MOREAU (A.-F.-J.-B.). Trois cessions, an X à 1809. — MOREAU.
— Ensemble, quatorze lett. et pièces a. s., et sig., in-12, in-8 et in-4.

94. AUTEURS DRAMATIQUES FRANÇAIS.
MOREL. Cession de *Colombine toute seule*, an X. — MOUSSARD.
Cession. An XI. — MURET (Théodore). Deux lett., celle du 31 déc.
1846 est très-intéressante. — MURIEL (Auguste *Durieu*, dit). 1856. —
NAJAC (Emile de). Deux lett. 1853. — NANTEUIL (P.-Charles *Gaugiran*,
dit). *Cession des deux mères et du Pacha de Surène*, an X. — NARREY
(Charles). Deux lett. — NISARD (J.-M.-Napoléon-Désiré. — NOEL (P.-
J.). Cession a. s., an XII. — NOUGARET (P.-J.-B.). 1814. Littéraire.
— Ensemble, treize lett. et pièces aut. sig., et sig., in-12, in-8 et in-4.

95. AUTEURS DRAMATIQUES FRANÇAIS.
ONCQUAIRE (C. Galoppe d'). — OSTROWSKI (Christien), officier polo-
nais, auteur de *Françoise de Rimini*, etc. 1850. Théâtrale. — OURRY
(E.-T.-Maurice). Cession a. s. 1822. — PACCARD (Jean-Edme). Ces-
sion. 1822. — PAIN (Joseph). Mort en 1830. — PARFAIT (Noël). 1842.
Théâtrale. — PELLISSIER de *Lacqueyrie*. Cession a. s. 1827. — PERRIN
(René). Cession a. s. de *M. Jocrisse au sérail de Constantinople*. —
PICHAT (Michel). — PIEYRE (Alex.). 1816. Intéressante. — PIGAULT-

LEBRUN (Guill.-Ch.-Ant.). Cession a. s. de plusieurs pièces. An IV.
— Ensemble, onze lett. et pièces aut. sig., et sig., in-12, in-8 et in-4.

96. AUTEURS DRAMATIQUES FRANÇAIS.
PIIS (P.-Ant.-Aug. de). Mort en 1832. L. aut. sig. 1828. Envoi de sa pièce de vers, sur la mort du duc de Berri. Cette pièce imprimée est jointe à la lettre. — POL MERCIER (Stanislas *Clayenton*, dit). 1856. Théâtrale. — POMMEREUX. 1855. — POMPIGNY (*Mauvrin* de). Cession a. s. 1806. — PONET (Louis *Portalette*, dit). Cession a. s. 1806. — PONROY (Arthur). — PRÉMARAY (Jules de). Charge. — PUISAYE (L.-Ch.-Aut.). Cession de *Richardini*. 1811. — REDON DES CHAPELLES (le marquis Maxime de). 1824. Théâtrale. — REVERONY DE SAINT-CYR (le baron James-Ant.). L. a. s. 1825, et cession sig., 1812.
— Ensemble, onze lett. et pièces aut. sig., et sig., in-12, in-8 et in-4.

97. AUTEURS DRAMATIQUES FRANÇAIS.
RIBOUTÉ (Fr.-Louis). Littéraire. — ROCHEFORT (Cl.-L.-Marie). Cession a. s. de *Les Marchands forains*. 1823. — ROLLE (Hippolyte), critique dramatique. 1845. Biog. impr. 4 p. in-4. — ROMAN (Hippolyte). — ROUSSEAU (Auguste). L. a. s. 1854, et cession a. s. du JUIF. 1823. — SAINT-AGUET (Charles-*Maurice*, dit). 1855. Curieuse. — SAINT-GEORGES (Jules-Henri de). Intéressante. — SAINT-MAURICE (Ch.-R.-E. de). Cession a. s. de l'*Ecole du scandale*. 1825. — SAINT-YON (le général A. *Moline* de). Cession sig. de l'Opéra d'*Ipsiboé*. 1824. — SALVERTE (Anne-Joseph-Eusèbe *Bacconnière*). 1837. Belle lettre, littéraire et politique. — SANDEAU (Jules). — Ensemble, douze lett. et pièces aut. sig., et sig., in-12, in-8 et in-4.

98. AUTEURS DRAMATIQUES FRANÇAIS.
SAUVAGE (Elie). 1852. — SECOND (Albéric). Deux lett. 1856. — SÉGUR (Joseph-Alex. vicomte de). Mort en 1805. — SERVIÈRE (Joseph). Cession a. s. de *M. Botte*. An XI. — SEWRIN (Ch.-Aug. *Bussompierre*, dit). N. 1771. M. 1853. Cession a. s. de *M. Blaise*. 1820. — SIGNOL (Alphonse). Cession a. s. 1828. — SIMONNIN (Ant.-Jean-Bapt.). Cession a. s. de *Dieu et diable, ou la conversion de madame Dubarry*. 1834. — SIRAUDIN DE SANCY (Paul). Petit *portr.* — SOUVESTRE (Émile). 1853. Théâtrale. Intéressante. — THÉAULON DE Lambert (Marie-Emm.-Guill.-Marguerite). Deux lett. 1840. Littéraire. — Ensemble, douze lett. et pièces aut. sig., et sig., in-12, in-8 et in-4.

99. AUTEURS DRAMATIQUES FRANÇAIS.
THIBOUST (Lambert). Théâtrale, et lett. impr. (Figaro). — THURING (le général J.). Cession a. s. d'*Elisabeth*. 1806. — TISSOT (Amédée de). 1823. Théâtrale. — TITUS. Cession a. s. 1823. — TRÉOGATE (Loaisel). Cession sig. (aut. sig. par Guilbert de Pixerécourt) du *Grand chasseur*. An XIII. — TRIANON (Henri). — VACQUERIE (Auguste). — VANDER-BURCH (Emile). Jolie et curieuse lettre. *Portr.* de la galerie de la Presse. Biogr. impr. 4 p. in-4. — VARENNES (E. de). 1850 — VAREZ (E.-Fr.). L. a. s. 1816, et cession sig. An XII. — Ensemble, onze lett. et pièces aut. sig., et sig., in-12, in-8 et in-4.

100. AUTEURS DRAMATIQUES FRANÇAIS.
VARIN (Ch.-Victor). *Portr.*-charge. — VAULABELLE (E. de). — VERNET (Jules). Cession a. s. des *Rivaux impromptu*. 1816. — VEYRAT (Xavier). 1840. — VIEILH DE BOISJOLIN (Jacq.-Fr.-Marie). Intéressante. — VILLEMESSANT (H. de), littérateur, rédacteur en chef de *Figaro*. L. aut. sig. Très-curieuse, et lett. (impr.) au Prince impérial. — VILLENEUVE (Ferd. de). Cession a. s. 1822. — VILLETERQUE (Alex.-Louis). 1808. Jolie lett. littéraire. — VULPIAN (Alphonse-Gustave). L. aut. (en vers), à la meilleure des commères. Curieuse. — WAILLY (Aug.-Jules de). — Ensemble, dix lett. et pièces aut. sig., et sig., in-12, in-8 et in-4.

101. AUTEURS DRAMATIQUES FRANÇAIS.

ALBOISE. — ANGLEMONT (Ed. d'). Pièce de vers a. s. — BEAUPLAN (Arthur de). — CAPELLE (Pierre-Ad.). — CAMBEROUSSE (H. de). — DECOURCELLE. — DUPIN (J.-Henri). *Portr.* — DUPORT (Paul). — DUVERGER (A.). — DUVERT (Félix-Aug.). Biogr. impr. 4 p. in-4. — FRÉMY (Arnould). — GÉNARD. — GONDRECOURT. — LAFORTELLE. — LANGLÉ (Ferdinand). — LASSAILLY. — LEROUX (Eug.). — MARTIN (Alex.). — MOLINE. Pièce aut. sur la pantomime d'*Orphée et Euridice.* 3 p. in-4. MONPERLIER. 1817. — MURET (Théod.). — ROUGEMONT (de). Biogr. impr. 4 p. in-4. — SIMON (Henry). — THIÉBAUX (D.). — Ensemble, vingt-quatre lett. et pièces aut. sig., in-12, in-8 et in-4. Très-beau lot. Intéressant.

102. AUTEURS DRAMATIQUES ANGLAIS.

BEAZLEY (Samuel), et architecte. Mémoire d'architecture a. s. — BECKETT (Gilbert-Abbott à). 1845. *Portr.* de lui et de George Cruikshank par ce dernier. — BROOKS (Shirley). — DANCE (Charles). — GLENGALL (le comte de). Deux lett. 1835. — GORE (Madame Charles), et romancière. — JERDAN (Will.), littérateur et critique dramatique. L. a. s., et affiche comique impr. — MACFARREN (George). Trois lett. et un billet. — MILLINGEN (le docteur J.-G.) Deux lett. — MILNER (Henry Mordaunt). 1834. — Ensemble, quatorze lett. et un billet aut. sig., in-8 et in-4. Très-beau lot.

103. AUTEURS DRAMATIQUES ANGLAIS.

MORRIS (Edw.). — MORTON (Thomas). L. a. s. à la 3ᵉ personne). 1811. — OULTON, 1827. Théâtrale. — OXENFORD (John). 1849. — PAYNE (John-Howard). — PEAKE (Richard-Brinsley). 1847. Relative à sa traduction de *Monte-Christo*, qui n'a pas été joué, parce qu'il manquait au théâtre Adelphi un acteur capable de jouer le principal rôle... — POCOCK (Isaac). 1833. — PRATT (Samuel-Jackson). N. 1749. M. 1814. — READE (John-Edmond). Littéraire. — REYNOLDS. — SMITH (Albert). 1843. Littéraire. — TAYLOR (Thomas). Théâtrale. — WILSON (Madame Cornewall Baron). Vers aut. sig., sur un enfant. 1845. — Ensemble, treize lett. et pièces aut. sig. (dont plusieurs des initiales seulement, en anglais), in-8 et in-4. Très-beau lot.

104. AUTEURS DRAMATIQUES ITALIENS.

BALOCHI (Jean-Louis). L. aut. sig. de son paraphe, à Benelli. 1822. Nouvelles théâtrales. — BOSSI (Charles-Aurèle, baron de). N. 1758. M. 1819. Paris, 1805. — CORGHI (Charles). 1855. — COSENZA (le baron). 1826. — PIAZZA (Antonio). 1792. — Ensemble, cinq lett. aut. sig., et aut. (en italien), 8 pages in-4.

105. AUTEURS DRAMATIQUES ALLEMANDS.

BABO (Fr.-Joseph-Marie). N. 1756. M. 1822. — BAUERLE (Adolphe). Deux pièces. — BAUERNFELD (Edouard). 1837. Théâtrale. — BIEDENFELD (Ferd.-Léop.-Ch. Von.). Deux lett. — BLUMNER (Henri). 1810. — BRUHL (le comte de). N. 1772. M. 1837. Deux lett. dont une sig. — DEINHARDSTEIN (Louis-Fr.). 1839. Théâtrale. — ELSHOLTZ (Fr. Von). — Ensemble, onze lett. et pièces aut. sig., et sig. (en allemand), in-8 et in-4.

106. AUTEURS DRAMATIQUES ALLEMANDS.

FELDMANN. 1843. Jolie lettre théâtrale. — KURLANDER (Fr.-Aug. Von). Aut. sig. (de ses initiales). Littéraire. — LAUBE (Henri). Littéraire. — MEILS (Charles). 1832. — MOSEN (Jules). 1842. Littéraire. — PANNASK (Antoine). 1836. Littéraire. SECKENDORF (Gustave-Ant. Von). N. 1775. M. 1823. Feuille d'album. a. s. 1788. Ensemble, sept lett. et pièces sig. (en allemand) aut. sig., et aut., in-12, in-8 et in-4.

107. AVRIGNY (Charles-Joseph L'*Oeuillard* d'), censeur royal, poëte et auteur dramatique. N. 1760. M. 1823.

L. aut. sig., à Mlle Duchesnoy. Mercredi matin. 1 p. et demie in-8.

Son fils doit ce matin lui porter à la répétition le changement qu'elle a désiré au cinquième acte, et qui réduisait à six vers la tirade qu'elle trouve trop longue dans la première scène. Il n'est pas trop de son avis là-dessus, mais il soumet son avis au sien.

AUBIGNY (J.-Marie-Théod. *Beaudoin*, dit), auteur dramatique. L. aut. sig., à M. Harel. 12 juillet 1831. 1 p. in-4.

108. AYTON (Miss Fanny), célèbre cantatrice anglaise.

L. aut. sig (en anglais), au directeur du théâtre de Postmouth. 25 déc. 1832. 1 p. in-4. *Rare*. Joli *portr*. gravé, in-8.

Elle se propose de donner quelques représentations à Postmouth.

109. AZAIS (Pierre-Hyacinthe), écrivain, philosophe et politique. Dans son *nouvel Ami des enfants*, on trouve neuf petits pièces, ainsi qu'un recueil de vaudevilles mis en musique par lui. Né à Sorrèse en 1766.

L. aut. sig., à M. Bossange, père. Dimanche soir... 3 p. pl. in-4.

Au sujet du prospectus à lancer pour la publication de ses ouvrages et ses discours à la tribune de l'Athénée... Son fils aîné dessine et grave très-bien. « Il vous offre de placer, en tête du premier volume, mon portrait dessiné et « lithographié de sa main; ce léger accessoire peut ne pas être sans intérêt « pour le succès de l'ouvrage.....

110. BACH (Jean-Sébastien), célèbre compositeur allemand. Né à Eisenach, le 21 mars 1685. Mort à Leipsic le 30 juillet 1750.

Quitt. aut. sig. (en allemand), de la somme de cinq florins. Leipsic, 26 oct. 1743. (Derrière se trouve une autre quitt. également aut. sig. de la même somme; datée du 26 oct. 1745.) 2 petites pages in-8. Extrêmement rare. *Portr*. gravé in-18.

111. BACH (Charles-Philippe-Emmanuel), deuxième fils de Jean-Sébastien, connu sous le nom de *Bach de Berlin*, célèbre compositeur allemand. N. 1714. M. 1788.

Quitt. aut. sig. (en allemand), de la somme de 15 reichsthaler. Potzdam, 21 mai 1755. Tiers de page in-fol. *Rare. Portr*. gravé in-8.

112. BAERMANN (Henri-Jean), le meilleur clarinettiste de l'Allemagne. Né à Potzdam en 1784.

L. aut. sig., au rédacteur en chef des *Annales*. Paris, 14 février 1818. 1 p. in-8.

BAERMANN (Charles), frère du précédent, habile bassoniste. Pièce aut. sig. (en allemand). Dresde, 14 mai 1843. 1 p. in-4.

113. BAILLIE (Miss Jeanne), célèbre poëte et auteur dramatique anglaise. N. 1762. M. 1851.

L. aut. sig. (en anglais), à lady Bentham. Hamptaed, 30 juin 1826. 3 p. pl. in-4. Très-belle lettre. — Plus, enveloppe aut. d'une lettre adressée à lady Noël Byron (veuve du poëte). In-4.

Elle exprime à lady Bentham tout le plaisir que lui fait éprouver l'idée de la revoir après une si longue absence. Détails de famille, etc.

114. BAILLOT (Pierre-Marie-François de Sales), célèbre violoniste et compositeur. N. 1771. M. 1842.

L. a. s., à Mme.... Paris, 7 juillet 1834. 1 p. pl. in-4. Belle lettre.

115. BAISON (Jean-Baptiste), acteur du théâtre de Dresde. Né à Mayence en 1812. Mort en 1844.

L. aut. sig. (en allemand), à M. Julius Mosen. Francfort, 6 nov. 1842. 2 gr. p. pl. in 4.

Très-belle lettre, toute amicale et littéraire.

116. BAL de l'association des artistes dramatiques.

Cinquante trois billets signés (la plupart autographes difficiles à rencontrer).

Opéra-Comique (artistes de l').

Quittances d'appointements signées de MM. Grard (2), Grignon, Lajet, Ricquiér, Mmes Levasseur et Recio.

147. BALFE (Michaël-William), d'abord baryton au théâtre de Drury-Lane, puis chef d'orchestre du théâtre Italien de Londres. Compositeur de quatre opéras italiens, et onze anglais.   Né à Dublin en 1808.

Fragment musical aut. sig. de son opéra : la *Fille d'Artois*. 1856. 1 p. in-8. *Portr.*-charge tiré du *Punch*.

Barnett (John), compositeur dramatique anglais.   N. 1802.

L. aut. sig. (en anglais). Cheltenham, 18 août 1844. 1 p. in-8. Curieux autographe, en partie en musique.

148. BALZAC (Honoré de), romancier célèbre, auteur dramatique. Né à Tours en 1799. Mort à Paris en 1850.

L. aut. sig., à son cher Gozlan. Sans date. 1 p. in-8. Deux charges, l'une renferme les portraits de Balzac, A. Dumas, Hugo, Soulié.

Il lui a réservé une excellente place. Quant aux loges, elles ne lui appartiennent point. « Les désastres de Vautrin grèvent la 1re représentation de *Quinola*, « et la salle est à celui qui les répare. Vous et les 4 places pour ma famille, « voilà les seules exceptions faites à la loi très-dure, imposée par les financiers. « Si vous voulez me dire un mot je serai tout à vous à l'Odéon où j'habite de-- « puis midi jusqu'à quatre heures.....

149. BALZAC (Honoré de). *Le même.*

1º Billet aut. sig., à sa chère comtesse. Petite page in-18.
2º Billet aut. sig., à madame Dorval. 1 p. in-18. Théâtrale.
3º Distribution aut. des rôles d'une pièce. 1 p. in-18.

120. BANDETTINI Mlle Teresa), célèbre improvisatrice, d'abord danseuse à Florence.   N. 1755. M. 1835.

L. aut. sig. (en italien), à Son Excellence... Bologne, 28 sept. 1790. 1 p. pl. in-4. Joli petit portr. gravé. Très-belle lettre. Elle lui envoie le troisième chant de son poëme de la *mort d'Adonis*.

121. BANLIEUE DE PARIS (acteurs et actrices des théâtres de la), de la province, chefs d'établissements publics, etc.

Chotel. L. a. s. 1856, et billet d'entrée a. s. au crayon. — Sevestre (Edmond et Jules), tous deux fils de Sevestre, l'ancien acteur du Vaudeville, directeurs des théâtres de la banlieue. L. sig. d'Edmond, au général commandant la place de Paris, 23 déc. 1851, et L. a. s. de Jules. Deux charges. — Borsary (Émile). L. a. s. 1839. 1 p. in-8. — Dalloca (Mlle Mélanie-Caroline), a joué à Versailles et en Russie. L. a. s. 1854, in-8. — Cloup (J.), acteur, et ancien directeur du Théâtre-Français, à Londres. L. a. s. 1837. — Pauly. L. a. s. 1841. Jolie lett. Théâtrale. — Bullier. Directeur du Prado et de la Closerie des Lilas. L. a. s. 1853. — Arnault, aîné, directeur de l'Hippodrome, auteur de pantomimes militaires. Billet a. s. 1857. Sept charges du *Journal pour rire*. — Danfeld (Aug.), excellent écuyer de l'Hippodrome. L. a. s. 1853. — Cavé (Aug.-Hygin), longtemps directeur des Beaux-Arts et des théâtres. N. 1800. M. 1852. L. a. s. 1836. Biogr. impr. — Delattre (Mlle Mathilde), dite de *Bournonville*, surnommée la *Belle Jardinière*, étant fille d'un jardinier de Boulogne, une des plus ravissantes femmes de Paris. L. a. s. *Mathilde de B.*, à son ami. 3 avril 1852. in-8. — Olga (Mlle), très-belle hongroise, qui a eu de grands succès à Paris. B. a. s. — Ensemble, 14 pièces.

122. BANNISTER (John), l'un des premiers comiques, sinon le premier comédien de son époque. Pendant 35 ans, il était aimé au théâtre et à la ville, comme artiste et comme homme. N. 1760. M. 1836.

L. aut. sig. (en anglais), à M. Brunton. 6 sept. 1809. 3 pages in-4. (Brûlée sur les bords, le texte intact). Deux *portr.* gravés.
Intéressante et rare, toute relative à sa tournée, et aux rôles qu'il désire.

123. BARBOT (Joseph-Théodore-Jules), premier ténor du théâtre de l'Opéra-Comique.

1º L. aut. sig., à son cher collègue... 25 janvier 1857. 1 p. in-8.
2º L. aut. sig., à M... (Perrin). (Écrite le jour de son début.) 1 p. pl. in-8. Curieuse.

BATAILLE (Charles-Amable), 1re basse-taille de l'Opéra-Comique. Né à Nantes, en 1823. Deux lett. aut. sig. 2 p. in-8. Trois *portr.* Costumes coloriés.

124. BARDOU ainé (Noël-Edouard), acteur du Vaudeville et des Variétés, premiers rôles de comédie et de drame.

1º Cinq lett. aut. sig. 1847 à 1850. Plusieurs fort intéressantes. . Biogr. imp. 4 p. in-4. Affiche, article imprimé. Carte de visite.
2º Billet à lui adressé, et jeté sur le théâtre pendant une de ses représentations en province.

BARDOU, jeune (César), frère du précédent, directeur du théâtre de Lille, en 1844, puis acteur du théâtre des Variétés, en 1847.

L. aut. sig., à MM. Ténar et Cannis. Lille, 9 sept. 1844. 3 p. pl. in-4. Théâtrale. Intéressante.

125. BARILLI, célèbre chanteur du théâtre Italien. 1764-1822.

L. aut. sig. (en italien), à Benelli. Sans date. 3 gr. p. pl. et demie grand in-fol. Belle et curieuse lettre.
Relative à des querelles administratives et artistiques au théâtre. Il y est surtout question de Bassi et de madame Fodor.

126. BAROYER (Mme), puis femme *Leroux*, née Marie-Madeleine *Barbet*, céléb. actr. des Variétés. N. 1757. M. 1844.

1º Reçu aut. sig. 10 nov. 1840. Petite page in-18. Rare. *Portr.*-costume colorié.
2º *La Bergère*, chanson aut. 1 p. et demie in-8.
3º Certificat aut. sig. de M. Ottin, curé de Montmartre, ainsi conçu :
« Je soussigné, curé de Montmartre, certifie avoir été appelé hier pour
« donner les derniers sacrements de l'Eglise à madame Baroyer, an-
« cienne artiste dramatique, qui demeurait autrefois sur ma paroisse.
« Elle est décédée en ma présence aujourd'hui onze juin 1844, à dix
« heures du matin... »

127. BARRÉ (P.-Yves), auteur dramatique, directeur-fonda-teur du théâtre du Vaudeville. M. 1842.

L. aut. sig., au citoyen Rœderer. 1 p. in-4.
Il lui adresse les *Jeunes Mariés* de Favard, joués en 1755, qu'il compte remettre au théâtre. « J'ai fait disparaître, d'accord avec le citoyen Félix Noga-
« ret, tous les titres de noblesse et beaucoup de couplets qui pouvoient plaire
« à la foire, mais trop lestes pour un théâtre de ville. »

BEAUFORT D'AUBERVAL (Alphonse-Aimé), auteur dramatique. L. aut. sig., au baron Capelle. Paris, 24 avril 1822. 3 gr. p. pl. in-4.
Lettre intéressante, la plus grande partie en vers, sur sa triste situation.

128. BARTLEY (Georges), célèbre acteur comique. N. 1782.

1º L. aut. sig. (en anglais), à M. Westmacott. 27 oct. 1836. 2 p. pl. in-8. Jolie lettre.
2º Billet a. s. (des ses initiales, en anglais). 1 p. in-8. *Portr.* gravé.

BARTLEY (Mme), née Sarah *Smith*, célèbre actrice tragique et comique. N. 1785. M. 1850.

L. aut. sig. (en anglais), à M. Morris, 26 mars... 3 p. in-8. Belle lettre. Rare. Joli *portr.* gravé, rôle d'*Euphrasia*.

129. BATISTE (Jean-Mathieu), bon chanteur à l'Opéra-Comique, où il doubla Martin, puis directeur à Nancy. Né en 1779.   Mort en 1848.
L. aut. sig., à Caméranie. Strasbourg, 2 germinal an X. 3 p. pl. in-4. Intéressante.

130. BAYARD (Jean-Fr.-Alfred), célèbre auteur dramatique, directeur des Variétés.   N. 1796. M. 1853.
1° Invitation à venir passer la soirée chez lui, le samedi 19 février 1853. (Il est mort à la suite de cette soirée)
2° L. aut. sig., à son cher... 5 nov. 1842. 2 p. pl. in-8. Cachet. Jolie et intéressante lettre théâtrale.
3° L. aut. sig., à Dumersan. 14 nov. 1 p. in-8.
Il est bien aise qu'il soit maître d'un feuilleton où il peut donner aide et satisfaction à un confrère qui a tant d'ennemis, et qui les mérite si peu ! « Vous « qui, comme lui, êtes un de nos chefs de file, qui avez comme lui, passé par « la Comédie Française, vous savez ce qu'on doit de justice et au besoin d'in- « dulgence à ceux de nous qui en s'élevant, s'honorent toujours et avant tout « de ce titre de vaudevilliste dont tous les sots et les envieux nous font aujour- « d'hui un crime. »
BAYARD (Antoine-Léon), dit *Léon-Picard*, frère du précédent.
L. aut. sig. 21 août. 1 p. in-8.

131. BEAUMARCHAIS (Pierre-Augustin *Caron* de), célèbre auteur dramatique. Le *Mariage de Figaro*, etc.
L. aut. sig., à M. Lenoir. Paris, 18 déc. 1781. 4 p. pl. in-4. *Portr.* gravé, in-4.
Lettre intéressante au sujet de l'affaire de Mme Kormann qui, il le voit, commence à lui donner un peu d'humeur... L'arrêt a été rendu au Châtelet de Paris.... Pendant ce temps on ne cesse d'effrayer la malheureuse détenue, en lui disant qu'on lui arrachera son enfant à l'instant de sa couche. Il y a de quoi la faire mourir... « Quant à moi qui ne l'ai jamais vue, qui ne la connais que par « le tableau bien touchant que votre sensibilité vous en a fait faire en ma pré- « sence, je la vois si cruellement abandonnée après une détention de 5 mois « pendant que le mari court à Spa, fait bombance et séduit tout ce qui l'appro- « che, que je viens d'écrire à Me Turpin, que si les intérêts de son client l'em- « pêchent de me voir comme conciliateur, je vais franchement offrir à cette « jeune dame et mes conseils, et mes secours, et mes moyens personnels, et ma « bourse, et ma plume.......

132. BEAUMARCHAIS (Acteurs, actrices, directeurs du théâtre).
CAPITAINE (Jac.-Henri). — LAPIERRE (Ant.-Hippol.-Thomas). 1852. Intéressante. — TRÉVES (Rodolphe) 1855. — WABBE. Orléans, 1841. Théâtrale. — ROSE (Mlle Emma). 1850. — THIVET (Mlle Alex.-Blanche *Hallot*, dite). — ALHOY (Maurice), auteur dramatique. M. 1856. — JOLY (Anténor), fondateur du Jardin-d'Hiver. 1838. Théâtrale. *Portr.*-charge, par Dantan. — JOUY, fils de l'académicien. Ensemble, neuf lett. aut. sig. in-12 et in-8.

133. BEAUMESNYL (Henriette-Adelaïde *Villard*, femme *Philippe*, dite), célèbre chanteuse de l'Opéra de 1766 à 1781.   N. 1748. M. 1793.
Quitt. de trois lignes aut. sig. de la somme de cinq cents livres pour deux mois échus de ses appointements. 13 mars 1781. 1 p. in-12. Beau *portr.* gravé in-fol.

134. BEAUVALLET (Pierre), sociétaire et acteur tragique du Théâtre Français, auteur dramatique.
L. aut. sig., à M.... 1 p. in-8. *Portr.* et biogr. impr. 4 p. in-4.
BEAUVALLET (Léon), fils du précédent, acteur de l'Odéon, auteur dramatique. Deux lett. aut. sig. 1850. 2 p. in-12., et lettre impr. (dans *Figaro*), sur le voyage de Mlle Rachel en Amérique.

135. BEAUVOIR (Eug.-Roger de), littérateur et auteur dramatique, mari de Mlle Doze. N. 1809.

L. aut. sig., à son cher ami ... 29 juillet 1854. 3 p. pl. in-8. Curieuse, et biogr. impr. 4 p. in-4.

136. BEAUVOIR (Eug.-Roger de). *Le même.*

L. aut. sig., à M. Villemessant. 2 p. in-8. Charge gravée.

BERTHET (Élie-Bertrand), littérateur et auteur dramatique. N. 1815.
L. aut. sig., à M. .... Paris, 10 oct. 1855. 1 p. in-8. *Portr.*-charge.
A son retour de voyage, son éditeur lui remet la lettre qu'il lui a fait l'honneur de lui écrire. Il le remercie de la marque d'estime qu'il lui donne en le faisant, sans le connaître, le confident de ses peines ; en retour de cette preuve de confiance, il ne peut que lui rappeler les consolations que le premier honnête homme venu lui donnerait comme lui. « Cette tristesse indéterminée dont vous « souffrez cedera à un effort sérieux ; vous n'avez qu'à vouloir pour en triom- « pher. Vous êtes jeune, donnez à votre vie un but noble et généreux ; tra- « vaillez ; si le monde qui vous entoure vous froisse et vous blesse, réfugiez-vous « dans le travail, le travail est le remède à tous les maux. Par lui vous parvien- « drez à dominer ces sentiments indignes d'une âme vaillante et fière. Cou- « rage ! donc, et recevez ma cordiale poignée de main. »

BIS (Hippolyte), auteur dramatique, né à Lille. M. 1855. Deux lett. aut. sig. 1830 et 1845. Ensemble, 5 p. in-8 et in-4.

137. BÉBÉ (Barbe Souvray, dit), nain célèbre du roi de Pologne Stanislas Leczinski. Mort en 1764.

Sa signature autographe. Notice biogr. aut. du baron de Trémont. Son *portr.* gravé (de la galerie historique de Versailles), in-8.

TOM POUCE (Charles-Stratton, dit le général), né en Amérique, en 1832, a joué au Vaudeville avec un grand succès dans le *Petit Poucet.* Son *portr.* colorié, in-4, avec sa signature aut. 1845, autre portr. anglais, sur bois, in-4.

138. BÊCHE. L'aîné des trois frères attachés à la musique du Roi. Vers 1750. Chanteur de la chapelle royale, écrivain très-distingué sur la musique.

L. aut. sig., à M. Renard, avocat au parlement. Versailles, 31 déc. 1772. 2 gr. p. pl. in-4.
Lettre intéressante et rare, au sujet de nouvelles entreprises et vexations faites contre les musiciens de province, par les ménestriers jongleurs de la communauté de Saint-Julien de Paris.

139. BELL (Robert), littérateur et auteur dramatique anglais. Né en Irlande en 1800.

L. aut. sig. (en anglais), à Elliston. 29 janv. 1851. 3 gr. p. pl. in-4. Cachet. Très-belle lettre.
Pressante recommandation en faveur de Macarthy, qui désire s'engager pour jouer les comiques au théâtre Surrey. Détails sur sa capacité, etc.

140. BELLAMY (Mme George-Anne), fille de lord Tyrawley, célèbre actrice anglaise. N. 1741. M. 1788.

Reçu signé par elle de 88 livres, 10 schellings, 2 deniers, provenant de sa représentation à bénéfice à Drury-Lane. 28 mai 1785. *Rare.* Portr. et gravure in-8.

141. BELLEMONT, première basse-taille du théâtre Feydeau, où il débuta en mai 1791.

L. aut. sig., à Champein. 8 messidor an XII. 1 p. pl. in-4. Curieuse et rare. Théâtrale.

142. BELETTI (Giovanni), chanteur du théâtre Italien (première basse-baryton).

L. aut. sig. (en italien), à M. Vernou. Londres, 11 avril 1848. 1 p. pl. in-8. Jolie lettre. Dernière scène d'*Attila,* gravée in-4.

BENVENTANO (G.-F.), 1er baryton du Théâtre de la Reine, à Londres. Billet aut. sig. (en italien). 1 p. in-12.

143. BELLINI (Vincent), célèbre compositeur dramatique italien. Né à Catane en Sicile, en 1802. Mort en 1835.

L. aut. sig. (en italien), à M. Fr. Florimo. Paris, 19 déc. 1834. 1 p. in-8. Jolie lettre. *Rare*. Portr. in-8.

Il lui annonce le départ pour Naples du jeune Elwart, pensionnaire du Conservatoire, et le prie de le présenter à Zingarelli, et à tous les artistes distingués.

144. BELMONT (Marie-Marg. *Bauret*, dite Sophie), femme *Leroux*, puis femme d'Emm. *Dupaty*, charmante chanteuse du Vaudeville (où elle créa *Fanchon la Vielleuse*) et de l'Opéra-Comique.

L. aut. sig., au duc d'Aumont. 12 juillet 1827. 2 gr. p. pl. in-4. Beau *portr.* colorié in-fol.

Lettre intéressante au sujet des tracasseries dont elle est l'objet au théâtre.

145. BELZONI (Giovanni-Battista), acrobate du cirque d'Astley à Londres, de 1804 à 1812. Plus tard célèbre voyageur en Egypte.

Notes aut. (en italien), sur ses voyages en Egypte, avec une traduction en français. 3 gr. p. pl. in-4. Curieuses. *Portr.* gravé in-8.

146. BENDA (Joseph), célèbre compositeur et violoniste allemand.   N. 1725. M. 1804.

L. aut. sig. (en allemand), au maître de chapelle. Potzdam, 10 février 1775. 2 p. pl. in-4.

Lettre toute musicale, relative en partie à Mme Mara, à Porporino et au ténor Grassi. Intéressante.

147. BENEDICT (Louis), célèbre pianiste et compositeur, auteur de quelques opéras.   Né à Stuttgard en 1804.

L. aut. sig. (en anglais), à M... 11 avril 1842. 2 p. in-8. Jolie lettre, au sujet du désir qu'il lui manifeste de devenir son élève.

BERGER (Louis), célèbre pianiste et compositeur allemand. N. 1777. M. 1839. L. aut. sig. (en allemand), à son ami... Berlin, 6 oct. 1838. 2 p. in-4. Jolie lettre musicale.

148. BENELLI (Antonio-Peregrino), premier ténor italien à la cour de Dresde, et compositeur. N. 1771. M. 1830.

L. aut. sig. (en Italien), à M. Breitkopf. Dresde, 11 sept. 1809. 1 p. pl. in-4. *Rare. Portr.*

Au sujet de la publication de ses ouvrages.

BENELLI (Jean), régisseur et chanteur du Théâtre Italien, sous la direction de Mme Catalani. 1° L. a. s., à N. Barret. 1 p. in-8. — 2° Billet d'orchestre a. s. — 3° Minute aut. d'une lettre à M...., sur la surveillance et l'ordre de la scène du Théâtre Italien. 1 p. pl. in-4. Curieuse.

149. BERANGER (Pierre-Jean de), notre poëte national. Il a écrit pour le théâtre (en collaboration) *Haguenier*, les *Caméléons*, la *Lanterne Sourde*, *Attila* et l'*Hermaphrodite*.   N. 1780. M. 1857.

L. aut. sig., à M. Alex. Marie, à Toulouse. Passy, 9 juillet 1834. 2 p. et demie in-8. *Portr.* avec celui de Favart, d'A. Gouffé, d'Emile Debraux, et de Brazier, in-8.

.... Il n'a pu trop se rendre compte de ce qu'il disait de lui dans sa fameuse épître. « Vous autres poëtes, vous vous figurez toujours qu'on a assez « d'esprit pour deviner à demi mot. Mais point vraiment. Votre idée est-elle, « monsieur, de me communiquer vos vers? J'ai bien peu de temps à disposer, « mais enfin si vous croyez cela utile, chargez quelqu'un de me remettre et de « reprendre le manuscrit, et je vous en dirai mon avis consciencieusement. « Au lieu de cela, est-ce une dédicace que vous me proposez de faire : je « vous avoue, dans ce cas, monsieur, que je ne l'approuverai pas, tout en vous

« remerciant, parce que les dédicaces sont passées de mode heureusement, et
« que les chansons doivent surtout être exemptes, à moins de circonstances
« spéciales, de toute la faveur louangeuse dont presque toujours les préfaces
« sont gonflées. Vous voyez, monsieur, que votre jolie épître m'a donné de
« l'embarras d'esprit... et je vous assure, que si je puis vous être bon à quel-
« que chose, tout hermite que je suis maintenant, vous me ferez plaisir de me
« le faire savoir.

150. BÉRAT (Frédéric), auteur et compositeur d'un grand nombre de romances et chansons, telles que : *Je vais revoir ma Normandie*, la *Lisette de Béranger*, etc. Né....   Mort le 1er décembre 1855.

L. aut. sig,. à M... 2 p. pl. in-8.

BÉRAT (E.), frère du précédent. L. aut. sig., à M. Coupart. 1 p. in-8. Les trois quarts de cette lettre sont remplis par une charge co-mique, à la plume.

BEAUPLAN (Amédée de), poète, auteur dramatique, et compositeur d'un grand nombre de charmantes romances, chansonnettes, etc. L. a. s., à M. F. Soulié. 7 juillet 1831. 2 p. et demie in-8. Jolie lettre.

151. BERGER (Aug.-Alex.), acteur du théâtre du Palais-Royal.   N. 1810. M. 1849.

L. aut. sig., sans date. 2 p. pl. in-12. Jolie lettre. Deux *portr.* costumes coloriés, dont un belge. *Rare.*

BERGER (Mme), née Marie-Joséphine *Labat*, femme du précédent, actrice du Palais-Royal. L. aut. sig., à son cher camarade. 1 p. in-8. *Portr.*-costume (belge, rare), colorié, in-4.

152. BÉRIOT (Charles-Auguste de), célèbre violoniste, mari de madame Malibran.   Né à Louvain en 1802.

L. aut. sig., à M. Masset, éditeur de musique, à Paris. Bruxelles, 13 nov. 1842. 2 p. pl. in-8.

Lettre intéressante au sujet de la cession de plusieurs de ses œuvres mu-sicales.

153. BERLIOZ (Hector), célèbre compositeur français.

L. aut. sig., à M. Habeneck. 23 oct. 2 p. pl. et demie in-8. Jolie lettre. *Un concert à mitraille*, charge gravée.

Détails sur les préparatifs de la dernière répétition de sa symphonie funèbre. Il croit que les répétitions de l'opéra nouveau (*Le Fantôme*), loin de contrarier son projet, le serviraient au contraire, puisqu'il ne sera pas nécessaire d'avoir l'orchestre exprès pour sa symphonie...

154. BERNARD-LÉON (Jean-Pierre *Bernard*, dit), excellent et joyeux comique du Gymnase et du Vaudeville. N. 1789.

L. aut. sig., à Mlle Brohan, artiste du Vaudeville. 26 mars 1829. 1 p. pl. in-8. *Portr.* gravé, et scène coloriée d'Henri Monnier.

BERNARD LÉON jeune, frère du précédent, acteur du Gymnase, a joué en province. Son répertoire aut. sig. 2 p. in-8.

155. BERTHIER (Francisque *Garnier*, dit), premier danseur comique de l'Opéra.   N. 1813.

Trois lett. aut. sig., à MM. Ferville, Thuillier.... 1837-1845, in-12 et in-8. Curieuses. *Portr.*-costume, colorié.

DEUXIÈME VACATION.

Vendredi 4 décembre. — Nos 156 à 310.

156. BERTIN (*Angot*, dit), excellent acteur du Panorama dra-matique, où il créa le *Pauvre Berger* avec un grand suc-cès. Plus tard régisseur au théâtre de Nîmes. 1786-1855.

Pièce aut. sig. 21 déc. 1854. 1 p. pl. in-4. *Portr.*

157. BERTINI (Henri), pianiste et compositeur anglais, ses productions sont au nombre de plus de cent œuvres gravées.   N. 1798.

Rondo Barcarolle aut. sig. pour le piano. 5 gr. p. et demie in-4.

158. BERTON (Henri-Montan), célèbre compositeur, membre de l'Institut.   N. 1767. M. 1844.

L. aut. sig., à M. le Directeur.... Sans date. 1 p. pl. in-8. — L. aut. de sa femme. Paris, 1851. in-8.

Relative aux nombreux changements qu'il a faits au poëme des *Créoles*, du consentement par écrit de M. Delacour.

BERTON (Fr.), fils du précédent, compositeur. L. aut. sig., à M. le duc d'Aumont. 5 avril 1827. 1 p. pl. et demie, in-4.

BERTON (Pierre Montan); père des précédents, musicien très-distingué. Longtemps directeur de l'Opéra. Compositeur de *Deucalion et Pyrrha*, etc.   N. 1727. M. 1780.

L. aut. sig., à M. Thury, secrétaire de M. le premier Président. 23 février 1768. 1 p. pl. in-4. Cachet.

Au sujet de plusieurs entrées à l'Opéra.

159. BETMANN (Mlle Frédérique-Aug. Conradine *Flittner*, femme *Uzelmann*, en secondes noces femme), célèbre actrice et chanteuse allemande.   N. 1815.

L. aut. sig. F. *Unzelmann* (en allemand), à Schroder. Berlin, 9 avril 1794. 1 p. pl. in-18, enveloppe aut. Jolie petite lettre. Intéressante. *Rare.*

160. BETTINI (Geremia), chanteur de l'Opéra en 1846. Il a chanté depuis aux Italiens et en Angleterre.

1°. L. sig., à M. le Rédacteur... Lyon. 1 p. pl. in-8. *Portr.*-costume, colorié.

2°. L. aut. sig. (en italien), à son cher de Filippi. Vienne, 23 juin 1854. 1 p. pl. in-8.

Il lui envoie son engagement signé, et le prie de songer à l'Opéra où il doit débuter. Il serait content de chanter d'abord le *Trovatore* du maestro Verdi.

161. BETTY (Henry-West), surnommé le *Roscius anglais*. Il débuta à Covent-Garden en 1804, âgé de 13 ans, par les premiers rôles tragiques.   N. 1791.

L. aut. sig. (en anglais), à M. Pope. 1 p. in-18. Très-rare. Certificat des médecins, déclarant qu'il est un peu mieux aujourd'hui. In-4. Deux jolis portr.-costumes, dont un colorié.

BETTY (Henri), fils du précédent, acteur tragique. N. 1819. L. aut. sig. (en anglais), à M. Westmacott. 19 février 1839. 1 p. pl. et demie in-4. Belle lettre. — *Portr.* lith. in-fol., avec envoi aut.

162. BÈZE (Théodore de), célèbre réformateur, ami de Calvin. Auteur de la *comédie du Pape Malade*, d'*Abraham sacrifiant*, etc.   N. 1519. M. 1605.

Feuille d'album aut. sig. (en latin). 13 février 1599. 1 p. petit in-18, (14 petites lignes). *Portr.* gravé in-8.

163. BIGNON, bon acteur de la Gaîté en 1810, plus tard des Variétés, auteur dramatique.

L. aut. sig., à Mme Nicolet. Paris, 29 décembre 1806. 3 gr. p. pl. et demie in-4. *Rare.*

Lettre curieuse au sujet des démarches qu'il a faites auprès du ministre de l'Intérieur afin qu'elle conserve ses droits sur sa salle de spectacles au moment ou les nouveaux règlements sur les théàtres vont être mis à exécution. Intrigues employées pour la déposséder.

BIGNON (Louis-Thomas), 1er rôle de drame à la Porte Saint-Martin, auteur dramatique, mari de Mme Albert. Billet aut. sig. (signé aussi de sa femme). 15 mai 1848. 2 p. in-8. *Portr.*

164. BISHOP (sir Henri-Rowley), le meilleur compositeur anglais de son temps. Il a travaillé à plus de cent ouvrages dramatiques.

L. a. s. (en anglais), à M. Winston. 18 février 1825. 3 p. in-8. *Portr.*

Il le prie de ne pas mettre son nom sur l'affiche de demain comme devant conduire l'orchestre pour l'Opéra, la *Prise d'Alger*. Il l'a déjà fait *sept* fois, c'est-à-dire, quatre fois de plus que cela ne se fait d'habitude. Plus tard, cela pourra faire du tort à la pièce, et on en aura peut-être besoin par la suite, comme moyen de *mousser* l'ouvrage.

165. BALHETKA (Léopoldine), pianiste et compositeur de talent. Née près de Vienne, en 1811.

Variations aut. sig., sur un thème de l'Opéra, la *Muette de Portici*, etc. 49 p. in-fol.

166. BLANCHARD (Jean-Pierre), célèbre aéronaute. 1753-1809.

Procuration notariée signée, donnée au sieur Jean Barbe, marchand de verres, demeurant à Rouen, pour, en son nom, gérer et administrer ses affaires, nommément celles qui pourront provenir des expériences qu'il fera concernant sa profession d'aéronaute.... Rouen, 23 thermidor, an XI. 2 p. in-8. Beau et rare *portr.* anglais gravé. In-8.

167. BLAND (Mlle Maria-Teresa *Romanzini*, femme), célèbre chanteuse et comédienne anglaise. N. 1770. M. 1838.

L. aut. sig. (en anglais), à M. Robinson. Oct. 1835, 1 p. in-8 en travers (remontée). Cette pièce très-rare, accompagnée d'une notice biographique manuscrite et d'un portrait colorié, provient de la célèbre collection de M. Frenck.

168. BLEWITT (James), célèbre musicien et compositeur anglais. N. 1780. M. 1853.

L. aut. sig. (en anglais), à M.. sans date. 4 p. pl. in-4.

Il lui donne les détails nécessaires pour son article relatif au concert de miss Wordham. Il peut dire qu'on n'a pas oublié son 1er début au théâtre Surrey dans la *Famille suisse* (musique de Weigl). Il peut ajouter que cette troupe d'enfants jouait à merveille dans *Artaxerces*. Braham, ainsi que d'autres artistes célèbres, ne manquaient pas d'assister à leurs représentations, etc., etc.

169. BLONDIN (*Tondu*, dit), excellent grime de la troupe de Nicolet, plus tard aux Variétés.

Reçu du citoyen Nicolet, pour le citoyen Ribié, 14 pièces de théâtre. Paris, 29 nivôse an IV. Aut. sig. 2 p. in-fol. *Portr.* par Henri Monnier. In-8, colorié.

170. BOCAGE (Pierre-Martinien *Touzez*, dit), célèbre acteur de drame, ex-directeur de l'Odéon.

Deux lett. aut. sig., ensemble, 3 p. et demie, in-8. Intéressantes. — Liste aut. de ses principales créations. 1 p. in-8. Biogr. impr. 4 p. in-4. — Scène de *Claudie*, et quelques jeunes premiers du jour, deux pièces gravées.

171. BOCCABADATI (Mme Luigia), célèbre chanteuse du théâtre Italien, où elle débuta en 1832.

L. aut. sig. (en italien), à M. Carlo del Chiaro, à Florence. Paris, 5 nov. 1832. 2 p. pl. in-4. (percées au canif, à la quarantaine). Jolie et rare lettre.

172. BOSCHA (Robert-Nicolas-Claude), célèbre harpiste et compositeur. Né à Montmédi (Meuse), en 1789. Mort en Australie, le 1er janvier 1856.

L. aut. sig., à Benelli. Londres, 30 juin 1818. 2 gr. p. in-4. (déchirure par le cachet), beau portr. anglais, lith. in-fol.
Lettre curieuse sur sa situation financière.

173. **BOHNER** (Jean-Louis), pianiste, organiste et compositeur d'un grand mérite. Hoffmann le prit pour le modèle, et en fit le type du maitre de chapelle *Kreyessler*.

1o. L. aut. sig. (en allemand), à M.... Gotha. 17 déc. 1734. 2 gr. p. pl. in-4. Intéressante lettre musicale.
2o. Prélude et choral pour orgue, dédié au sénateur Sommer. Une page de titre aut. sig., et trois pages de musique. 3 p. in-4.

174. **BOHRER** (Max), célèbre violoncelliste allemand. Né à Munich en 1785.

L. sig., à Habeneck. Stuttgard, 21 sept. 1835. 1 p. et demie in-4.
Lettre intéressante en faveur de M. Taeglichsbeck, violoniste (porteur de cette lettre) qui se rend à Paris...
Taeglichsbeck, excellent violoniste et compositeur allemand, maître de chapelle du prince de Hohenzollern.
L. aut. sig. (en allemand). 2 mai 1842. 1 p. in-4.

175. **BOIELDIEU** (François-Adrien), célébre compositeur. Né à Rouen en 1775.   Mort en 1834.

L. aut. sig., à M. Gustave Dugazon. 3 p. pl. in-8.
Il lui demande avec instance de vouloir retirer son ouvrage de la comédie, parce qu'il ressemble trop au sien qui a été admis il y a six mois, qui n'est pas encore en répétition, et qui ne le serait jamais s'il était devancé. Son ouvrage est en trois actes, il y travaille depuis six mois, et il se verrait avec beaucoup de chagrin forcé à y renoncer si cela arrivait, ce qui, n'étant pas l'intérêt de la comédie, ne pourrait être que le résultat de la haine que portent certaines personnes du théâtre, aux pièces dans lesquelles elles ne jouent pas. « Je suis déjà tourmenté d'un autre côté par les petites menées sourdes « qui s'exercent pour faire passer avant moi une piece de Nicolo reçue il y a « *quinze jours*. Il a eu l'impudence de me dire avant hier qu'il allait donner à la copie, et il est très-probable qu'il répétera avec deux morceaux, comme à son ordinaire.
Boieldieu (Adrien), fils du précédent, compositeur.
L. aut. sig., au baron de Trémont. 16 janvier 1844. 1 p. in-4.

176. **BOINVILLIERS-DESJARDINS** (J.-C.-F.-J.), littérateur, auteur de *Monsieur le Marquis*, comédie en vers. Né à Versailles en 1776.   Mort en 1830.

Aux mânes de G. Legouvé, pièce de vers aut. sig. 3 gr. p. pl. et demie, in-4. Belle pièce.
Boileau (Virgile-Alex.), auteur de *Guillaume Tell*, drame joué à la Porte Saint-Martin en 1848, etc. Fragment aut. sig. de *Guillaume Tell* (en vers). 2 p. pl. in-4.

177. **BLONDINI** (Pasquale), directeur (en 1786), de l'Opéra Italien à Dresde.

L. aut. sig. (en italien), à M.... Dresde, 11 novembre 1786. 3 gr. p. pl. in-4. Belle lettre.
Il le prie d'exprimer au roi son désir d'obtenir l'autorisation de faire représenter vers Pàques, 1787, des operas italiens, ayant une bonne troupe et tout ce qu'il faut pour que l'entreprise réussisse. Longs détails.

178. **BONNEHEE** (Marc), premier ténor de l'Opéra.
L. aut. sig., à Mme ... 4 mai 1852. 1 p. et demie in-8. Musicale.

179. **BONNELIER** (Hippolyte), littérateur, a joué à l'Odéon sous le nom de *Max*.

L. aut. sig., à M. le marquis de Châteaugiron. Sceaux-Penthièvre, 10 juin 1836. 4 gr. p. in-4. Jolie lettre.

Il l'entretient de la triste situation de la famille Lorry. M. Lorry, qu'il aurait fallu interdire il y a quatre ans, a poussé tous les siens dans son trou. « Ma
« femme èt moi nous avons versé des larmes amères, voyant ce désastre, et ne
« pouvant y remédier : nous allons d'abord prendre les deux petites Anna et
« Félicie chez nous...
« Le pays de Sceaux, on vous l'aura écrit, perd chaque jour de son impor-
« tance; point ou fort peu de locataires : la vie à un prix excessif, les trans-
« ports longs et onéreux, les habitants mal bâtés ; il n'en faut pas plus pour
« perdre un pays. Toutefois, les cendres de Florian vont être placées sous un
« monument près de l'église : Fête funèbre, et discours à ce sujet : on m'a ho-
« noré d'un peu d'attention, et malgré mon insuffisance, je serai, je crois, ora-
« teur *tumulaire*...

180. BOOTH (Junius-Brutus), célèbre acteur tragique anglais, rival d'Edmond Keen.   N. 1796. M. 1852.

L. aut. sig. (en anglais), à M. Glossop. 24 janvier 1820. 1 p. in-4. *Rare*. *Portr.* gravé collé en tête de la lettre.

BROOKE (Gustave-Vasa), très-remarquable tragédien anglais. N. 1818. L. aut. sig. (en anglais), à M.... Cooke, 26 déc. 1845. Théâtrale. — Deux lignes aut. sig. Remontées. — Deux *portr.*, et scène gravée de *Marie de Méranie*.

181. BOSCO (Bartholomeo), célèbre physicien-prestidigitateur. En 1854 il donnait des séances dans la salle du passage Jouffroy. C'est le prince des sorciers.   Né à Turin.

1°. Deux lett. sig. (elles sont identiques), adressées à des directeurs de spectacles de Paris, leur offrant de donner une séance publique sur leur théâtre, moyennant 500 fr. Paris, 29 mars 1856. 1 p. in-8.
2°. L. écrite et sig. en son nom. 1853. in-8. Prospectus imprimé.

182. BOSIO (Mlle Angélina), femme *Xinda Velonis*, célèbre cantatrice italienne, qui a chanté avec un très-grand succès au théâtre Italien et à l'Opéra,   N. 1829.

L. aut. sig. (en italien), au marquis de Sampieri. Samedi. 1 p. in-8. *Portr.* in-12, et scène de *Louise Miller*.

183. BOSQUIER - GAVAUDAN (Jean-Sébastien-Fulchran *Bosquier*, dit), acteur des Variétés. N. 1776. M. 1843.

L. aut. sig., à M. Armand Séville. 24 février 1826. 1 p. in-4. *Portr.* lith. in-4.

184. BOUCHARDY (Joseph), célèbre auteur dramatique. *Gaspardo, Lazare le Pâtre*, le *Sonneur de Saint-Paul, Jean le Cocher*, etc.   N. 1810.

L. aut. sig., à M. Colleuil. 25 mai, 1849. 1 p. pl. in-8. *Rare*. Réponse à la demande qui lui est faite de représenter le *Sonneur de Saint-Paul* sur la scène du théâtre du Luxembourg.

185. BOUCHER (Alex.), célèbre violoniste.   N. 1770.

L. aut. sig., à son cher et ancien ami Moreau. Sans date. 2 p. pl. in-8. Lettre toute musicale. Il lui fait le plus grand éloge des talents supérieurs de sa femme sur le piano et sur la harpe, reconnus par toute l'Europe, etc.

CATRUFO (Joseph), compositeur. Né à Naples en 1771. L. aut. sig., aux membres du comité de Feydeau. Paris, 29 sept. 1813. 1 p. pl. in-4. Au sujet des répétitions de la *Prisonnière* et des *Forgerons*.

186. BOUCHER DE PERTHES (Jacques), littérateur et auteur dramatique.   Né à Rhétel en 1788.

L. a. s., à M. Harel. Abbeville, 4 mai 1829. 2 gr. p. pl. et demie in-4. Au sujet de deux de ses ouvrages : *Persée de Macédoine*, tragédie en cinq actes, et le *Grand Homme chez lui*, comédie en cinq actes et en vers, reçus à l'Odéon...

BOUILLY (Jean-Nicolas), littérateur, auteur dramatique. N. 1763. M. 1842. L. aut. sig., au baron de Margueritte. 4 février 1823. 3 p. pl. in-8. Curieuse.

187. BOUCHEZ (Charles-François), acteur de l'Odéon.
L. aut. sig., à Picard, directeur de l'Odéon. Rouen, 5 sept. 1817.
3 gr. p. pl. et demie in-4. — Procuration donnée et signée par lui.
1819. In-4.
Longue et intéressante lettre sur les affaires financières de l'Odéon et les
siennes, au point de vue de son engagement à ce théâtre.

188. BOUFFÉ (Hugues-Désiré-Marie-Alphonse), célèbre comédien. N. 1808.
Cinq lett. aut. sig. à divers, 1843-1853. Ensemble, 5 p. in-8. Curieuses.—Deux biogr. impr. 8 p. in-4. — Deux *portr.*-charge. Joli lot.

189. BOUFFES-PARISIENS, (acteurs et chanteurs des).
ANTHIOME (Jean-Bapt.). 1842. — CAILLAT (Pierre-Adolphe). —
DUBOUCHET (V.). 1854. — GUYOT. 1856. — PRADEAU (Etienne).
Pièce a. s., avec une charge dessinée à l'encre. — Charge (gravée),
les *deux Aveugles.* — TAYAU (H.). 1856. — Ensemble, six lett. et
billets aut. sig., in-12 et in-8.

190. BOUFFES-PARISIENS, (actrices et chanteuses des).
DALMONT (Mlle M.). 1856. — DEMARSON (M.). — FORGET (M.)
« Attendez-moi sous l'orme, mon compère. » — GARNIER (M.). —
MACÉ (Marguerite). Deux lett. — MARESCHAL (Aurélie). Jolie lett.
Scène lith. de *M'sieu Landry.* — MARIQUET, danseuse aux Bouffes.
— Ensemble, sept lett. et pièces aut. sig., in-12 et in-8.

191. BOUFFLERS (le marquis Stanislas-J., dit le *Chevalier*
de), littérateur, poëte, membre de l'Académie française,
traducteur de la tragédie d'*Hippolyte*, de Sénèque.
Né en 1737. Mort en 1815.
L. aut. sig., à M. de Cubières, 26 brumaire. 2 p. pl. in-4.
Jolie et aimable lettre, bien affectueuse.

192. BOULANGER (Mme), née *Aulagnier*, actrice de l'Opéra-
Comique de 1811 à 1850. N. 1786. M. 1850.
L. aut. sig., au baron de Margueritte, pour être mise sous les yeux
du duc d'Aumont; il y a au bas de sa main : *Accordé, le duc d'Aumont.*
1823. 3 gr. p. in-4. *Portr.* Belle et intéressante lettre.

193. BOULLARD (Jean-Baptiste), première basse-taille de
l'Opéra-Comique, élève de Nourrit père. Né à Nimes.
L. aut. sig., à Ferville. Bruxelles, 20 janvier 1841. 2 p. pl. in-8.
Portr. de la galerie des artistes belges, in-4, et deux *portr.* costumes,
coloriés. Affaires théâtrales

194. BOURETTE (Mlle Charlotte *Renyer*, dame *Curé*, puis
dame), la *Muse Limonadière*, poëte, auteur de la *coquette
punie*, comédie. N. 1714. M. 1784.
L. aut. sig. *Veuve Curé*, à M... 18 sept. 1751. 4 gr. p. pl. in 4.
Jolie lettre. — Plus huit cahiers de pièces de vers (imprimés), avec
des envois aut., à M. de Malesherbes.
Elle le prévient de son embarras depuis son arrivée de Versailles. Tout le
monde lui fait compliment, et se persuade qu'elle est comblée de présents, tant
de M. le Dauphin, que de M. le duc de Gesvres... Curieux détails sur les ca-
deaux qu'on veut lui faire, mais elle en voudrait d'autres en remplacement...
« Jay aussy monsieur l'honneur de vous marquer que Mde la comtesse Vertilhac
« est venue de fois me faire compliment et lyllustre Mr de Fontenelle en me
« venant voir pour la 3e fois ma adresse ses deux vers suivant
      « En prose a vôtre exemple on va faire des odes
      « Le beau sexe est en droit d'introduire des modes. »

195. BOURGOIN (Marie-Thérèse-Etiennette), célèbre actrice
de la Comédie-Française, de 1801 à 1829. 1786-1834.
L. aut. sig. *Thérèse*, à M. Antoine. Charonne, 19 frimaire, an

VII. 1 gr. p. pl. in-4. Curieuse et rare. Beau *portr.* lith. dans *Roxe-lane*, in-fol.

196. BOURGUIGNON (François-Charles), gendre de Nicolet, directeur du théâtre de la Gaîté depuis 1808, jusqu'à sa mort (1816).

1º L. aut. sig., à Mme veuve Nicolet. 6 février 1805. 1 p. pl. in-8.
2º L. sig., à M. de Beaunoir. Paris, 8 mai 1810. 1 p. pl. in-4. Vignette en tête. Théâtrale. Curieuse.
BOURGUIGNON (Mme), née Alexandrine-Hélène *Nicolet*, fille de Nicolet, à la mort de son mari (1816), elle dirigea le théâtre de la Gaîté jusqu'à l'époque où elle-même mourut (en 1825). L. aut. sig., à Mlle Cailhava, 9 avril 1821. 1 p. pl. in-4. Aimable lettre.

197. BOURSAULT (Edme), célèbre poëte dramatique; *Ésope à la Cour*, etc. Né en 1638. Mort le 17 septembre 1701.

Sa signature, sur une brochure (Eloge de Mme la Dauphine, sur l'heureuse naissance du duc de Bourgogne. 1682, 23 p. in-4).

198. BOURSAULT - MALHERBE (Jean-Fr.), débuta au Français en 1778. Directeur-fondateur du théâtre Molière, ainsi que du théâtre des Variétés étrangères, auteur dramatique.   N. 1752. M. 1842.

1º L. a. s., à M. Dumonceau. 2 avril 1772. 1 p. pl. in-8, en travers.
2º L. aut. sig., à son cher camarade. Marseille, 22 avril 1788. Jolie lettre théâtrale.

199. BRAMBILLA (Mlle Marietta), célèbre chanteuse du théâtre Italien, première contralto.

Ah! felice ancor saro, cavatine (paroles et musique aut.) et dédicace aut. sig., à Mme la comtesse Rodolphe d'Appony. Belle pièce (8 p. in-fol.). *Portr.*-costume, colorié.

200. BRANDES (Jos.-Jacq.-Chrétien), célèbre acteur et auteur dramatique allemand.   N. 1738. M. 1799.

L. aut. sig. (en allemand), à son ami... Hambourg, 22 mai 1781. Belle et intéressante lettre. *Rare.*
BRANDES (Mlle Esther-Charlotte *Kock*, femme), admirable actrice allemande. N. 1746. M. 1786. L. aut. sig. (en allemand), à M.... Berlin, 3 oct. 1767. 1 gr. p. pl. in quart in-4. *Rare.* Très-beau portr. gravé (Rôle d'*Ariadne*) grand in-fol.

201. BRAS (Mlle Marie-Adélaïde *Petit*, femme de *Gillet*, dit), actrice du Vaudeville et de Saint-Pétersbourg. M. 1847.

L. aut. sig., à ... (avec une ligne a. s. de sa nièce Suzanne). Saint-Pétersbourg (Sans date). 2 gr. p. pl. in-4. Très-belle et rare lettre. Beau portr. de Collin, lith. in-fol.

202. BRESSANT (Jean-Bapt.-Prosper), acteur de la Comédie-Française.   N. 1816.

L. aut. sig., à M.... 15 mai 1854. 1 p. in-8. Deux *portr.*, dont un costume colorié.
BRESSANT (Mme), née Elisabeth-Augustine *Dupont*, femme du précédent, actrice des Variétés. L. aut. sig., à M. Deron. 1 p. pl. in-8. Très-joli *portr.*-costume colorié, dans *Job* et *Jean*, in-4.

203. BRIFAUT (Charles), littérateur, auteur dramatique, membre de l'Académie français.   N. 1781. M. 1855.

L. aut. sig., à Mlle.... Samedi matin... 2 p. pl. petit in-12. Charmante petite lettre.

204. BRINDEAU (Louis-Paul-Edouard), acteur sociétaire de la Comédie-Française.

L. aut. sig., à Ferville. Paris, 6 avril 1833. 1 gr. p. in-8. Deux *portr.*-costumes coloriés, et une curieuse charge.

205. BRIZARD (Jean-Bapt. Britard, dit), célèbre père noble de la Comédie-Française.   N. 1721. M. 1791.

Pièce signée par lui, de Bonneval et Dubois. Paris, 18 oct. 1762. 1 p. in-fol. Trois *portraits* et une scène gravée, plus, *portr.* de Bonneval, colorié.

Détail des frais et dépenses des acteurs pour la première représentation de l'*Ecossaise*, l'*Amour Médecin*, à Fontainebleau, montant à 113 livres, 13 sous, 6 deniers. Curieuse pièce.

206. BROCARD (Mlle Suzanne), femme *Chedel*, puis femme *Alex. de Longpré.*   Morte en 1855.

Son engagement à l'Odéon, approuvé et signé. 18 déc. 1820. 1 gr. p. pl. in-fol.

Brocard (Mlle Caroline), sœur de la précédente, danseuse de l'Opéra. L. aut. sig., à M. Auber. 26 sept. 1844. 2 p. in-8. Jolie et aimable lettre. *Portr.*-costume colorié. Notice ms. du baron de Trémont.

Brocard (Mlle Laure), sœur des précédentes, danseuse de l'Opéra. Billet aut. sig., à M. De Luzy.

207. BROCKMANN (Jean-Franç.-Jérôme), célèbre acteur tragique allemand.   N. 1745. M. 1812.

Poème aut. sig. (en allemand, sa sig. se trouve à la 1re et à la 4e page), dédié à son ami Collin. 17 p. in-8. Portr. gravé in-8. Biogr. manuscrite (en allemand).

208. BROHAN (Mlle Suzanne), charmante actrice du Vaudeville et du Théâtre-Français.   N. 1807.

L. aut. sig., à son bien aimable camarade. 8 janvier 1851. 1 p. pl. et demie in-8. Jolie lettre. Biogr. impr. 4 p. in-4.

...« Vous venez me voir, par hasard, par bonheur, et je dors comme une bûche « que je suis! il faut me pardonner, depuis que je joue je souffrais de cruelles « insomnies, et la fatigue m'avait endormie. Enfin je ne dors plus Dieu merci, me « voilà éveillée comme une souris, et nous irons vous voir, vous embrasser et « vous souhaiter une foule de bonnes choses... »

Brohan (Mlle Augustine), fille de la précédente, actrice du Théâtre-Français, auteur dramatique.   N. 1824.

Trois lett. aut. sig., jeudi soir, et... 3 p. in-12 et in-8. Affiche (impr.) du théâtre Castellane, trois extraits de *Figaro*, et *portr.*-costume colorié de Mlle Madeleine Brohan, sa sœur.

209. BRUNET (Anne), baladin des écuries du Roi.

Quitt. sig. de la somme de 271 écus deux tiers, tant pour lui que pour être distribuée, à savoir, au fourrier et aux précepteurs, ambleur, porte gauban, chirurgien, tireur d'armes, etc., pour leurs récompenses ordinaires à cause du service qu'ils ont fait pendant le quartier de juillet 1599. Belle pièce sur parchemin in-fol. en travers.

210. BRUNTON (Miss Louise), comtesse de *Craven*, admirable actrice anglaise: premiers rôles de comédie; se retira du théâtre à l'occasion de son mariage, en 1808.

L. aut. sig. (en anglai.. à la 3e personne), comme comtesse de Craven, à M. Smith. 3 avril. 1 p. in-8, plus, un billet de quelques mots aut. (à la 3e pers... in-. Rare. Deux jolis *portr.* gravés.

211. BUCKSTONE (Jean-Baldwin), l'un des meilleures comiques du théâtre actuel en Angleterre. Directeur du Haymarket, très-fécond et très-spirituel auteur dramatique. N. 1812.

1º L. aut. sig. en (anglais), à M .... 3 déc. 1845. 1 p. in-8. *Portr.* et scène, art. impr.
Curieuse lettre relative à une dette contractée par son fils, et que lui se trouvera peut-être forcé de payer.

2º L. aut. sig. (en anglais), à M. Hemming. 1 p. in-8.
Il lui envoie la pièce en question. Si celle-ci plaît au comité, l'auteur la vendra au prix ordinaire. « Mon avis est qu'elle est écrite avec esprit; il faudra « peut-être des coupures... l'essentiel sera de trouver quelqu'un qui puisse bien singer *O' Connell...* (La pièce a eu un grand succès.)

212. **BULWER** (sir Edward Lytton), célèbre romancier et auteur dramatique anglais.
Pièce de vers aut. (inédite, en anglais) : le *Don des Sylphes à la Rose.* 2 gr. p. in-4. Belle pièce. *Portr.* et biogr. anglaise.

213. **CABANIS** (Pierre-Jean-Georges), médecin, philosophe et littérateur, membre de l'Institut. Traducteur de *Stella* de Gœthe. N. 1757. M. 1808.
L. aut. sig., à Ginguené. Villette, 11 octobre 1806. 2 gr. p. pl. in-4.
Lettre intéressante au sujet de la mort de leur ami Grouvelle qui peut avoir été causée par un affreux article du *Mercure...* « C'est une grande perte pour « tous les amis de la raison ; c'en est une irréparable pour nous en particulier. « Il était presque le seul de mes amis de collège que les 15 dernières années « ne m'avaient pas enlevés ; tous ses talents étaient dévoués à la liberté publi- « que, à la propagation des idées saines qui peuvent seules tirer enfin le genre « humain de son bourbier...

214. **CABEL** (Mlle Marie *Dreulette*, femme *Cabu*, dite), actrice du Théâtre-Lyrique et de l'Opéra-Comique.
L. aut. sig., à M .... Sans date. 1 p. in-8. *Portr.*-costume colorié, scène lith. in-4, et charge gravée. — Plus, lettre aut. sig. de son mari. 1 p. in-8. Curieuse.

215. **CAILHAVA-D'ESTANDOUX** (Jean-François), auteur dramatique, membre de l'Institut. N. 1731. M. 1843.
L. aut. sig. (la signature a été biffée), au ministre de l'Intérieur. Paris, 1er prairial an V. 1 p. in-fol. Curieuse.

216. **CAILLOT** (Joseph), célèbre acteur de la Comédie italienne. N. 1732. M. 1816.
L. aut. sig., le *Père Caillot*, à sa belle et bonne amie. Saint-Germain-en-Laye, 22 déc. 1812. 1 p. in-4. Charmante lettre. *Rare.* Joli *portr.* anglais dans le *Déserteur.*

217. **CALVISIUS** (Sethas *Kalwitz*, dit), célèbre écrivain musical, astrologue et poëte. N. 1556. M. 1645.
Feuille d'album aut. sig. (en latin). Fragment d'un psaume mis en musique. Leipsic, 23 oct. 1605. 1 p. pl. in-8.

218. **CAMERANI** (Barthélemy), le dernier des scapins à la Comédie-Italienne. Mort en 1816.
Engagement de Paul Dutreich, rempli et signé par Camérani, signé par Paul et par Campenon. Paris, 1er brumaire, an XIII. 3 p. in-fol. Scène de la *Clochette*, lith. coloriée in-4.

219. **CAMPAN** (Mme Henriette *Genet*, dame), lectrice de Marie-Antoinette, auteur de *Mémoires*, d'un *théâtre* pour les jeunes personnes. N. 1752. M. 1822.
L. aut. sig., au citoyen Degoty, peintre. Saint-Germain-en-Laye, pluviôse, an X. 3 p. in-4. *Portr.* gravé in-8.
Au sujet d'*Esther* qu'elle veut faire représenter par ses élèves.

220. CAMPBELL (Thomas), célèbre poëte, auteur des *Plaisirs de l'Espérance*, etc., traducteur d'une comédie d'Aristophane.   N. 1777. M. 1844.
L. aut. sig. (en anglais), à M. Edward Blaquière. 2 février 1828. 1 p. in-8. *Portr.* gravé d'après Lawrence, in-4.
Il le remercie de l'envoi de son nouveau volume, ainsi que d'y avoir cité ses vers sur Navarin. Il espère que le succes finira par couronner ses travaux en faveur de la cause des Grecs.

221. CAMPENON (Fr.-Nicolas-Vincent), poëte et auteur dramatique, membre de l'Académie française. 1772-1843.
L. aut. sig., à Camérani. 1er février 1809. 2 p. in-4. *Portr.* lith. in-4.
Curieuse lettre au sujet du théâtre Feydeau.
CARMOUCHE (Pierre-François), auteur dramatique, mari de Mlle Jenny Vertpré. N. 1797. L. aut. sig., à Ferville. Londres, 11 juin 1836. 3 p. pl. et quart in-8. Théâtrale. Intéressant. Biogr. impr. 4 p. in-4.
CARION NISAS (le baron Marie-Fr.-Elisabeth), législateur, militaire, auteur de deux tragédies; *Montmorency* et *Pierre-le-Grand*. N. 1767. L. aut. sig., au citoyen Président, 21 pluviôse, an X. 1 p. in-fol.

222. CAMPISTRON (Jean-Gilbert de), poëte dramatique, secrétaire du duc de Vendôme, membre de l'Académie française.   N. 1636. M. 1723.
Lett. à M. de Pontchartrain, écrite par Campistron, et signée par le duc de Vendôme. Au camp devant Barcelone, le 20 juin 1697. Deux très-gr. p. pl. in-fol.
Détails sur les opérations militaires devant Barcelone.

223. CAPELLE, danseur de l'Opéra.
Epître en vers à son ami M. E. Elwart, à l'occasion du succès obtenu par son *Credo*, 3 mars 1838. 4 p. pl. in-4. Intéressante.

224. CARL (Mlle Berthe-Henriette), célèbre cantatrice allemande.   N. 1802.
L. aut. sig. (en allemand), à M... Breslau, 24 déc. 1834. Belle lettre théâtrale. — Acrostiche (en français), à elle adressé dans un journal allemand.

225. CARLIN (Mlle Suzette *Foulquier*), femme de Carlin Bertinazzi.   N. 1739. M...
Quitt. signée le 11 *Fevyé* 1771. 1 p. in-4. — Billet aut. sig. (écrit et signé en son nom par M. Daubas, étant devenue tout à fait aveugle). Oct. 1797. 1 p. in-12.

225 *bis*. CARPANI (Joseph), auteur dramatique et critique italien. Né en Lombardie en 1752. M. à Vienne en 1825.
L. aut. sig. (en français), à son ami Collin (Vienne) 15 avril. 1 p. pl. in-4. Au sujet de ses pièces dramatiques.

226. CASTELLI (Ignace-Vincent-François), poëte, écrivain comique, auteur dramatique. Né à Vienne en 1781.
L. aut. sig (en allemand), à son cher Joseph. 3 juin 1847. 2 p in-4. Aimable lettre.

227. CASTIL-BLAZE (Fr.-Henri-Joseph), compositeur, traducteur, écrivain sur la musique.   N. 1784.
L. aut. sig., à M. Ely. Paris, 3 février 1828. 1 gr. p. pl. in-4. Biographie manuscrite. Trois *portr.* lith. (sur la même feuille), 1800-1807-1855.
BLAZE DE BURY (le baron Henri), fils du précédent, littérateur. N. 1816. Billet aut. sig. 2 p. in-18.
BLAZE DE BURY (Miss Rose *Stuart*, baronne), femme du précédent,

romancière distinguée, a écrit sur Molière et sur Racine. L. aut. sig.
(en anglais), à M**me** Romer. Mercredi. 3 p. in-18.

228. CATALANI (Mlle Angélique), femme *Valabrègue*, illustre chanteuse italienne, nommée « la reine des cantatrices, et la cantatrice des rois. »

Engagement de Jean Cajani (écrit par Benelli), approuvé et signé par M**me** Catalani, comme fondée de pouvoir de M. Valabrègue. Paris, 31 août 1816. Signé aussi par Cajani. 2 p. in-4. Deux *portr.* grav.

L. aut. sig. de sa fille, M**me** la baronne Deslandes, à M**me** ... Samedi soir. 1 p. in-8. Notice ms. du baron de Trémont.

Valabrègue (P. de), directeur du Théâtre Italien, mari de Mme Catalani. L. aut. sig., à Benelli. Vienne, 17 février 1821. 3 gr. p. pl, in-4.
Curieuse lettre théâtrale. Il est toujours d'avis qu'il n'y a que son épouse qui puisse relever le théâtre de Londres, qui ne pourra se soutenir qu'avec le patronage de plusieurs seigneurs de ce pays...

229. CATTANEO (Francesco-Maria), violoniste de la cour de Dresde, compositeur.

L. a. s. (à la 3e personne, en italien), à Marie-Joséphine, reine de Pologne, Electrice de Saxe. 15 oct. 1749. 2 gr. p. in-fol. Belle pièce.
Il lui rappelle la demande qu'il a faite au roi, en 1746, de la place de chef d'orchestre, afin de pouvoir faire jouer ses *petites compositions* alternativement avec Pisendel.

230. CAZOT (Joseph-Nicolas), célèbre acteur comique des Variétés.   N. 1777. M. 1856.

L. aut. sig., à son cher Martin. 7 juin 1838. 1 p. in-8. *Portr.-* costume colorié.

Chalbos (Mlle Fanny), excellente soubrette des Variétés. Morte en 1841. Pièce aut. sig. Oct. 1821. 1 p. in-8. *Portr.* gravé in-18.

231. CERE-BARBE (Hortense de), femme auteur, sœur de Mme la Comtesse d'Houdetot.

L. aut. sig., à la comtesse Fanny de Beauharnais. 5 prairial. 3 p. pl. in-4. Jolie lettre en prose et en vers.

232. CERRITO (Mlle Fanny), femme *Saint-Léon*, célèbre danseuse de l'Opéra   N. 1821.

L. sig., à MM. Roux et Cie. Londres, 17 juin 1843. 1 p. pl. in-4.
Intéressante et rare. Charmant *portr.* gravé in-4. Autre *portr.* et biogr. impr., et *portr.*-costume.

Saint-Léon (Arthur), mari de la précédente, célèbre danseur, chorégraphe et violoniste. L. aut. sig., à son cher Ravel. 1 p. pl. in-4.

233. CHAMPEIN (Stanislas), compositeur N. 1753. M. 1830.

L. aut. sig., à M. de Beaunoir. 1er août 1817. 3 gr p. pl. et demie in-4., avec la minute de la réponse aut. de M. de Beaunoir.
Lettre intéressante sur des corrections à faire à sa partition des *Trois Sœurs*...

234. CHANTEURS DU THEATRE ITALIEN.

Armandi (E.-Armand, dit). 1852. 2 p. in-8. — Auletta 1835. 1 p. in-8. Exposé de sa profonde misère. Touchante lettre. — Brignoli (P.). 1850. 1 p. in-12. — Brizzi (Antoine). N. 1774. M. 1837. 1811. 1 p. in-4. *Rare*. — Brizzi (S.). 1 p. in-8. — Carrion (Emmanuel). 1853. 1 p. in-8. — Coletti. 1851. 1 p. pl. in-4. Scène gravée. — Corelli. 1844. 1 p. in-8. Scène de Zampa. — Ensemble, huit lettres, aut. sig., dont trois en italien, et cinq en français.

235. CHANTEURS DU THEATRE ITALIEN.

Casanova (Giovanni-Carlo). 1 p. in-8. Daifiori (Fr.). 1845. 1 p. in-8. — Donzelli (Dominique). 1832. 1 p. in-4. *Portr.* — Florenza 1852. Théâtrale. 1 p. in-4. — Fortini (Louis). 1852. 1 p. in-8. — Gnone (Francesco). 27 janvier 1853 (jour de son début). 1 p. in-8.

Curieuse. — Lucchesi (Joseph). 1850. 1 p. pl. in-8. Théâtrale. Intéressante. Scène de *Mathilde di Sabran*. — Morelli (Filippo). 1 p. in-8. — Morandi. 1819. 2 gr. p. in-4. — Nicolli. 1842. 2 p. in-8. — Ensemble, dix lett. aut. sig., en italien et en français.

236. CHANTEURS DU THEATRE ITALIEN.
Pallavicini (Stephano). 1691. 2 p. in-4. — Pisani (André). 1819. 1 p. in-4. — Poggi, mari de la Frezzolini. 1 p. pl. in-8. Détails sur Rossini et sur Mme Pélissier. — Profetti (Louis). 1834. 1 p. in-8. — Tagliafico (D.). 1856. 1 p. in-8. — Tariot. 1 p. in-8. — *Directeurs du théâtre Italien de Paris.* — Courti (Alex.). L. sig. 1852. 2 p. in-8. et lett. a. s. 1853. 1 p. in-8. Théâtrale. Il y est question de la Cruvelli. — Lumley (B.). Deux lett. 1850. 2 p. in-8. Vase offert par ses abonnés de Londres, *portr.* — Ragani (le colonel), ancien colonel des armées impériales, oncle de Mlle Julia Grisi. 1853. 2 p. in-8. Sur sa direction. Intéressante. — Ensemble, dix lett. aut. sig., et une lett. sig., en italien et en français.

237. CHANTEURS, MUSICIENS ET ACTEURS de l'Electeur de Saxe, roi de Pologne.
Soixante trois pièces sig. ou aut. sig. la plus part in-fol. (plusieurs avec cachets), en allemand, en français et en italien. Cette réunion comprend aussi la troupe française du théâtre de la cour de Saxe, des notes et des dates explicatives ajoutent de l'intérêt à cette curieuse collection.

238. CHANTEURS NON AU THEATRE.
Bonjour (Paul). 1854. — Chaudesaigues (Charles-Barth.). 1850. — Clément (Jean-Bapt.-Gabriel, dit *Edouard*). 1857. — Geraldy Jean-Ant.-Just, et compositeur. Deux lett. — Orlandi, avec la réponse. Intéressante. — Pascucci (Jean-Bapt.), célèbre chanteur de la Chambre du Roi de Saxe. Quitt. aut. sig. 1708. — Richelmi. 1838. — Woodin (W.-S.), musicien et compositeur. 1856. — Ensemble, huit lett. aut. sig., et une quitt. a. s., en français, en italien, en allemand et en anglais, in-12, in-8 et in-4.

239. CHANTEURS ET COMEDIENS ETRANGERS, Français, Italiens et Danois, provenant de la collection de M. Falkenstein.
Treize lettres et pièces aut. sig., ensemble, 23 p. in-8, in-4 et in-fol. Beau et intéressant dossier.

240. CHANTEURS ET COMEDIENS ALLEMANDS.
Collection de quatre-vingt pièces, la plus part aut. sig. in-8 et in-4. Cent-vingt pages, environ, en allemand.
Cet intéressant dossier, provenant de la collection de M. Falkenstein, et dont la mort de celui-ci a empêché le classement, renferme plusieurs lettres très-intéressantes, ainsi que des pièces de vers, des pensées, etc., écrites sur la demande de M. Falkenstein.

241. CHANTEUSES DE CONCERTS.
Allart (Mme Agnès). — Cundell (Mlle Hélène). 1845. — Lozano (Mlle S. de), femme *Roberts*. — Maillard (Mlle Hortense), femme *Duflot*, petite fille de Mlle Maillard de l'Opéra. 1847. — Meerti (Mlle Elisa), femme *Blaes*. Jolie lettre *auto-biographique*. — Sabatier (Mme *Gaveaux*), née E. Béazzet. — Googh (Miss), femme W. *Séguin*. — Hawes (Mis Maria B.), femme *Merest*. Trois lett., dont une partie en musique. 1846-1847, 1856. — Wilkinson (Miss M.). — Schloss (Mlle Sopha). 1804. — Zelger (Charles-Joseph-Henri), basse-taille du théâtre de Bruxelles, maintenant à Londres. 1849. *Portr.* — Ensemble, treize lett. aut. sig. in-12 et in-8, en français, en anglais et en allemand.

242. CHAPELLE (Pierre-David-Augustin), violoniste et compositeur.   N. 1756. M. 1821.
L. aut. sig., à M... 31 juillet 1820. 3 gr. p. pl. in-4.
Exposition de sa malheureuse situation, historique de sa vie artistique.

243. CHAPELLE DE DRESDE (chanteurs de la).
Dix-neuf signatures et plusieurs notes en allemand, sur un cahier de sept pages in-fol.

244. CHARRIN (Pierre-Joseph), convive des *Soupers de Momus*, auteur dramatique, chansonnier. Né à Lyon.
Les amours d'un jeune tambour, chansonnette a. s. 1813. 3 p.pl. in-4.
BOURGUEIL, chansonnier et auteur dramatique. N. 1763. M. 1802.
La chansonnette, chanson aut. sig. 2 p. in-8.

245. CHARTON (Mlle Henriette), tragédienne du Théâtre-Français et de l'Odéon.   N. 1796.
L. a. s., à M. Achille Laurent. 9 mai 1839. 2 p. in-8. Intéressante.
CHARTON (Mlle Anne—Arsène), femme *Demeur*, chanteuse de l'Opéra-Comique.   N. 1827.
L. aut. sig., à M. Mitchell. Londres, 8 février 1849. 2 p. in-8.
Théâtrale. Scène gravée du Domino noir.

246. CHASSÉ (Claude-Louis-Dominique de), célèbre chanteur de l'Opéra de 1721 à 1757.   N. 1698. M. 1786.
Quitt. sig. de la somme de 300 livres reçues de M. de Neuville, caissier de l'académie royale de musique, pour pain, vin, et entretien de chaussures à lui, accordée pour l'année 1749. Paris, avril 1750. 1/2 p. in-4. *Portr.* colorié in-18.
FRANCINI, célèbre directeur de l'Opéra. Quitt. sig., pour sa pension de l'Opéra. 1750. 1 p. in-4.
CUVILLIER, célèbre chanteur de l'Opéra. Quitt. aut. sig. pour sa pension de l'Opéra. 1753. 1 p. in-4.

247. CHEFS D'ORCHESTRE-COMPOSITEURS.
ARTHUS (Améd.-L.-Henri). *Ambigu.* 1852. 2 p. in-8. — BOSISIO (Crépiniano). *Salle Montesquieu et bals de la Reine d'Angleterre.* L. aut. sig. (la moitié en musique). Londres, 8 mars 1854. 2 gr. p. pl. in-4. Intéressante. — COSTA. *Th. Italien de Londres.* Fragment musical aut. sig. de *Don Carlos.* Londres, 1849. 1 p. in-18. Charge d'après Dantan. — COUDER (Auguste). *Gymnase.* 1 p. in-4. — CRÉMONT (Pierre). *Odéon et Opéra-Comique.* 1831. 1 p. in-8. — DESBLINS (Aug.). *Bals du Prado.* 1855. 1 p. in-8. — GIRARD (Narcisse). *Opéra Comique et Opéra.* 1 p. in-8. — GUÉNÉ. *Palais-Royal.* M. 1850. 1 p. in-12. — HABENECK (Fr.-Ant.). *Opéra.* Violoniste. N. 1781. M. 1849. Billet a. s. *H.* 1 P. in-12 *Portr.* et biogr. angl. — HERVÉ (L. Aug.-J.-Flor. *Ronger*, dit). *Palais-Royal*, acteur et compositeur des Folies-Nouvelles. Reçu a. s. *Portr.* scène in-fol. — HEUDIER (Ant.-Fr.). *Gymnase.* 1824 1 p. in-8. — Ensemble, onze lett. et pièces aut. sig., in-12, in-8 et in-4.

248. CHEFS D'ORCHESTRE-COMPOSITEURS.
KREUBE (Ch.-Fr.). *Opéra-Comique.* L. s. 1 p. in-fol. — LAMOTTE (Antony). *Salle Valentino.* Paris, 2 oct. 1856. 4 p. pl. in-8, et liste manuscrite de ses œuvres publiées. 2 p. pl. in-4. — LAUTZ. *Luxembourg et Comte.* N. 1807. M. 1856. 1 p. in-8. — LINDHEIM (Ad.). Sous-chef des *Folies-Nouvelles.* 1856. 1 p. in-8. — MANGEANT (Julien). *Gaîté et Palais-Royal.* 1853. 1 p. in-8. — MONTAUBRY (E.). *Vaudeville.* Violoniste. 1 p. in-8. — ORAY. *Folies Dramatiques.* 1/2 p. in-4. — REY (Jean Baptiste). N. 1734. M. 1810. *Opéra.* Quitt. a. s. 1786. 1 p. in-4. *Rare.* — SMART (Sir Georges), à M. Terrail. 1828 (en anglais). 2 p. in-8. Relative à un *Glee* (chanson), qu'il lui envoie. Il le prie de

chanter le 3ᵉ soprano comme il est écrit. — VAILLARD (Ad.). *Porte Saint-Martin*. — Ensemble, dix lett. et pièces aut. sig., et une lett. sig., in-12, in-8, in-4 et in-fol.

249. CHEFS DE CLAQUE, à l'Opéra, etc.
A. Levasseur, dit), célèbre chef de claque à l'Opéra, surnommé *l'Empereur Auguste*. M. 1845. L. aut. sig., à M. Arragon, 2 avril 1830. 1 p. pl. in-8. Curieux article imprimé. — PORCHER, chef de claque de la Porte Saint-Martin. Deux lett. aut. sig. 3 p. in-12. — SAUTON (Joseph), chef de claque du Gymnase. Il a aussi rempli ce poste à l'Opéra et à l'Ambigu. L. aut. sig. 1848. 1 p. in-8.

250. CHELARD (Hippolyte-André-Jean-Baptiste), composi-
teur dramatique.   N. 1789.
L. aut. sig., aux rédacteurs du *Bulletin de l'Ami des Arts*. Weimar, 14 mars 1844. 2 gr. p. pl. in-4.
Belle lettre musicale, intéressante et rare.

251. CHENARD (Simon), célèbre basse-taille de l'Opéra-Comi-
que, de 1783 à 1823.
L. aut. sig., à son cher Berton. 28 fructidor, an IX. 1 p. in-8. *Portr.*-costume colorié.

252. CHENIER (Marie-Joseph), législateur, orateur, poète,
membre de l'Institut.   N. 1764. M. 1811.
Fragment aut. du IXᵉ chant (Songe de Nassau, Temple de la gloire, en vers). 2 p. pl. et demie in-8. Écriture fine et serrée, papier gau-fré. Très-jolie pièce. *Portr.* de Bonneville.

253. CHERI (Mlle Rose-Marie *Cizos*, dite Rose), femme
Lemoine Montigny, célèbre actrice du Gymnase.
L. aut. sig. R. *Lemoine Montigny*, à Mme ... Paris, 6 nov. 1 p. in-8. Quatre *portr.*-costumes coloriés, portr. avec ses rôles créés, et autre portr. Biogr. impr. 4 p. in-4.
CHÉRI (Mlle Anna *Cizos*, dite), sœur de la précédente, actrice du Gymnase. N. 1826. *Portr.* des deux sœurs (Galerie de la Presse), si-gnés par elles. — Billet aut. signé. de M. Chéri, père des deux pré-cédentes. Dossier curieux.

254. CHERUBINI (Marie-Louis-Ch.-Zénobie-Salvador), célè-
bre compositeur, directeur du Conservatoire. 1760-1842.
L. aut. sig., au citoyen Ginguené. Paris 10 prairial an X. 2 p. in-4. *Portr.* d'après Ingres, in-4. Biogr. impr. 4 p. in-4.
Jolie lettre sur une méthode de chant pour l'usage du Conservatoire.

255. CHEVIGNY (Mlle Sophie-Geneviève), première danseuse
de l'Opéra où elle débuta en 1790.
L. aut. sig., à M. le secrétaire d'État de la maison du roi. 15 fé-vrier 1815. 2 p. in-fol.
Demande de sa retraite. Motifs.

256. CHOLLET (J.-B.-Marie), chanteur de l'Opéra-Comique
L. aut. sig., à M. Canis. Rouen, 21 sept. 1839. 2 p. pl. in-8. — Feux sig. — Charge de Dantan. Biogr. impr. 4 p. in-4. Jolie lettre théâtrale.

257. CHOPIN (Frédéric-François), pianiste et compositeur
Né près de Varsovie en 1810. Mort à Paris en 1840.
L. a. s. (en Polonais), à M. Norblin. 1848. 1 p. in-8. *Rare. Portr.*

258. CHOREGRAPHES FRANÇAIS ET ANGLAIS.
BLACHE de BEAUFORT (Fr.-Bapt.), célèbre chorégraphe, maître de ballet de l'Opéra. Né à Berlin, en 1765. M. 1834. Cession aut. sig. de son ballet de *Lisbeth*, et Mulleron, la *Fille Soldat*. Paris, 1818. 1 p.

in-8. — BLACHE (Fr.-Alexis), fils du précédent. N. 1791. M. 1852.
L. aut. sig., à Ferville. Bordeaux, 1841. 2 p. in-4. Théâtrale. —
MILLOT. Cession aut. sig. de sa pantomime de *Bétinel*. 1816. in-8. —
NOBLE (H.-N.), danseur et chorégraphe anglais. Deux lett. aut. sig.
(1 p. in-4 et 3 p. in-8), et son engagement sig. 1822. Affiche et imprimé. — SAINT-ALBIN, danseur. Deux lett. aut. sig. 1819 et 1822. 2
p. in-4 et in-fol. Affiche. — WILLIS (R.). L. aut. sig. 1806. 1 p. in-4.

259. **CHRISTMAN** (Jacques-Alexis), acteur de l'ancien Am-
bigu, et auteur dramatique.
L. aut. sig., au baron de Margueritte. 25 mars 1829. 1 p. in-4.
Jolie lettre.

260. **CIEBRA** (José Maria de), dit le *Paganini de la guitare*,
a fait *Maravilla*, opéra en espagnol, paroles et musique,
joué au théâtre Italien de Paris le 4 juin 1853.
CIEBRA (Rafael A. de), cousin du précédent.
1° Chœur (en espagnol) tiré de *Maravilla*.
2° Quelques mots aut. sig., donnés comme autographe.

261. **CINTI** (Mme Damoreau), née Laure-Cinthie *Montalant*,
dite), célèbre cantatrice des Italiens, de l'Opéra et de
l'Opéra-Comique. N. 1802.
Réunion curieuse de deux autographes difficiles à trouver.
1° L. aut. sig., à son cher monsieur Piron. 2 avril 1835. Il y est
question de son *cher mari*.
2° L. aut. sig., à M. Th. Anne. 1 p. in-8. Curieuse.
3° Son engagement au Théâtre-Italien, 28 août 1817, approuvé et
sig. par elle et par son père. Deux *portr.*, et biogr. impr. 4 p. in-4.

262. **CIRCULAIRE** du Comité de l'association des artistes
dramatiques.
L. signée par vingt-trois membres de l'association, adressée à M. le
maire de la ville de ... 1 gr. p. pl. in-fol. Pièce intéressante. —
Autre circulaire, mais lithographiée. 2 p. in-fol.

263. **CIRQUE-OLYMPIQUE** (Acteurs du).
BARBIER (Louis-Henri). 1854. 1 p. in-8. — BOILEAU (Fr.), à M. de
La Rochefoucauld. 1843. 2 p. in-fol. *Portr.* — BORSSAT DE LAVER-
RIÈRE (Louis). 1856. 1 p. in-8. — BUNEL. 1833. 1 p. in-4. Intéressante. — CHARLET (H.). 1 p. in-4. — GALLAND (Edm.). Deux lett.
1856. 2 p. in-8. — LEBEL (Eugène-Paul-Joseph *Compan*, dit). 1855.
1 p. in-8. *Portr.* et biogr. impr. — MONTERO (Philippe-Ad.). 1848. 1 p.
in-8. — DEJEAN, directeur-fondateur des cirques Napoléon et de l'Impératrice. 1842. 1 p. in-8. — GALLOIS (Jules), directeur. — LALOUE
(Ferdinand), directeur aussi de l'Hippodrome, auteur dramatique. L.
sig., 1848. L. a. s. 1833, et cession sig. 1839, et L. a. s. de son fils.
— Ensemble, treize lett. aut. sig., et deux pièces sig.

264. **CIRQUE OLYMPIQUE** (actrices du).
LAURENCE (Mlle). 1831. 1 p. in-8. — MAILLET (V.-Cœlina *Laignel*,
dite). 1849. 3 p. in-8. Intéressante. *Portr.*-costume, colorié. L. a. s.
de M. Dévéria, directeur du théâtre de Bordeaux, à Mlle Maillet. 1843.
1 p. in-8. — MÉCHIN (Madel.-Elisab., dite *Elise*). 1855. Curieuse. —
ROUSSEL (Louise-Marie *Payart*, dite *Mina*). 1845. Théâtrale. *Portr.*-
costume colorié. — SEN (Eugénie). Curieuse. 1 p. in-8. — VALÉRIE.
1 p. in-8 — Ensemble, sept lett. aut. sig.

265. **CLAIRET** (Mlle Emilie), baronne *Ménager*, actrice du
Théâtre-Français et de l'Odéon.
L. aut. sig., au rédacteur des *Annales politiques*. Paris, 31 déc. 1817.
1 p. pl. in-4. Théâtrale. Curieuse.

266. **CLAIRON** (Mlle Claire-Josèphe-Hyppolyte *Leyris de la Tude*, dite), célèbre actrice de la Comédie-Française. Née en 1724. Morte en 1803.
L. aut., à Larive, à Bruxelles. Vendredi au soir, 17. 2 p. pl. et quart in-4. Cachet. Belle et curieuse lettre. Trois *portr.*
Elle vient de lire la *Vie est un Songe*, et lui donne des conseils pour jouer le rôle qu'il doit remplir dans cette pièce.

267. **CLAIRVILLE** aîné (Louis-Fr. *Nicolaire*, dit), d'abord acteur au Luxembourg et à l'Ambigu, auteur dramatique. N. 1811.
Trois lett. aut. sig., à divers. 2 p. in-8 et 1 p. in-4. Deux charges du *Journal pour rire*. L'une de ces lettres est théâtrale.

268. **CLARENCE** (Charles *Cappna*, dit), l'un des meilleurs jeunes premiers rôles à Paris. Créateur de *François le Champi*.
L. aut. sig., à son cher camarade ... 2 p. pl. in-8. *Portr.* et scène. Biographie impr. 4 p. in-4.

269. **CLARKE** (Marie-Anne), célèbre maîtresse du duc d'York de 1803 à 1805.
Billet aut. sig. (en anglais), à M ... 1850. 1 p. in-18. Rare. Très-joli *portr.* anglais gravé.

270. **CLOWNS ANGLAIS.** Sept lett. aut. sig.
BLANCHARD (Thomas), célèbre *Pantalon* anglais dans la pantomime. 2 p. in-8. — BOLENO (Henry). 1842. Théâtrale. 2 p. in-8. — BRADBURY (Robert), fils. 1831. 2 p. in-4. — COOKE (J.). 1812. 1 p. in-4. DECOUR (J.), dit l'*Hercule français*. 2 p. in-4. Curieuse. — FLEXMORE (T.-Richard). 1849. 1 p. in-8. — GOLL. 2 oct. 1 p. in-8.

271. **CLOWNS ANGLAIS.** Douze lett. aut. sig.
KIRBY (Will.). M. 1835. Son engagement et celui de sa femme signés par lui, 1831. 1 p. pl. in-4. Curieux, *ortr.* — LAURO (Ching Lau). Curieuse lettre, comme orth., et rare. 1 p. in-4. — LEE (Nelson). 1 p. in-8. — MATTHEWS (Thomas). Trois lett. 3 p. in-8. et in-4. Curieux *portr.* de Clown. Colorié. — PARSLOE (E.-J.). 1 p. in-4. — RIDWAY (T.-E.). 1824. 1 p. in-8. Affiches. — RIDWAY (J.-H.), fils du précédent. 1840. 1 p. in-4. Affiche. — SOUTHBY (J.). 1842. 2 p. in-4. Intéressante et rare. — SUTTON (Fréd.). 1831. 1 p. in-8. — USHER (Richard). 1842. 1 p. in-4.

272. **COLET** (Mlle Louise *Revoil*, femme), poète, littérateur, auteur dramatique. Née à Aix, en Provence.
L. aut. sig., à M ... Vendredi. 2 p. in-8. Biogr. impr. 4 p. in-4.
SOUZA (Mme la comtesse de), romancière, auteur dramatique. L. aut. sig., à M. Firmin-Didot. 2 p. in-8. Intéressante.
SALM (la princesse Constance de), née *Pipelet*, littérateur et auteur dramatique. Deux lett. aut., et aut. sig. 1829. 5 p. in-8 et in-4. *Portr.*

273. **COLLIER** (John Payne), célèbre critique anglais, a publié la meilleure édition de Shakspeare.
L. aut. sig. (en anglais), à M ... 5 mars 1835. 2 p. in-8. Curieuse.

274. **COLLOT D'HERBOIS** (Jean-Marie), fameux révolutionnaire, acteur et auteur dramatique. 1750-1796.
L. aut. sig., à ses collègues. Nevers, le 2e jour complémentaire de la seconde décade du 2e mois de la seconde année de la République française. 2 gr. p. in-fol. signée en marge par Pépin, A. Dumont et Ph.-Ch.-N. Goupilleaux.
Très-belle lettre pour l'exécution à Nevers des mesures prises par Fouché...

Il faut engager Montant à partir pour ville affranchie, le plutôt possible...
Composition de la petite armée révolutionnaire qu'il faut mettre en mouvement...

275. COLMAN l'aîné (Georges), célèbre auteur dramatique anglais. Directeur des théâtres de Covent Garden et du Haymarket. **N. 1733. M. 1794.**
1° Quitt. a, s. de la somme de cent livres. 11 mai 1778.
2° L. aut. sig. (en anglais), à M. Woodfall. Lundi matin. 1 p. pl. in-4. Cachet. Jolie lettre d'amitié. *Rare*.

276. COLON (Mlle Jenny), femme *Leplus*, actrice de l'Opéra-Comique, du Vaudeville, etc., elle avait d'abord épousé en Angleterre l'acteur Lafont. **N. 1808. M. 1842.**
L. aut. sig., à son cher ... 1 p. pl. et demie in-8. Curieuse. Joli *portr.* colorié d'Henri Monnier. Biogr. impr. 4 p. in-4. — Lett. aut. sig., de M. Leplus, son mari, flutiste de l'Opéra-Comique, à Ferville. 22 fév. 1 p. in-8.

277. COLSON (Mlle Pauline *Marchand*, femme), cantatrice du théâtre Lyrique et de l'Opéra-Comique.
L. aut. sig., à M. Perrin. 16 mai 1850. 2 p. in-8. Jolie lettre. *Portr.* Costume colorié.
COLSON (Ch.-Alex. *Cosson*, dit), chanteur du Théâtre-Lyrique. L. aut. sig., à M ... Le Hâvre. 24 sept. 1855. 2 p. in-8. *Portr.*

278. COMEDIE FRANÇAISE.
Quitt. sig. par Jehan du Magne, Doullin et Nicot. 10 déc. 1614. Belle pièce sur parchemin in-fol. oblond.
Ils reconnaissent avoir reçu la somme de six cents livres que Sa Majesté a ordonné être mise en leurs mains pour être distribuée tant à eux qu'à leurs compagnons, auxquels sa dite Majesté en a fait don en considération de ce qu'ils ont joué plusieurs comédies à la prière de Sa Majesté dans le Louvre...

279. COMEDIENS FRANÇAIS de la troupe de l'Electeur de Saxe, roi de Pologne, en 1704.
Pièce sig. par six comédiens, dont *Poisson de Grandville*, etc. Dresde, 19 déc. 1704. 1 p. in-fol.

280. COMITE de l'association des artistes dramatiques.
Lettre aux directeurs des théâtres unis de Paris. Signée par dix sociétaires, 5 oct. 1842. 3 pl. in-4. Intéressante.

281. COMPOSITEURS FRANÇAIS. Sept lettres et pièces.
AUGER (Paul), surintendant de la musique du roi, maître des concerts de la reine. Quitt. sig. (sur parch.) 31 mai 1633. — BAILLY (Henri de), surintendant de la musique du roi, en 1625. Quitt. sig. (sur parch.). 1626. — BOUSQUET (Georges). N. 1818. M. 1854. L. A. S. 7 mars. 1 p. in-8. — COLOMBIN. L. aut. sig. 1855, 2 p. in-8. — DAUSSOIGNE (Joseph). L. aut. sig. 1820. — DÉJAZET (Eugène), fils de Mlle Déjazet. L. aut. sig. 1852. 3 p. in-8. Théâtrale. — DOUSSEAU. L. aut. sig. 1820. 2. p. in-4. Intéressante.

282. COMPOSITEURS FRANÇAIS. Sept lett. et pièces.
DUPRATO (J.). Deux lignes aut. sig. — GOUNOD (Charles). L. aut. sig. 1854. 1 p. in-8. — GUILLON (Albert). N. 1801. M. 1854. L. aut. sig. Venise, 20 oct. 1832. 2 gr. p. et demie in-4. — JONAS (Emile). Billet aut. sig. 1855. 1 p. in-18. — MASSÉ (Victor). L. aut. sig. 1 p. in-8. — MATHO (J.-B.), maître de chapelle du roi. N. 1660. M. 1746. Quitt. sig. 1704. — MEMBRÉE (Edm.) L. aut. sig. 1854. 1 p. in-8.

283. COMPOSITEURS FRANÇAIS. Sept lett. aut. sig.
OSMOND (le marquis d'). 1 p. in-8. — REYER 1854. 1 p. in-8 — RUSSO, au duc d'Aumont. 2 p. in-4. — WEKERLIN (J.-B.), 1 p. in-8.

Compositeur de romances, etc. — AMAT (Léopold). 2 p. in-8. — BARA-TEAU (Émile). 1 p. in-12. -- CHERET (Pierre). 1840. 1 p. in-12.

284. COMPOSITEURS ET MUSICIENS FRANÇAIS.
AUBER. — BOISSELOT (Xavier). CHÉRUBINI. — DELIBES (Léo). — DOBIGNY fils (H.). — DUCHAMBGE (Mlle Pauline). aut. sig. (à la 3e p.). ESCAULT (Louis). — HALÉVY (Fr.). — HERZ. — MAILLART (Aimé). Enveloppe de lett. aut. sig. - MASSÉ (Victor). 2 lett. — MERLÉ. — PÉLISSIER. 1819. 1 gr. p. in-4. -- SAMPIERI (le marquis). — STAMATI. Invitation non sig. — THIERLEMONT (L.-A.). Ensemble, quinze lett. et bill. aut. sig. in-18. in-12. in-8 et in-4.

285. COMPOSITEURS ALLEMANDS. Six lett. aut. sig.
ANACKER (Aug.-Ferdinand). Musicale (en allem.). 3 p. pl. in-8. — ANDRÉ (Jean-Ant.). 1836. 1 p. pl. in-4. (en allem.). Lettre intéressante, relative à des autographes de Mozart. — APELLE (le baron David d'). N. 1754. M. 1833. 1819. 2 p. in-4, et liste aut. de ses ouvrages. 2 p. in-4. Ces deux pièces sont tachées d'humidité. — BALDENECKER (Jean-Daniel). 1835. 1 p. in-4 (en allem.). Jolie lettre musicale. — BLUM (Charles-Louis *Blume*, dit). N. 1786. M. 1844. 1 p. in-4. 1837. (en allem.). — BLUMENTHAL (Joseph Von). 1830 (en allem.). 1 p. in-4. Musicale.

286. COMPOSITEURS ALLEMANDS. Six lett. aut. sig,
BURGMULLER (Fr.). 1834. 1 p. in-8. — GUNGL (Joseph). 1847. 1 p. in-4 (en allem.). Relative à ses concerts. — MIKSCH (Jean-Alexis). 1835. in-4. (en allem.). — OTTO (Franz). — 1831 (en allem.). 2 p. in-8. Jolie lett. Musicale. — REDERN (Fréd.-Guill., comte de) l. a. s., et L. s. (en allem.). 1828 et 1843. 2 p. in-4. — SWENKE (Chrét.-Fréd.-Gottlieb.). N. 1767. M. 1822 (en allem.). 1801. 1 p. pl. in-8. Musicale.

287. COMPOSITEURS ITALIENS. Neuf lett. et pièces a. s.
ALARY (Jules Eug.-Abraham). Deux lett., et une lett. de sa fille. 3 p. in-8. Portr. — BAZZONI (Giovanni). 1 p. in-8. — BELLINI (Vincent). Quitt. a. s. 1834. — BLANGINI (J.-M.-M.-Félix). N. 1781. M. 1841. 1 p. in-4. 1821. — CARAFA (Michel). Deux lett. 1856. 3 p. in-18. — DONIZETTI (Gaetano). 1 p. in-18.

288. COMPOSITEURS ITALIENS ET ANGLAIS.
CAMBINI (Jean-Joseph). N. 1746. Reçu aut. sig. de 144 livres. Paris, 7 juillet 1780. *Rare*. — PASQUALE (Luigi). Padoue, 1826 (en italien). 2 gr. p. pl. in-4. Intéressante lettre musicale. — TADOLINI (Giovanni). 1 p. in-12. — UNICI (Joseph). Composition musicale a. s. 1845. Sur la même feuille. BUNIVA. — Composition musicale a. s. 1846. 2 p. in-8. — BEALE (Will.). Reçu a. s. 1812. — RODWELL (Georges-Herbert). M. 1852 (en angl.). 1828. 1 p. in-4. — — WEIPPERT (J.). Au sujet de la valse de *Reichstadt*. 1 p. in-8. — Ensemble, sept lett. et pièces aut. sig., en français, en italien et en anglais.

289. CONSIDERANT (Victor), rédacteur de la *Phalange*.
L. aut. sig., à M. Durieu. 1er février 1843. 3 p. in-12.
Au sujet de plusieurs saisies du journal à la poste.

290. CONTESSA (Charles-Guillaume), romancier et auteur dramatique allemand. N. 1777. M. 1825.
L. aut. sig. (en allemand), à son ami... 4 mars 1823. 3 p. pl. et demie in-8. Charmante lettre Littéraire.
BRENTANO (Clément), poëte et auteur dramatique allemand. N. 1777. L. aut. sig. (en allemand) 1805. 1 p. in-4. Littéraire.

291. CONTAT (Louise-Franç.), célèbre actrice de la Comédie-Française. N. 1760. M. 1813.
L. aut. sig., au citoyen... 2 p. pl. et demie in-8. joli portr. gravé. Lettre intéressante en faveur des fils de M. de Girardin... Lorsque la con-

vention s'occupe de rendre à J.-J. Rousseau, « les honneurs que son immortel
« génie a mérité de tous les êtres pensants, l'injuste captivité des fils de son
« ami, de celui qui le recueillit, qui le premier osat lui rendre ce qu'on n'ose-
« rait aujourd'hui lui refuser.... »

CONTAT (Emilie, femme *Chagot Dufay*, puis femme *Amelot*, sœur
de la précédente, actrice du Théâtre-Français. N. 1769. M. 1846.
Pièce sig. 30 thermid. an V. 1 p. in-4.

292. CONTREBASSISTES, *Cors, Clavecinistes,* etc.

ANFOSSI (S.-P.), contrebassiste anglais. L. aut. sig. (en anglais).
1. p. in-4. — ANGLEBERT (J.-B.-Henry d'), claveciniste de la chambre
du roi, auteur d'un ouvrage sur cet instrument. Quitt. sig. 1709. —
BOTTESINI. contrebassiste et compositeur. L. aut. sig. Londres, 1856.
1 p. in-8. en partie musicale. —GAIL (Mlle Edme-Sophie *Garre*, femme),
chanteuse, musicienne et compositeur. N. 1776. M. 1819. Billet a. s.
in-12. — MEIFRED (Joseph-Emile), cor. N. 1793. L. aut. sig. 1844.
1 p. in-8. — PUZZI (G.) corniste célèbre. L. a. s. (en italien). 1 p. in-8.

293. CORILLA (Maria-Maddalena *Fernandez*, dite la), femme
Morelli, célèbre improvisatrice, couronnée au Capitole
en 1775.   N. 1728. M. 1800.

L. aut. sig. (en italien), au révérend père Pagnini. Sans date. 2
gr. p. pl. in-4. Intéressante. Notice aut. du baron de Trémont.

294. CORNEGA (Mlle Nina), célèbre chanteuse en Angleterre,
à Naples, en Allemagne, au théâtre Italien de Paris,
élève de Saliéri.   N. 1795.

L. aut. sig. (en anglais), à M. Watts. 2 p. in-8. RARE.
Elle lui envoie les paroles du duo de *Sémiramide* qu'elle doit chanter demain avec Mme Caradori Allan. Elle accepte avec plaisir le *Benedituo* de Mozart qu'il lui a proposé, etc., etc.

CASIMIR (Alphonsine-Marie *Dubois*, femme *Campan*, dite), cantatrice de l'Opéra-Comique. N. 1801. L. aut. sig. à M. Duverger, 3 mai
1837. 1 p. in-8, et billet de bal signé.

CASIMIR (*Campan*, dit), ténor de l'Opéra-Comique, mari de la précédente. M. 1844. L. aut. sig., au duc d'Aumont. Paris, 27 août 1824.
2 p. in-4. Belle lettre.

295. CORRESPONDANCE ARTISTIQUE adressée à Benelli,
acteur et régisseur du théâtre Italien de Paris.

Vingt-six lett. de divers, aut. et aut. sig., en français et en italien.
de 1806 à 1822. Ensemble, 22 p. in-4. Intéressantes.

296. CORSSE (J.-B. *Labenette*, dit), célèbre acteur et directeur de l'Ambigu-Comique. Il y créa *Madame Angot au
sérail de Constantinople* avec un grand succès. 1760-1815.

1° L. aut. sig., à M. St-Clair. 27 février 1810. 1 p. pl. in-4. Jolie
lettre théâtrale.
2° L. sig., à Félix Nogaret. 8 février 1808. 2 p. in-4. Curieuse.

297. COURTENAY (Miss Ellen), maîtresse d'O'Connell.

1° L. aut. sig. (en anglais), à M. Westmacott. 7 déc. 1831. 3 p.
in-8. — 2° L. aut. sig. à la 3e personne, en anglais), au même. De
la prison. 12 déc. 1831.

M. Westmacott est le rédacteur de *The Age*. Elle lui demande la publicité de
son journal en qualité de victime d'un scélérat sans cœur, qui n'est autre que
le père de l'hypocrisie, Daniel O'Connell. Elle est en prison pour dettes con-
tractées pour la dépense de l'enfant de ce monstre.

Deux lettres aut. sig. de son fils (en anglais), qui avait changé son
nom de Courtenay a Courtney. 2 p. in-8. Théâtrales. Plus, note aut.
de M. Westmacott, relative à Mlle Courtenay.

298. COUSIN D'AVALON, fécond compilateur, auteur de presque tous les *Ana, Comédiana, Moliériana,* etc.

Quitt. aut. sig. pour la cession de son *dictionnaire philosophique et étymologique*. 1820. 1 p. in-8, en travers.

COUPIGNY (A. Fr. de), poëte et auteur dramatique. L. aut. sig., à M... Paris, 15 sept. 1810. 3 gr. p. pl. et demie in-4. Intéressante.

299. COYER (l'abbé Gabriel-François), littérateur, membre des académies de Nancy, de Rome et de Londres. Né en 1707.　　　　　　　　　　Mort en 1782.

L. aut. sig., au chevalier de Solignac. Château de Navarre, 12 nov. 1762. 2 p. in-4. Cachet. Jolie lettre.

Est-ce qu'il laissera où elle est cette bonne histoire de Pologne? « Vous ra-« meneriez mon Sobieski sur la scène, et vous diriez mieux que moi des choses « que j'ai manquées peut-être... »

300. CRAMER (J.-B.), célèbre pianiste et compositeur.

L. aut. sig. (en anglais), à M. Watts. 5 janvier 1823. 1 p. in-4. *Portr.* lith. in-fol. Musicale.

CRAMER (Fr.), frère du précédent, violoniste. L. aut. sig. (en anglais), à M. Watts. Hampstead, 15 déc. 1824. 1 p. pl. in-4.

301. CRESCIMBENI (Mlle Maria), littérateur, auteur de charmantes poésies.

L. aut. sig. (en italien), à son excellence... Bologne, 12 août 1800. 2 p. in-4.

Dédicace d'un poème. Très-belle lettre.

302. CRESCENTINI (Girolamo), célèbre chanteur italien. Né en 1769.　　　　　　　　　　Mort en 1846.

L. aut. sig. (en italien), à Mme.... Naples, 16 mars 1841. 2 gr. p. pl. in-4. Très-belle lettre.

Recommandation chaleureuse et pressante en faveur du jeune Paul Porgetti, soprano d'un mérite distingué, qui désire obtenir un engagement comme 1er chanteur à la chapelle de la cour de Dresde. Il est doué d'une belle voix, forte, flexible et très-étendue. Il est, en outre, protégé par le célèbre maestro Rossini.

303. CROKER (Thomas Croston), célèbre poëte et littérateur Irlandais.

Vers aut. sig. (en anglais), juin 1842 (avec une sorcière se rendant au sabbat sur son balai, dessinée à l'encre, entête). 1 p. in-8.

« A miss W. — qui m'a envoyé des pantoufles sur lesquelles elle a brodé « des sorcières volantes. »

304. CRUIKSHANK (George), célèbre dessinateur et carica-turiste anglais.

L. aut. sig. (en anglais), à son cher Merle. 27 sept. 1843. 3 p. in-8. Très-jolie et spirituelle lettre. *Portr.* gravé (très-ressemblant) par lui-même.

LEECH (John), le meilleur caricaturiste anglais depuis Cruikshank, a joué en amateur. L. aut. sig. (en anglais) à M .... 17 août 1844. 1 p. in-8. charge du *Punch*.

305. CRUVELLI (Mlle Sophie *Cruwel*, dite), baronne Georges *Vigier*, cantatrice du théâtre Italien et de l'Opéra.

L. aut. sig., à Mme... 1 p. pl. in-12. Aimable lettre. *Portr.*-cos-tume colorié, scène et charge.

306. CUBIERES-PALMEZEAU (le chevalier Michel), poëte, littérateur, auteur dramatique.　　　N. 1752. M. 1820.

1° L. aut. sig., à M. Auguste de de La Bouïsse. Paris, 23 janvier 1812. 1 gr. p. pl. in-fol. Belle lettre. Curieuse.

2º *Au Vengeur*, ode aut. sig. *Dorat Cubières*. 9 p. pl. et quart in-fol.

307. CUISOT (Mlle Henriette), célèbre actrice des Variétés, se retira en 1824. Maîtresse de Cambacérès.

Billet aut. sig., à M. Duflocq. 10 janvier 1823. 2 p. pl. in-18. *Portr.*-costume colorié. Rôle du Page dans la Corbeille d'oranges.

308. CURTIUS, le créateur des cabinets de figure de cire.

L. aut. sig., à MM. du Comité du District des P. P. de Nazareth. Paris, 26 janvier 1790. 2 p. pl. in-4. Rare.

Malgré le service qu'il exerce à la Bastille, son état et ses occupations, il offre ses services pour monter sa garde.

Tussaud (Joseph), petit-fils du précédent, et fils de Mme Tussaud, directrice du Cabinet de figures de cire à Londres.

L. aut. sig. (en anglais), 23 février 1854. 2 p. in-8. Vue gravée de son cabinet.

Relative à son départ pour Paris, où il compte voir la machine (la guillotine qui fit périr Louis XVI, et que M. Tussaud a achetée depuis pour la placer dans sa *chambre d'horreurs*), et l'acheter avec les autres objets.

309. CUSHMAN (Miss Charlotte), célèbre tragédienne américaine, actrice des plus remarquables, et qui a eu de très-grands succès à Londres. Née à Boston en 1815.

L. aut. sig. (en anglais), à Miss Wilkes. Bologna. 11 juin 1853. 3 p. pl. in-12. *Rare*. Portr. et biogr. impr.

Charmante lettre sur son voyage en Italie.

Cushman (Miss Susan), sœur de la précédente, 1ers rôles de comédie. Signature aut. Scène avec portr. des deux sœurs.

310. CUSTINE (le marquis A. de), littérateur et auteur dramatique. Auteur d'un *vogage en Russie*.

1º Fragment aut. sig. de sa tragédie de *Béatrix Cenci*. 1/2 p. in-4. 2º L. a. s., à M. de Balzac. P., 7 janvier 1839. 1 p. pl. in-8. Cachet.

... « Au lieu d'une déclamation, vous n'avez fait qu'un chef-d'œuvre, trop « court pour vos lecteurs, mais suffisant pour votre gloire. Voilà du génie de « composition condensé dans un petit cadre; enfin c'est la première fois de ma « vie que j'ai pleuré en lisant un journal! mais pleuré du fond de l'âme. Ecri- « vez-nous maintenant l'histoire de cette passion qui a mené là le malheureux « condamné, et faites-nous y croire; c'est une rude tâche; mais vous seul « pouvez la remplir... »

TROISIÈME VACATION.

Samedi 5 décembre. — Nos 311 à 465.

311. CUZENT (Paul), célèbre écuyer, compositeur de l'*Habit de noces*. Mort en 1856.

L. a. s., à M... 20 nov. 1850. 1 gr. p. pl. in-4. Belle et rare lettre.

312. CZERNY (Charles), célèbre pianiste et compositeur allemand. N. 1791. M. 1857.

L. aut. sig. (en allemand), à M. Maurice Schlesinger. Vienne, 9 mars 1840. 1 p. pl. in-8. Intéressante.

313. DABADIE (Henri-Bernard), premier baryton de l'Opéra, de 1819 à 1836.

L. aut. sig., à M. Rousset, samedi. 1 p. in-8. *Portr.* lith. in-4.

Dabadie (Mme) née Laure-Zulmé *Leroux*, femme du précédent, actrice de l'Opéra. L. aut. sig., à M. Crosnier, 25 août 1 p. in-8. Trois *portr.*-costumes, coloriés.

314. DALBERG (Wolf-Héribert-Freiherr Von), frère du grand-duc de Francfort, chevalier de l'Empire, et ministre de l'Etat de Bade. Intendant du théâtre de Mannheim, littérateur.   N. 1750. M. 1806.

1° Pièce sig. (en allemand), avec 2 lignes aut. et cachet. Mannheim, 10 janvier 1785. 1 p. in-fol. oblong. Cachet. Belle pièce.

2° L. aut. sig. (en allemand), à Iffland. Francfort, 24 février 1796. 1 p. pl. in-4. Cachet. Belle lettre théâtrale.

315. DAMAS (Alex.-Aug. *Martial*, dit), acteur-sociétaire du Théâtre-Français, de 1792 à 1822.   *3*

L. sig., à Picard (écrite par Lemazurier, et signée par Fleury, Talma, Saint-Prix, Thénard, de Vigny et Mlle Mars). Paris, 23 décembre 1815. 1 gr. p. pl. in-fol. *Portr.* lith. in-4. Curieuse.

DAMAS (Mme), femme du précédent. Quitt. sig. 1822. 1 p. in-4.

316. DAMES POETES ET AUTEURS DRAMATIQUES.   *2*

ALTENHEIM (Mlle Gabrielle *Soumet*, femme d'), fille d'Alex. Soumet. 1846. 1 p. in-8. — BAWR (Mme de), d'abord comtesse de St-Simon. 1 p. in-8. — BELLOC (Mlle Louise *Swanton*, femme). 1825. 1 p. pl. in-8. — BOISGONTIER (Mme Adam). 1 p. in-8. — CANDEILLE Mlle Amélie-Julie), actrice de la Comédie-Française, auteur de la *Belle fermière*. N. 1767. M. 1824. 1821. 2 p. in-8. et traité appr. et signé avec Barba. 1809. — COMTE (Mme Achille), veuve *Laya*, 1 p. in-18. — LERICHE (Mlle). Vers aut. sig., à Pixerécourt. 4 p. pl. in-4. — WALDOR (Mlle Mélanie *Villenave*, femme). *Non, je ne vous hais pas*, vers aut. sig. 1 p. pl. in-8. — Ensemble, huit lett. et pièces aut. sig., et une pièce sig.

317. DANSEURS ET DANSEUSES ALLEMANDES.   *avec 318*

ARENE, maître de ballets. — BOHLAN (Mlle Maria), danseuse à Dresde. — BOHLAN (Mlle Henriette), danseuse à Dresde. — CASORTI (Joseph), danseur à Dresde. — DOERING (Mlle Anna), danseuse à Dresde. — KOBLER (François), maître de ball. — POLIN (A.), charmante danseuse (française) au grand théâtre de Berlin. — POZZI (Jean), danseur. — ROTIER (Jean), 1er danseur et maître de ball. P. s. — SCHREIBER (Jean), maître de ball. — Ensemble, 9 lett. et pièces, a. s., et une s., la plupart en allemand, in-8, in-4 et in-fol.

318. DANSEURS ET DANSEUSES.   *avec 320*

FORTI (Enrico), 1839 (en italien), 2 p. in-8. — LALUYÉ, 1837, 1 p. in-8. — LEROUGE (Émile-Joseph). 1844. 2 p. in-8. — PISSARELLO. L. sig., 1844. — RONZANI (Domenico), et maître de ballets, 1856 (en italien). 1 p. in-8. Dernière scène du *Corsaire* (illustration angl). — SYLVAIN (James Sullivan, dit), 1837 (en italien). 1 p. in-8. — BADERNA (Mlle Marietta). 1847 (en italien). 1 p. in-8. — MATHIAS (Mlle Erca), femme *Ravel*, 1843, 1 p. in-8. — Ensemble, sept lett. aut. sig., et une lettre sig.

318 *bis*. DANSEURS ET DANSEUSES DE CORDE.   *3*

FORIOSO (Mme), femme du célèbre *Forioso*. Quitt. sig. de la somme de 600 fr. pour avoir dansé sur la corde à la fête du 15 août 1807. 1 p. in-fol. — ANTONIO (Il Diavolo). L. aut. sig. (en anglais), à Elliston. 1818. 1 p. pl. in-4. Ses conditions d'engagement. — FERRY (L.). L. aut. sig. (en anglais), 1821. 1 p. in-4. — HENGLER (Herr), très-habile danseur de corde *anglais* (malgré son nom allemand), qui a eu un grand succès en 1852 à l'Hippodrome.... L. aut. sig. (en anglais). 1844. 1 p. in-8. *Rare*.

319. DARIUS (Jean), doyen des acteurs vivants, aujourd'hui centenaire, ancienne première basse-taille de la Comédie-Italienne et de l'Opéra,   N. 1753.   *4*

L. aut. sig., à M. Alexis Thuillier, 24 juin 1852. 1 p. pl. in-4. Curieuse et rare. Cachet.

Son trimestre sera échu fin juin. « J'ai été sur le point de faire, par un fu-

« neste accident, mes adieux à l'univers, la porte de l'Eternité, n'a pas voulu
« s'ouvrir pour me laisser le plaisir de voguer jusqu'à la centaine...

320. DAUBERVAL (Jean-*Bercher*, dit), célèbre danseur et chrorégraphe de l'Opéra.   N. 1742. M. 1806.

1° L. aut. sig., au citoyen... 1 p. in-fol. Curieuse.

2° Pièce sig. par lui et par Legros (très-rare), Vestris père, Noverre et Durand. 1 p. in-fol.

Programme des ballets arrêtés au comité pour Andromaque.

321. DAVESNE, poëte et auteur dramatique.

L. aut. sig., à M. Poinsinet. Sans date. 3 gr. p. pl. et quart in-4. Intéressante et rare.

Il a lu son *Bûcheron*, et il lui dit dans la sincérité de son cœur et dans les plus grands détails ce qu'il en pense.

DANTAN jeune Jean-Pierre-Edouard), célèbre sculpteur et caricaturiste, auteur de *Pierrot indélicat*, pantomime. L. aut. sig. 1844. 1 p. in-8. Portr. lith. in-4 et biogr. impr. 4 p. in-4.

322. DAVID (Félicien), célèbre compositeur, le *Désert*, *Moïse*, *Christophe Colomb*, etc.   N. 1810.

Fragment musical aut. sig. in-8. *Portr. charge.*

GRISAR (Albert), compositeur, né à Anvers en 1808. Fragment musical des *Porcherons*, aut. sig. (sur la même feuille que celui de Félicien David). *Portr. charge.*

DALAYRAC (Nicolas), célèbre compositeur. N. 1753. M. 1809. Fragment de musique aut. 1 p. in-4.

323. DAVIES (Thomas), acteur anglais, puis libraire, auteur de la *vie de Garrick*.   N. 1712. M. 1785.

Deux lett. aut. sig. (en anglais), au révérend Granger. 1769. 3 p. in-4. *Rare.* Beau portr. gravé in-8. Biogr. impr.

Relative à des sermons dont celui-ci lui avait confié l'impression.

324. DAZINCOURT (Joseph-Jean-Bapt. *Albouy*, dit), célèbre acteur de la Comédie-Française, créateur de *Figaro*. Né en 1747.   Mort en 1809.

L. aut. sig., à M. de Cailhava. Sans date. 1 p. in-4.

D'après sa lettre, la Comédie-Française ne fera pas suivre à sa comédie des *Journalistes* le cours des représentations ordinaires. « Elle sera jouée encore « deux fois avec une tragédie, et sera placée sur le répertoire cet hiver de « temps en temps, conformément à vos intentions, au goût du public, et à nos « intérêts... »

325. DEBUREAU (Jean-Bapt.-Gaspard), l'inimitable Pierrot des Funambules.   N. 1796. M. 1846.

L. aut. sig., à M. Weillu. 2 mai 1843. 1/2 in-8. *Très-rare. Portr.* ressemblant, in-4, et charge gravée de Tétard. Biogr. impr. 4 p. in-4.

326. DEHESSE (Jean-Fr.), excellent *valet* de la Comédie-Italienne, où il débuta en 1734. Il avait épousé la fille de l'Arlequin Thomassin.   M. 1779.

Analyse d'un grand nombre de pièces du théâtre de Nicolet, et révision de ces mêmes pièces. Cinq gr. p. pl. in-fol. aut. Belle écriture. Curieux document pour l'histoire de ce théâtre.

327. DÉJAZET (Mlle Pauline-Virginie), célèbre comédienne. Née en 1797.

1° L. aut. sig., à son cher... 2 juillet 1853. 2 p. in-8. Très-jolie lettre, bien affectueuse.

2° Billet a. s. in-8. *Portr.* au daguér., et scène (le vin à 4 sous).

3° Billet a. s., à son cher ami... 1 p. in-8. Biog. imp. 4 p. in-4.

328. DEJAZET (Mlle Pauline-Virginie). *La même.*
L. aut. sig., à Ferville. Paris, 20 juin 1832. 3 p. pl. in-8. Deux
portr. costumes coloriés. Affiche anglaise.
Jolie lettre théâtrale, répertoire des pieces qu'elle peut jouer à Rouen.
Déjazet (Mlle Herminie), fille de la précédente, a joué à Londres.
L. aut. sig., à M... Lundi. 1 p. pl. in-8. Jolie lettre.

329. DEJAZET (Mlle Pauline-Virginie). *La même.*
L. aut. deux fois sig., au rédacteur... Sans date. 2 p. pl. in-8.
Portr. in-8, et charge. Biogr. impr. 4 p. in-4.
Un article bien lâche inséré dans le nᵒ du 25 du *Courrier des Théâtres* la
diffâme de la manière la plus grossière. Tant qu'on n'a attaqué que son jeu,
son talent, elle a dû se taire, mais aujourd'hui elle se doit au public qui l'ho-
nore de ses bontés, à l'administration qui l'emploie, à elle-même, de repousser
les calomnies dégoûtantes dont elle est l'objet, et d'en obtenir réparation. C'est
ce qu'elle fera. Les tribunaux vont être saisis et la justice prononcera. Sans
doute l'auteur de cet infâme article mériterait une punition et moins noble et
plus prompte, mais elle est femme, et femme elle ne peut user que de la seule
voie qui lui soit offerte... Elle lit à l'instant un second article plus plat et plus
lâche encore que le premier. Le sieur Ch. M... s'est permis de supposer une
lettre qui pût lui fournir le prétexte à de nouvelles injures et à de nouvelles
infamies. Jamais elle n'a écrit au sieur M... la seule lettre qu'il ait reçue
d'elle est celle-ci...

330. DELAVIGNE (Jean-François-Casimir), poëte et auteur
dramatique, membre de l'Académie française. 1793-1843.
L. aut. sig., à M. Paul. Sans date. 3 p. in-8. Deux *port.* Biogr.
impr. 4 p. in-4.
Théâtrale. Il y est question de son *Faliero*, et de la représentation de Corneille.

331. DELASSEMENTS-COMIQUES (acteurs et actrices des).
Ariste. 1 p. in-8. — Gabel (É.). 1852. 1 p. in-8. — Lajariette
(Aristide *Letorzec*, dit), 1848. 1 p. in-8. Curieuse. *Portr.* costume
colorié. — Sévin (Félix). Mort, 1848, à Ferville, 1838. 1 p. in-8. —
Bachelet (Mlle Maria). 1 p. 1/2 in-18. — Brière (Mlle Amélie).
2 p. pl. in-8. Théâtrale. — Inès (Mlle). Théâtrale. 2 p. in-8. — Ro-
zalie (Mme *Jaime*, Victorine), 1839. 1 p. in-8. — Hiltbruner, directeur, 1854. 1 p. in-4. — Ensemble, 10 lett. aut. sig.

332. DÉRIVIS père (Louis-Etienne), célèbre basse-taille de
l'Opéra.   N. 1781. M. 1856.
L. aut. sig., au duc d'Aumont, 11 avril 1828. 1 p. in-fol. (La réponse du duc et au verso.) Deux-*portr.* costumes coloriés.
Dérivis (Prosper), fils du précédent, 1ʳᵉ basse-taille des Italiens et
de l'Opéra. L. aut. sig., à son cher... 21 mai 1855. 1 p. pl. in-4.
Belle lettre, intéressante. *Portr.*-costume des *Huguenots*, colorié.

333. DESAUGIERS (Marc-Antoine), directeur du Vaudeville
de 1816 à 1827, chansonnier et auteur dramatique.
1ᵒ L. aut. sig., à son cher Capelle, 1ᵉʳ avril 1826. 1 p. in-8. *Port.*
gravé (avec Vadé, Piron, Panard et Collé, sur la même feuille).
2ᵒ Cession appr. et signée (A. S. de Gentil) de *l'Enfant à trois
pères*, et de *Pervonte ou les souhaits.* 17 déc. 1813, in-4.
Deschamps (Jacques-Marie), auteur dramatique et chansonnier.
N. 1756. M. 1826. *Le chiffre*, chanson aut. sig. 2 p. et demie in-4.
Deschamps (Émile), poëte et auteur dramatique. L. aut. sig., à
M. Duponchel. 2 p. pl. in-8. Cur. *Portr.* in-8 et biogr. imp. 4 p. in-4.

334. DESBORDES (Mlle Marceline), femme *Valmore*, actrice
de l'Opéra-Comique, poëte et littérateur.   N. 1787.
L. aut. sig., à M. Paul Nairac. Lyon, 12 février 1836. 3 gr. p. pl.
et demie in-8. Aimable lettre.
Valmore (F.-Prosper *Lanchantin*, dit), mari de la précédente, acteur
du Théâtre-Français et de l'Odéon, littérateur.   N. 1793.

1° L. aut. sig., à Mlle Plessys. 20 nov. 1843. 1 p. in-8. — 2° Son
engagement sig., à l'Odéon (rempli et sig. par Picard). 19 mai 1819.
1 p. in-fol.

335. DESBROSSES (Mlle Marie), célèbre actrice de la Comédie Italienne et de l'Opéra-Comique (1776 à 1829).
Née en 1766. Morte en 1856.

1° L. sig., à ses camarades. 16 mars 1821. 1 p. et demie in-4.
Demande de sa retraite, il y a quarante-cinq ans qu'elle est parmi eux.

2° L. sig., au duc d'Aumont (avec la minute de la réponse en tête
et en marge). Paris, 22 avril 1825. 2 p. in-fol. Théâtrale. Intéressante. *Portr.*-costume colorié.

D'ARBOVILLE (Jules-St.-Jean *Clerget*, dit), sociétaire et chanteur de
l'Opéra-Comique. N. 1781. M. 1842. Son engagement appr. et sig.,
sig. aussi par Huet et le duc d'Aumont. 1823. 2 p. 1/2 in-4. Cur.

D'ARBOVILLE (Mme Honorine), femme du précédent. L. aut. sig.,
au baron de Margueritte. Janvier.... 2 p. in-8. Théâtrale.

336. DESCHAMPS (Fr.-Michel-Chrétien), auteur dramatique.
Caton d'Utique, *Antiochus et Cléopâtre*, etc. 1688-1747.

Dédicace (de 4 petites lignes) aut. sig. sur le titre de *Caton d'Utique*.
Paris, P. Ribou, 1715, in-12 rel. A la p. 26 il y a 4 vers aut. ajout.

337. DESESSARTS (Denis *Deschanet*, dit), célèbre comédien,
sociétaire du Théâtre-Français, où il débuta en 1772.
Né en 1737. Mort en 1797.

L. aut. sig,, au duc de Villequier (avec deux lignes aut. sig. de
celui-ci). 1 p. pl. in-8. Belle lettre.
Demande de gratification pour lui et ses camarades pour avoir été jouer trois
fois des proverbes pour la reine à Bellevue chez mesdames. Ils en ont joué cinq
autres fois pour Sa Majesté, soit à Versailles, soit à Trianon.

338. DESFONTAINES *de la Vallée* (F.-J.), auteur dramatique, seul, ou en collaboration avec Barré, Radet, etc.
Né en 1733. Mort en 1825.

L'*Abeille*, chanson aut. sig. 3 p. in-4.

DESPRÉS (Jean-Bapt.-Denis), littérateur et auteur dramatique. N.
1755. 1° Billet aut. sig. 1 p. in-12. — 2° Couplet aut., pour l'acteur Vertpré, du Vaudeville, in-4.

339. DESFORGES (Pierre-J.-B. *Choudard*, dit), acteur de la
Comédie Italienne de 1768 à 1782, auteur dramatique
et romancier. N. 1768. M. 1806.

L. aut. sig., à Mme veuve Favart, 4 févr. 1806. 1 p. pl. in-4. Cachet
de deuil. Touchante lettre.
Il apprend à l'instant la perte récente et douloureuse qu'elle vient de faire.
« Cette nouvelle imprévue a été pour ton ancien ami un véritable coup de fou-
« dre. Si les regrets de l'amitié bien sincère peuvent en s'unissant aux tiens
« en tempérer un peu l'amertume, sois sûre qu'il n'en est point qui partent plus
« vraiment du cœur... »

340. DESMARETS DE SAINT-SORLIN (Jean), auteur dramatique, membre de l'Académie française. 1595-1676.
Variantes aut. de sa pièce de *Mirame*. 1 gr. p. pl. in-fol. *Très-rare.*

341. DESMOUSSEAUX (Mme), née Joséphine *Anselme*, dite
Baptiste, célèbre *duègne* de la Comédie-Française. M. 1857.
L. aut. sig., à M. Desnoyers, 11 juin 1845. 1 p. in-8. *Rare.* Biogr.
impr. 4 p. in-4.

DEMERSON (Mlle Anne, femme BONNARD, soubrette de la Comédie-
Française. N. 1791. L. aut. sig., à M. Tulandier, 18 décemb. 2 p.
in-8. *Portr.* lith. de Colin, in-fol.
Aimable invitation à dîner le jour de sa fête.

342. DESPREAUX Jean-Etienne), 1er danseur de l'Opéra, chansonnier et auteur dramatique, mari de Mlle Guimard. **N. 1748. M. 1820.**
L. aut. sig., à Mme Maugirard. 6 mai. 1 p. pl. in-8.
Charmante lettre littéraire.

343. DESTIVAL (Braban), un des meilleurs acteurs de la Gaîté en 1793, auteur dramatique.
L. aut. sig., à la citoyenne veuve Nicolet. Paris, 4 nivôse, an VII. 1 p. pl. in-4. Belle lettre.

344. DESTOUCHES (Philippe *Néricault*), célèbre poëte dramatique, membre de l'Académie française. 1680-1754.
L. aut. sig., à Mlle Tortoiseau, 11 déc. 1750. 2 p. pl. in-4. Belle lettre. Beau *portr.* gravé, grand in-8, sur papier de Chine.

Il a lu ou plutôt il a dévoré deux fois *Cénie* et n'est plus surpris qu'un ouvrage qui n'est proprement ni comédie, ni tragédie, ait enlevé pendant si longtemps, et réuni les applaudissements du public. Il ne le blâme plus d'avoir reçu si favorablement une production dramatique d'une espèce si nouvelle. « C'est « un phénomène qu'on n'avoit pas lieu d'attendre, et Mme de Grafigny, peut « sans se flatter tenir pour constant, qu'elle vient d'enrichir la scène d'un « excellent modèle, que ni les anciens ni les modernes n'avoient point imaginé. « J'en suis enchanté... »

345. DEVRIENT (Carl.-Auguste), célèbre acteur tragique. Né en 1799. Mort en 1853.
L. aut. sig. (en allemand), à M. Kriete, 12 juin 1840. 2 p. in-8. Cachet. Jolie lettre théâtrale.
DEVRIENT (Emile), frère du précédent, tragédien célèbre. N. 1804. L. aut. sig., à l'acteur Francis Wallner. 24 avril 1850. 2 p. et demie in-8. Belle lettre théâtrale.
DEVRIENT (Philippe-Edouard), frère des précédents, 1ers rôles tragiques. N. 1801. Deux lett. aut. sig. (en allemand). 1845 et 1847.
DEVRIENT (Mlle Thérèse *Bohler*, femme d'Edouard). Billet aut. sig. (en allemand), 1 p. in-18.
DEVRIENT (Frédéric), comédien allemand. L. aut. sig. (en allemand), à M. Haake, 25 mai, 1854. 1 p. pl. in-8.
Relative au *Roscius africain* aldridge. *Réunion curieuse.*

346. DICKENS (Charles), le plus célèbre romancier anglais vivant, a joué la comédie en amateur avec un grand succès. N. 1812.
L. aut. sig. (en anglais), à M. Horace Smith. Londres, 19 juillet 1844. 2 p. in-8 (remontée). *Portr.*
Il se félicite d'avoir fait sa connaissance en criant en même temps que lui, *au voleur!* dans une foule. Il espère qu'on finira par étrangler les brigands du continent (c'est-à-dire les éditeurs de contrebande), mais il n'a pas autant d'espoir quant aux pirates américains...

347. DICKONS (Mme), née Caroline Paole, célèbre chanteuse anglaise. Elle a été 1re chanteuse de Théâtre italien de Paris.
1º. L. aut. sig. (en anglais), à M. Winston, avril 1813. 1 p. in-8. Joli *portr.* gravé in-8. Affiche.
2º. L. aut. sig. (en anglais), au même. 11 janvier 1812. 2 p. in-8.
La maladie de son père l'empêchera de chanter lundi.

348. DIVERS. Dix lett. sig. et aut. sig.
AUZOU (l'abbé), pasteur de l'Église évangélique française. L. sig., au rédacteur du *Foyer*. Paris, 12 février 1835. 1 p. in-8. Au sujet de l'oraison funèbre de Molière qu'il doit prononcer dans son église, boulevart Saint-Denis, le jour anniversaire de sa mort. — BOULAY DE LA MEURTHE (H.). L. aut. sig., au rédacteur du *Courrier Français*. 1 p.

in-4. — BRUNEL (sir Marc-Isambart), célèbre ingénieur ; constructeur du tunnel sous la Tamise, à Londres. Billet aut. sig. (en anglais). Portr. sur bois, dessiné le jour de l'ouverture du tunnel. Deux pièces de vers manuscrites (en anglais), sur l'autographe et le buste de Brunel. —CHAROY célèbre artificier. Note aut. sig. d'artifices fournis à Mme veuve Bourguignon en février 1825. 1 p. in-fol. — COMITÉ DE SALUT PUBLIC. Pièce sig. par Carnot et Collot d'Herbois. 18 nivôse an II. 2 p. in-fol. — GIRARD, littérateur, vétérinaire et écuyer. L. aut. sig. 1807. 3 p. in-8. — GRISIER (A.). professeur d'escrime. L. aut. sig. 1847. 2 p. in-4. — HUGUET DE MASSILLIA (le comte), directeur (avec Charles le dompteur d'animaux) de la galerie zoologique, d'abord boulevart du Temple.. L. sig. 1852. 1 p. in-8. Trois charges. — LA BOURDONNAIS, célèbre joueur d'échecs. L. aut. sig. 1856. 1 p. in-8. — RUGGIERI, artificier. L. aut. sig. 1851. 1 p. in-8.

349. DIVERS. Onze lett. aut. sig.

BAILLY DE MERLIEUX. 1 p. in-12. — CORGHI, auteur du Siége de Florence. 2 p. in-8. — DELESSERT. 1809. 1 p. in-4. — DESMAZURE (l'abbé). 1846. 1 p. in-8. — DROUIN DE L'HUYS (Mme). — GEOFFROY SAINT-HILAIRE (Isidore). 1844. 1 p. in-8. — MÉRIMÉE, peintre. 1824. 1 p. in-4. — ORSAY (le comte Alfred d'). 1 p. in-8. — MURAT (Mme Letizia). 1 p. in-8. — PRIM (le général). 1 p. in-8. — ROTHSCHILD (le baron James).

350. DIVERS. Neuf lett. aut. sig. et une sig.

BOISSY (Mme la marquise de), la célèbre *Guiccioli*. 1 p. pl. in-8. — CABET. L. sig. 1848. 1 p. in-4. — DESCHAMPS (Antoni). 1/2 p. in-4. — EGGER. 2 p. in-8. — GIGOUX (Jean), peintre. 2 p. in-8. —LOCMARIA (le comte de). 1 p. in-8. — MICHELET. Deux lett. 2 p. in-8. — PARKE (sir James), fameux juge et jurisconsulte anglais. 2 p. in-8. —SAINT-AMAND, joueur d'échecs. 1 p. pl. in-8. — Lot intéressant.

351. DOCHE (Mme), née Marie-Charlotte-Eugénie *Plunckett*, actrice du Vaudeville. Elle y créa, en 1852, la *Dame aux Camélias*. N. 1821.

L. aut. sig. *Eugénie* , à son cher camarade. Mercredi. 2 p. in-8. Jolie lettre. *Portr.*, scène de la *Dame aux Camélias*, et affiche anglaise.

DOCHE (Mlle A. *Dussert*, 1re femme de), actrice du Vaudeville. Billet aut. sig. 1828. 1 p. in-12. *Rare.*

352. DOCHE (Mme). *La même.*

L. aut. sig., à M. Lacauchie. 4 p. pl. in-18. Intéressante. *Portr.* costume. Charge, gravure du théâtre de Mme Ancelot. Biogr. impr. 4 p. in-4.

PLUNKETT (Mlle Marie-Adeline), sœur de Mme Doche, danseuse de l'Opéra. Sa sig. aut. Portr.-costume colorié, et scène.

353. DOHLER (Théodore), célèbre pianiste. N. 1814. M. 1856.

L. aut. sig. (en allemand), à M. Schlesinger. Southampton, 14 sept. 1838. *Portr.* in-8. Jolie lettre musicale. Intéressante.

DREYSCHOCK (Alexandre), célèbre pianiste et compositeur allemand. N. 1818. Deux lett. aut. sig. (en allemand). 2 p. in-4. *Portr.* Musicales. Intéressantes.

354. DOLIGNY (Mlle Louise-Adélaïde Berton *Maisonneuve*), femme *Dudoyer*, célèbre actrice de la Comédie-Française de 1763 à 1783. N. 1756. M. 1823.

Quitt. aut. sig. de 375 livres. 27 nivôse an II. 1 p. in-4 en travers. *Portr.-dessin* original in-4. *Rare.*

355. DORIVAL, secrétaire du Théâtre-Français, où il débuta en 1770. 1ers rôles tragiques.

L. sig. (par lui et par Florence), à M.... 3 mars 1781. 2 p. pl. in-4. Curieuse et rare.

356. DORVAL (Mme), célèbre actrice de drame. 1792-1849.
1º. Son engagement à la Porte Saint-Martin, approuvé et signé par elle. 1828. 3 p. in-fol. *Portr.* in-8.
2º. Pièce aut. sig. 1836. 1 p. in-fol. en travers.
Citation de l'opinion de *Guy Patin* sur les réjouissances et les cérémonies publiques.
MERLE (Jean-Toussaint), mari de la précédente, auteur dramatique. Deux lett. aut. sig. 2 p. in-12 et in-8. Intéressantes.

357. DOZE (Mlle Aimée-Léocadie), Mme *Roger de Beauvoir*, actrice du Théâtre-Français, littérateur et auteur dramatique.   N. 1823.
1º. Billet aut. sig. 1 p. in-12. *Portr.* lith. in-8.
2º. L. aut. sig., à M.... 7 janvier. 1 p. pl. in-8. Charmante lettre.

358. DUBOIS, successivement acteur des théâtres Beaujolais, Lazary, Louvois et des Variétés. Mort à Charenton en 1820.
Quitt. aut. sig. 1809. 1/2 p. in-4. *Rare. Portr.*, dessin original, dans M. Ramponneau marchand de vin. In-18.
DUBOIS (J.-B.-Denis), directeur de la Gaîté, de la Porte Saint-Martin et de l'Opéra. Auteur dramatique. N. 1775. M. 1851. 1º. Cession sig., an VIII. In-8. — 2º. Vers sig. (sig. aussi par Gobert), à l'aimable Aristénète (Félix Nogaret). 1 p. in-4. — 3º. L. sig., à Félix Nogaret. 4 août 1813. 1 p. in-4.

359. DUBOIS (Mlle Émilie), actrice sociétaire du Théâtre-Français. *Lady Tartuffe, Une chaîne, La Joie fait peur,* etc.
L. aut. sig., à M.... 4 oct. 1 p. in-8. Aimable lettre.

360. DU CANGE (Victor-Joseph-Henri Brahain), romancier et auteur dramatique.   N. 1783. M. 1833
1º. L. aut. sig., à Barba. 28 juin 1819. 3 p. pl. in-4. Intéressante.
2º. L. aut. sig., à Mme Barba. 16 juillet 1827. 3 p. pl. in-8. Jolie lettre.
3º. Cession aut. sig. de l'*An* 1835. 1816. 1 p. in-4.

361. DUCERCEAU (le Père Jean-Antoine), jésuite, littérateur et auteur dramatique.   N. 1670. M. 1730.
L. aut. sig., à M.... Paris, 3 janvier 1718. 2 p. in-8. *Rare.*

362. DUCHAMBGE (Mme Pauline), compositeur de romances ainsi que de musique instrumentale.   N. 1787.
L. aut. sig. *Pauline Duch*, à Mme Julie Simon (Mlle Candeille), ce 7 au soir. 3 p. pl. in-8. Cachet.
Charmante lettre de consolation, offre de son amitié pour la vie. Nouvelles de sa mère, de ses enfants ; son mari qui doit revenir bientôt se console bien de son absence...

363. DUCHESNOY (Mlle Joséphine *Raffin*, dite), célèbre tragédienne.   N. 1771. M. 1855.
L. aut. sig., à M. Sauvo. 29 février 1832. 1 p. pl. in-8. *Portr.*, et charge curieuse et rare.

364. DUCIS (Jean-François), poëte dramatique. 1733-1816.
L. aut. sig., à son cher et jeune ami Louis Lemercier (Népomucène). Versailles, 24 germinal, an XII (14 avril 1804). 1 gr. p. pl. in-4. Cachet. *Portr.* de l'Iconographie instructive.
Il a reçu sa tragédie d'*Agamemnon*, et lui en fait ses sincères remerciements. Appréciation de son talent poétique. Il ne peut lui dire combien ce qu'il a déclaré sur la nature de son talent, à lui, dans ses réflexions générales sur la tragédie, et le public l'a touché et pénétré de reconnaissance. « Ah ! si je pou- « vais mériter la moitié ! Mais votre manière d'approuver ma manière tragique

« décèle la vôtre. Le génie seul, sans trop les connaître, soupçonne ses ri-
« chesses. Il faut le laisser aller. C'est un chien qui flaire, qui doute, et se
« jette dans la voie... »

365. DUCROW (Andrew), le meilleur écuyer de son siècle,
également célèbre à Paris et à Londres. 1793-1842.
1º. L. aut. sig. (en anglais), à M. Westmacott. 21 oct. 1 p. pl.
in-4. Intéressante. — 2º Billet aut., au même. Il lui envoie le *Pisto-
let de Rob Roy.* — 3º. L. aut., à M. Graves. 20 sept. 1834. in-4.
Portr. et biogr. impr. (en anglais).

366. DUFRENOY (Mlle Adélaïde-Gillette *Billet*, femme), poëte,
auteur de l'*Amour exilé des Cieux.*   N. 1765. M. 1825.
L. aut. sig., à son Excellence .... 22 ventôse an XIII. 2 p. in-4.
GAY (Mme Sophie), née *Lavalette*, mère de Mme Delphine de Girar-
din, romancière et auteur dramatique.   N. 1776. M. 1852.
L. aut. sig., à M.... 19 nov. 1 p. in-8. Son *portr.* gravé (des
mémoires d'un bourgeois de Paris), avec celui de sa fille et celui de
Mme Ancelot.

367. DUFRESSE (le général Simon-Camille, baron). En 1790,
il était acteur au théâtre Montansier. Il est entré soldat
en 1792. Plus tard, gouverneur de Valladolid et
de Stettin.   N. 1763.
L. aut. sig., à S. A. le prince Alexandre Berthier. Ile d'Aix, 19
juillet 1805. 1 p. in-fol. Intéressante.

368. DUGAZON (pièce relative au portrait de Mme).
Lettre adressée à M. Gustave Dugazon, et signée par Chénard, Camérani, Batiste, Paul, Gavaudan et Darancourt, acteurs de l'Opéra-
Comique, en remerciment du portrait de sa mère qu'il a eu l'attention
de leur envoyer. 30 juin 1813. 1 p. in-4. Intéressante.

369. DUMANIANT (Jacques-André *Bourlain*, dit), acteur du
théâtre des Variétés, de la Porte-Saint-Martin, auteur
dramatique.   N. 1754. M. 1828,
L. aut. sig., à M. Raymond, correspondant des théâtres. Clermont,
31 janvier 1822. 2 gr. p. pl. et demie in-4. Écriture fine et serrée.
Feuilleton du journal des Débats du 20 avril 1814.
Jolie lettre théâtrale. Intéressante.

370. DUMAS (Alexandre), romancier et auteur dramatique.
1º. L. aut. sig., à son très-cher .... 1 p. pl. petit in-8. Profession de foi impr. ; trois charges. — 2º. Deux vers aut. sig. in-8.
— 3º. Bille taut. sig. 1/2 p. in-8. — 4º. Scène de Caligula. 4 p. pl.
aut. très-grand in-fol., avec de nombreuses corrections.
Dossier curieux.

371. DUMAS (Mlle Ida-Joséphine *Ferrier*, femme Alexandre),
jeune 1re de drame à la Porte-Saint-Martin et à la Renaissance. Débuta au Théâtre-Français en 1837 dans
Caligula.
L. aut. sig. 1 p. in-8. Cachet. *Rare.*

372. DUMAS (Alexandre), fils, romancier et auteur dramatique ; la *Dame aux Camélias*, le *Demi-Monde*, etc.
1º. L. aut. sig. de ses initiales. 1 p. in-8. — 2º. Billet aut. sig.
Deux charges, anecdotes imprimées.
DUMAS (Adolphe), littérateur et auteur dramatique. *Li poople*, vieux
conte gaulois. Aut. sig.
DUMERSAN (Théophile *Marion*, dit), numismate, auteur dramatique:

Mme Gibou et Mme Pochet; les Saltimbanques, etc. — 1°. Cession
aut. sig. 1831. 1 p. in-8. — 2°. Billet aut. Portr. lith. et biogr.
impr. 4 p. in-4.

373. DUPARAI (Philippe *Louis*, dit), acteur du Théâtre-
Français.   N. 1769. M. 1851.
  Son engagement à l'Odéon, approuvé et signé. 9 février 1820. 1 gr.
p. in-fol. *Portr.*-costume colorié dans le rôle de *Raton*.

374. DUPATY (Louis-Emmanuel-Félicité-Charles *Mercier*),
littérateur, auteur dramatique, membre de l'Académie
française.   N. 1775. M. 1831.
  L. a. s., à M. Séguier. 28 mars 1826. 1 p. in-8. P. Lith. in-4.
Lettre intéressante au sujet de la mort de son fils Charles.
  BAOUR-LORMIAN (Louis-Pierre-Marie-Fr. *Baour*, dit), poète et auteur
dramatique, membre de l'Académie Française. N. 1770. M... L. aut.
sig., à M. Delamothe Langon. Montigni, 5 août 1830. 1 p. pl. in-8.
Portr. lith. in-4.

375. DUPOND (Mlle *Noblet*, femme *Alexis*), sœur de Mlles
Lise et Alexandrine Noblet, danseuses de l'Opéra.
  L. aut. sig., à son bon M. Auber. 1843. 1 p. in-8. *Rare. Port.*
lith. d'après Dantan.

376. DUPONT (Mlle Louise-Charlotte-Valentine *Rougeault*,
dite), actrice du Théâtre-Français.   N. 1794
  L. aut. sig., à M... 4 février 1855. 1 p. pl. in-8. Trois *port.*,
dont un costume colorié...

377. DUPORT (Louis), célèbre danseur de l'Opéra, chorégra-
phe, directeur des grands théâtres de Naples et de
Vienne.   N. 1783. M. 1833.
  L. aut. sig., à son respectable confrère. Sans date. 2 gr. p. in-4.
Très-belle lettre théâtrale.
  DUPORT (Thérèse *Neumann*, femme), danseuse de 1800 à 1814. Billet
aut. sig. (en allemand), à M. de Kreutrer. 1 p. in-4. *Rare.* Demande
de deux places pour la représentation de M. Alexandre Vattemare.

378. DUPRE DE SAINT-MAUR (Emile), auteur de la *Jeu-
nesse de Préville*, comédie.   N. 1772.
  L. aut. sig., à M. Auguste de la Bouïsse. Perreuse, 3 août 1825.
2 gr. p. pl. et demie in-4. Cachet. Curieuse lettre littéraire.
  EPAGNY (J.-B.-R. — Bonaventure *Viollet*, dit d'), auteur drama-
tique. N. 1789. L. aut. sig., à Lockroy. 13 janvier 1848. 2 p. in-8.
Théâtrale.
  FÉVAL (Paul), romancier et auteur dramatique. N. 1817. L. aut.
s., à M. Henri Galland. 15 janvier 1849. 2 p. in-8. *P.*-charge. Litt.
  GOSSE (Etienne), littérateur, auteur dramatique. N. 1773. M. 1834.
Cession sig. de *Manon Lescaut.* 2 déc. 1820. 1 p. pl. in-4.

379. DUPREZ (Gilbert-Louis), chanteur de l'Opéra, et compositeur dramatique.   N. 1805.
  1° L. aut. sig., à M... 10 juillet 1856. 1 p. in-8. Scène, charge,
et portrait d'après Dantan.
  2° Pièce aut. sig. 1 p. in-4. Curieuse (Duprez était alors au début
de sa carrière théâtrale).
  DUPREZ (Mlle Alexandrine *Duperron*, femme), chanteuse distinguée.
Billet de bal signé.
  DUPREZ (Louis-Julien-Édouard), frère du précédent, 1er comique des
Variétés, auteur dramat. L. aut. sig., à M. Ténar. 18 janvier 1843.
1 p. in-8. Théâtrale.

380. DUPREZ (Mlle Caroline), femme *Van den Heuvel*, fille

et élève du célèbre ténor Duprez, chanteuse de l'Opéra-Comique. **N. 1832.**
> L. aut. sig., à **M**. Denis. Sans date. 1 p. in-18. *Port.*-costume colorié, scène, et imprimés.
> **Van den Heuvel** (Amédé-Ferdinand), musicien, mari de la précédente. L. aut. sig., à **M**... 1 p. in-8.

381. DUPUIS (Mlle Rose), actrice du Théâtre-Français, de 1808 à 1835.
> L. a. s., au Colonel... 10 avril 185. 3 p. in-8. Joli p. port. grav.

382. DURAS (le maréchal, duc de), 1er gentilhomme de la chambre du roi en 1757. **N. 1684.**
> Pièce sig. Paris, 13 mars 1766. Demi-page in-4.
> Les sieurs Debuges, Clerval, Zamerey, le jeune Carlin, Laruelle, s'assembleront pendant la semaine de la Passion pour lui faire le rapport de toutes les dépenses de la comédie italienne, tant nécessaires que superflues...

383. DURET (Mme), née Anne-Cécile-Dorlise d'*Herbez*, dite *Saint-Aubin*, fille de Mme Saint-Aubin de l'Opéra-Comique. Elle-même y chanta avec un grand succès de 1804 à 1820. **N. 1785.**
> L. aut. sig., à ses chers camarades. 1er février... 1 p. in-4. *Port.*-costume colorié.
> S'ils ont absolument besoin demain de *Janot et Colin*, quoiqu'elle soit encore fort enrhumée, elle jouera, quitte à passer son air...

384. DUTHÉ (Mlle Rosalie *Gérard*, dite), danseuse de l'Opéra et courtisane célèbre. **M. 1826.**
> L. aut. sig., à **M**. Perregaux. Londres, ce 10... 1 p. pl. in-8. Jolie lettre. Intéressante.

385. DUVOISIN-CALAS (Alexandre), petit-fils de Calas, ancien officier d'état-major, littérateur, auteur d'*un Déjeuner à Ferney en 1765.*
> 1º *La nouvelle Bambinade*, chanson aut. 1 p. et demie in-4.
> 2º L. aut. sig., au comte de... Paris, 27 mars 1821. 2 gr. p. in-4.
> Dénonciation des tentatives criminelles employées pour égarer le bon esprit de la troupe... « Dans touts les lieux où le soldat va chercher de l'amusement, « il n'entend chanter que des refrains insidieux, ¡our ne pas dire séditieux. « Des hommes sont toujours appostés pour faire chanter aux chanteurs publics « des couplets qui réveillent de vieux souvenirs, nourissent des affections coupa- « bles, détournent la fidélité des Bourbons à qui elle devrait exclusivement appar- « tenir. Jamais le nom du roi n'est proféré, jamais on ne provoque la santé « des princes, et le cri de *vive le roi* qui jadis faisait retentir les voutes des « joyeuses guinguettes semble encore frappé d'interdiction. Messieurs les « chansonniers royalistes à brevets, et à pensions, composent des cantates pour « les salons et l'Académie. — Ce n'est pas là qu'est l'esprit public. » Sans mission aucune, pauvre, et rebuté comme de juste, car il a consacré toutes ses fa- cultés à la cause de la légitimité, il s'est avisé d'écrire des couplets inspirés par le cœur, mais loin d'avoir le moyen de les faire imprimer et distribuer, il sollicite ardemment des secours pour lui-même...

386. EBERWIN (Max-Charles), compositeur dramatique allemand. **N. 1784.**
> Canon à trois voix a. sig. Weimar, 16 oct. 1846, in-8, en travers.
> **Ebers** (Charles-Frédéric), compositeur dramat. allemand. N. 1836, L. aut. sig. (en allemand). 16 mai 1829. Demi-page, in-4.
> **Gevaert** (Frantz-Auguste), compositeur dramatique belge. N. 1829. L. aut. sig., à **M**. Denis. Paris, 8 juin 1854. 1 p. in-8.

387. ECRIVAINS SUR LA MUSIQUE. 14 lett. aut. sig.
> **Blain** (le général, baron). Deux lett. an VIII et 1813. 3 p. in-4 et in-fol. — **Catel** (Ch.-Simon). N. 1773. M. 1830. 1 p. in-12. —

ERARD (Pierre). N. 1796. M. 1855. Londres, 12 juin 1838. 2 gr. p. pl. in-4. Au sujet de la prise de ses brevets d'invention. — ESCUDIER (les frères), Léon et Marie. Cinq lettres ou billets, in-18 et in-8. — GARAUDÉ (Alexis de). Paris, 22 déc. 1811. 1 p. pl. et demie in-4. Intéressante. — MARTIN-D'ANGERS (Julien), 1853. 1 p. in-12. — MOMIGNY (Jérôme-Joseph de). 1 p. pl. in-4. — NAGELI (Jean-H.-Georges), né à Zurich en 1768. Mort en 1836. Lett. en allemand, 1824. 1 p. pl. in-4. — ROUSSIER (l'abbé Pierre-Joseph), né à Marseille en 1716. M. 1790. 20 février 1769. 1 p. in-8 en travers. *Rare.* Très-beau lot.

388. ECRIVAINS SUR LES THEATRES. 6 lett. aut. sig.
CHALONS D'ARGÉ. N. 1798. 3 p. in-8. — CHODZKO (Alexandre). Paris, 12 août 1844. 3 p. pl. in-8. Jolie lettre. Intéressante. — JANIN (Gabriel-Jules). 1 p. in-8. — LEMAZURIER (Pierre-David). Paris, 6 avril 1820. 1 p. pl. in-4... Quelques personnes ont annoncé que M. Talma ne retardait son départ que parce qu'il avait reçu de la Comédie-Française une somme assez considérable. *La vérité c'est que M. Talma n'a été déterminé par aucune considération pécuniaire, et qu'il n'a cédé qu'au vœu du public, à l'intérêt de l'auteur de* MARIE STUART, *et celui de la Comédie-Française. Ses camarades s'empressent de lui rendre ce témoignage.* — NATHAREL DE FIENNES (Charles). Billet in-8. *Port.* charge. — SAUVO, rédacteur en chef du *Moniteur.* A Mlle Duchesnoy. 1 p. in-8. Curieuse.

389. ECRIVAINS ANGLAIS CELEBRES. 5 lett et bill. a. s.
AINSWORTH (Will.-Harrison), 1842. — BARKER (Henri), surnommé le *vieux Marin.* — CARYLE (Thomas). 1844. — CHAMIER (le capitaine Frédéric). — SMITH (Horace). 1846.

390. ECUYERS, ECUYERES, ECRIVAINS SUR L'EQUITATION, FRANÇAIS ET ETRANGERS. Sept lettres.
ADAMS (les frères). L. aut. sig. (en anglais, à la 3e personne), à Elliston. 5 sept. 1817. 1 p. pl. in-4. Cachet. Interessante. — ADAMS (miss), écuyère du théâtre Astley en 1816. L. aut. sig. (en anglais, à la 3e personne), à Elliston. 1 p. in 4. — CURNIEU (le baron de). L. aut. sig. 1842. 3 p. in-8. Cachet. Intéressante. — MAKEEN (J.), écuyer du th. Astley, à Londres. L. aut. sig. (en anglais), à Elliston. 1817. 1 p. in-4. — LE VAILLANT DE SAINT-DENIS, écuyer du roi. Auteur d'un : *Recueil d'opuscules sur les différentes parties de l'Equitation. Versailles,* 1789. L. aut. sig. 1788. 1 p. in-4. — MONTENDRE (le colonel de). L. aut. sig. 1844. 1 p. et demie in-4. — MONTIGNY (le vicomte de). L. aut. sig. 1853. 2 p. in-8.

391. EDGEWORTH (miss Maria), célèbre romancière et moraliste, auteur du *Havre-sac,* petite comédie. 1771-1849.
L. aut. sig. (en anglais), à M... Edgeworth Town. 31 août 1835. 4 p. pl. in-8. Aimable lettre.

392. EDWVIN (Mme), née Richard, célèbre actrice anglaise.
L. a. sig. (en anglais), à M. Ward. 22 juin 1815. 1 p. in-8. Cachet. Joli *portr.* gravé in-8.
EGERTON (Mme), née J. *Fisher,* coméd. d'un grand talent. N. 1785. M. 1847. L. aut. sig. (en anglais, brûlée à l'entour), à M. Brunton. 18 avril 1808. Théâtrale.

393. EGVILLE (J. Herbert d'), élève de Dauberval, célèbre danseur et chorégraphe.
1° Pièce s., relative aux appointements de Mlle Lenoble, danseuse, 1808. 1 p. in-fol. — Annonce aut. d'Aude. 1 p. in-4., et compte rendu. 1821. 1 p. in-fol. 2° L. aut. sig., au chevalier Aude, ce dimanche 23. 2 p. pl. et quart in-4. Belle lettre. Théâtrale.

394. ELLEVIOU (Jean), célèbre chanteur de l'Opéra-Comique. Né en 1769. Mort en 1842.

L. aut. sig. (signée aussi par Martin), à ses camarades de l'Opéra-Comique. Sans date. 2 p. pl. in-4. Très-belle lettre. *Portr.*-costume colorié, et *portr.*-charge de Martin (Dantan).

Il établit par des calculs approximatifs que le théâtre ne peut faire ses frais indispensables pendant les cinq années qu'on leur propose de les associer..... C'est avec le plus grand regret qu'il se voyent forcés de refuser la part entière qu'ils leur ont proposé : « Croyez qu'il nous en coûte beaucoup de vous quitter, « mais n'ayant que peu d'années à parcourir la carrière précaire de l'Opéra-Co- « mique, ne voulant point jouer à une lotterie qui n'ofre pas une seule chance « heureuse, les leçons du passé, la crainte de l'avenir l'emportent sur le désir « de rester au milieu de camarades dont nous n'avons jamais eu qu'à nous « louer... »

395. ELSSLER (Mlle Thérèse), célèbre danseuse de l'Opéra. En 1852, elle épousa morganatiquement le prince Adalbert, cousin-germain du roi de Prusse.

Billet aut. sig., à M. de Luzy. 8 mars 1838. 1 p. in-8. *Rare. Portr.*

396. ELSSLER (Mlle Fanny), femme *Hahn*, sœur de la précédente, célèbre danseuse de l'Opéra. N. 1810.

L. aut. sig., au directeur de l'Opéra. Sans date. 1 p. in-8. Jolie et curieuse lettre. *Portr.* dans la *Tempête* (son rôle de début). Costume et scène. Biogr. impr. 4 p. in-4.

397. ELWART (Antoine-Aimé-Elie), habile compositeur et professeur au Conservatoire. Auteur de la vie artistique et anecdotique de Duprez.

Chanson de bateau, barcarole, paroles et musique a. s. 2. p. in-fol.

398. EMERY (John), le plus célèbre comique de son époque dans les rôles de paysans. N. 1780. M. 1822.

L. aut. sig. (en anglais), à Elliston. Liverpool, 26 août 1817. 1 gr. p. pl. et demie in-4. Deux *portr.* gravés in-8. Très-rare lettre. Théâtrale.

399. ENGHIEN (L.-A.-Henri de Bourbon-Condé, duc d'), fusillé dans les fossés de la forteresse de Vincennes.

Procès-verbal de la descente à Chantilly, du ballon de Pilâtre de Rozier, adressé à la Reine. *Pièce autographe de Pilâtre de Rozier*, signée par Louis-Joseph de Bourbon, prince de Condé, le duc d'Enghien, Louise-Adélaïde de Bourbon-Condé, Bienville et Franchière fils. 2 p. in-4. — Les autogr. de Pilâtre de Rozier sont très-rares ; celui-ci a été vérifié sur une lettre aut. sig. de lui. Pièce intéressante.

400. ERNST (Henri-Guillaume), l'un des meilleurs violonistes de l'époque actuelle. N. 1814.

L. aut. sig. (en allemand), à M. Meyer fils. Munich, 16 oct. 1840. 3 p. pl. in-8. Jolie lettre musicale. *Portr.*

401. ESCOUSSE (Victor), auteur dramatique. N. 1811. S'est asphyxié avec Aug. Lebras en 1832.

L. aut. sig., à M. Couder. Paris. 2 nov. 1831. 1 p. in-8. Théâtrale.

Escousse (Mlle Louise), femme Charles *Poirson*, sœur du précédent, actrice de l'Odéon et du Palais-Royal. L. aut. sig., à M. de Cesse (Cès Caupenne). 1 p. in-8. — Modèle des billets d'Escousse, pour les représentations de Farruck le maure.

Lebras (Auguste), ami et collaborateur de Victor Escousse, mort avec lui. L. aut. sig., au directeur du *Mercure de France*, 16 avril 1831. 1 p. in-4. *Très-rare lettre.*

402. **ETIENNE** (Charles-Guillaume), littérateur, auteur dramatique, membre de l'Académie française. 1777-1845.
L. aut. sig., au comité de l'Opéra-Comique. Paris, 23 déc. 1808.
3 p. in 4. Cachet. Curieuse caricature sur les deux gendres. In-fol.
Au sujet de sa pièce : *Une Heure de Ménage* qu'ils ont remise au théâtre, et que cependant ils ne jouent plus.....

403. **FALCON** (Mlle Cornélie), célèbre cantatrice de l'Opéra de 1832 à 1839. A cette époque, elle perdit sa voix, et se vit forcée de quitter le théâtre. N. 1815.
L. aut. sig., à M. Norblin. Sans date. 1 p. in-4. Jolie lettre. Biogr. impr. 4 p. in-4.

404. **FARINELLI** (Carlo *Broschi*, dit), célèbre chanteur soprano italien, plus tard, favori et ministre du roi d'Espagne. N. 1705. M. 1782.
L. aut. sig. (en italien), à M. .... Sans date. 1 p. in-4. *Très-rare.*
.... Ce qu'il y a de plus à la mode aujourd'hui, c'est l'amour, le génie sublime de Vénus... La Cour est à la ville, etc.

405. **FARREN** (William), l'un des meilleurs comédiens d'Angleterre. N. 1791.
1º. L. aut. sig. (en anglais), à M. Bender. 28 déc. 3 p. in-8. Curieuse lettre, relative à l'engagement de Thompson pour la pantomime.
2º. Plainte sig., contre un cocher de cabriolet, avec portr. — Billet aut. et scène gravée.
FARREN (Percy), frère aîné du précédent, acteur du Haymarket. Deux billets aut. sig. (en anglais). 2 p. in-12.

406. **FARREN** (Miss Eliza), comtesse de Derby, la plus célèbre comédienne anglaise de son époque. Elle épousa le comte de Derby en 1797, et se retira du théâtre en même temps. N. 1759. M. 1829.
L. aut. sig. (en anglais), à Mme Woodfall. Mars 1785. 2 p. pl. in-4. Cachet. Belle et rare lettre. Joli *portr.* gravé in-8.

407. **FAUCIT** (Miss Helen *Faucit-Saville*, dite), femme *Martin*, célèbre tragédienne anglaise. N. 1816.
1º. L. aut. sig. (en anglais), à M. Kenneth. 16 août. 1 p. in-8. Cachet. Théâtrale. Deux scènes et critiques impr.
2º. L. aut. sig. (en anglais), à M.... 11 oct. 3 p. pl. et demie in-8. Jolie lettre.
Elle lui explique pourquoi elle ne peut accepter d'engagement à Edimbourg. Elle a peur d'être mal secondée. Elle a appris que, dernierement, la pièce de *Frankenstein* a été très-mal jouée, et encore plus mal montée. Elle ne tient pas à s'exposer à des critiques aussi défavorables...

408. **FAVART** (Charles-Nicolas-Justin), fils aîné du célèbre Favart, acteur de la Comédie Italienne, auteur dramatique. N. 1749. M. 1806.
Pièce aut. sig. Paris, 15 vendémiaire, an VIII. 1 p. in-4.
GRÉTRY (André-Joseph), neveu du compositeur, auteur dramatique. N. 1774. M. 1826. 1º. Cession aut. sig., de sa pièce : *Haine aux deux sexes*. 1815. In-8. — 2º. L. aut. sig. aux sociétaires de l'Opéra-Comique. 1 p. pl. in-4. Théâtrale. Intéressante.

409. **FAVIERES** (Edm.-Guill.-Fr. de), auteur dramatique.
L. aut. sig., à Paul Dutreih. 12 déc. 1832. 1 gr. p. pl. et demie in-4. Littéraire et dramatique.
FAUR, secrétaire du duc de Fronsac, auteur dramatique. Cession aut. sig. de *Rien pour lui*. An XIV. 1 p. in-4. *Rare.*

410. FAY (Etienne), 1er ténor de Feydeau et compositeur, père de Léontine Fay. **N. 1770. M. 1845.**
L. aut. sig., à Ferville. 2 p. et demie in-8.

FAY (Mme), née *Rousselois*, femme du précédent, 1re chanteuse de l'Opéra en 1819. Elle avait chanté à Feydeau, sous le nom de Mlle Bachelier. L. aut. sig., à M.... 1er février 1854. 1 p. in-8.

411. FECHTER (Charles-Albert), l'un des meilleurs comédiens de Paris, a créé la *Dame au Camélias*, les *Filles de marbre*, etc.
L. aut. sig., à MM.... Sans date. 2 p. in-8., Jolie lettre. *Portr.-*costume colorié, charge.

RABUT (Mlle Eléonore), femme du précédent, actrice du Théâtre-Français et de la Gaîté. L. aut. sig., à M. Auguste Dancé. 3 p. pl. in-8. Jolie lettre.

412. FELIX (Mlle Sarah), sœur aînée de Mlle Rachel, 1er rôle de comédie de l'Odéon et du Théâtre-Français.
1°. L. aut. sig., au maréchal (M.). Sans date. 1 p. in-8. — 2°. L. aut. sig., à M.... 1 p. in-8. Jolie lettre. Scène, et impr.

413. FERNAND (Mlle Amélie *Hernandez*, dite), très-remarquable actrice du Gymnase, de l'Ambigu et de l'Odéon. Morte le 19 janvier 1855.
L. aut. sig. *Amalie*, à son cher .... 11 février 1853. 3 p. pl. in-8. Très-Jolie lettre. Intéressante. Deux scènes gravées.

414. FIEVEE (Joseph), littérateur, auteur du roman : *La Dot de Suzette*; au théâtre : *L'Homme en loterie*, etc. 1767-1839.
L. a. s., à M.... Hambourg, 20 déc. 1811, 3 gr. p. pl. in-4. Belle lettre.

415. FIRMIN (J.-B. François *Becquerelle*, dit), acteur sociétaire du Théâtre-Français. **N. 1790.**
L. aut. sig., à M. Guérin. Paris, 13 novembre 1842. 1 p. et demie in-8. *Portr.* gravé in-8. Biogr. impr. 4 p. in-4.

416. FITZHENRY (Mme), célèbre tragédienne anglaise.
L. aut. sig. (en anglais), à M.... 28 mai 1816. 3 p. pl. in-8. Belle et rare lettre, entièrement théâtrale.

417. FITZWILLIAM (Edward), comédien et chanteur d'un talent remarquable. Parfait dans les rôles d'Irlandais. Né en 1788. **Mort en 1852.**
L. a. s. (en anglais), à M. Burton. 12 juillet 1831. 1 p. in-4. *Portr.*

FITZWILLIAM (Mlle Fanny E. *Copeland*, femme), excellente comédienne anglaise, bonne dans tout genre de rôle. Née en 1802. Morte du choléra en 1854.
Trois lett. aut. sig. (en anglais), à divers. 6 p. in-8. Intéressantes. *Portr.* et scène.

418. FLEURY (Mlle Marianne), tragédienne du Théâtre-Français.
Quittance de traitement signée. Paris, 1er frimaire an V. 1 p. in-4. *Portr.* costume colorié.

FLORENCE (Nicolas-Joseph *Billot la Ferrière*, dit), acteur sociétaire de la Comédie-Française. M. 1816. L. aut. sig. (signée aussi par Picard). 14 germinal. 1 p. pl. in-4. Théâtrale.

419. FLUTISTES. — Hautbois. — Compositeurs.
BRICCIALDI (Giulio). *Flûtiste.* Morceau musical aut. sig. 1 p. in-8.
— BROD (Henri). *Hautbois.* à Habeneck. 1837. 1 p. in-8. — DROUET (Louis). *Flûtiste.* Né à Amsterdam en 1836, à M. Kesler. 1806. 1 p.

in-4. — Petiton (Victor-François). *Flûtiste*, à M. Ludovic Picard. 3 oct. 1855. 1 p. pl. in-8. Jolie et touchante lettre. — Verroust (Louis-Stanislas-Xavier), premier *Hautbois* de l'Opéra. 1853. 2 p. in-8 et programme signé. — Vogt (Aug.-George), premier *Hautbois* de l'Opéra. 1831. 2 p. pl. et demie in-4. Intéressante. — Ensemble, six lettres et pièces aut. sig., et 1 pièce sig.

420. FODOR (Joseph), violoniste et compositeur, père de madame Mainvielle Fodor.   N. 1752. M. 1826.

L. aut. sig.. à M. Imbaut. Saint-Pétersbourg. 4 juin 1818. 3 p. in-4. Jolie et rare lettre.

Fabbrica (Louis), compositeur distingué de Turin. Composition musicale aut. sig. 12 mars 1846. 1 p. in-8.

Gambini (C.-A.), compositeur très-distingué de Gênes. Composition musicale aut. sig. 1841. 1 p. pl. in-8.

421. FODOR (Mlle Joséphine *Fodor*, femme *Tharraud*, dite *Mainvielle*), célèbre cantatrice du théâtre Iatlien. N. 1793.

1º. L. sig., à Mgr.... Paris, 21 avril 1821. 1 p. pl. in-4. Joli *portr.* in-8. Théâtrale. Curieuse.

2º. L. aut. sig., à M. le vicomte de La Rochefoucauld. 28 novembre 1827. 2 p. pl. in-8. Très-jolie lettre.

Les motifs qui l'ont particulièrement déterminée à accepter la résiliation du contrat fait avec lui, aux conditions de l'écrit qu'il lui a fait demander le 9 de ce mois, deviennent plus impérieux de jour en jour, il lui faut quitter la France, ou renoncer à tout espoir de guérison...

422. FOLIES-DRAMATIQUES (acteurs du théâtre des).

Belmont (Ch.-J.-C.-A. *Pépin*, dit). 1856. 1 p. in-8. — Blum (Joseph). 1 p. in-8. — Chol. 1842. 1 p. in-4. — Dorlanges (Jules-C. *Polliard*, dit). 1852. 1 p. in-4. — Dumoulin (J.-J.-Fr. *Guénepin*, dit). 1837. 2 p. pl. in-8. Intéressante. Billet de bal sig. *Portr.*-costume colorié. — Franck (Henri). 1 p. in-8. — Gafetot (Alex.-Aug.-Mathurin). 1 p. in-4. Théâtrale. — Juteau (Jules-Pierre). 1838. Théâtrale. 1 p. in-8. — Klischnig (E.). 1838. Théâtrale. 1 p. in-8. — Palaiseau (Narcisse Marmiesse, dit), *dit l'Alcide Touzez du boulevart.* 1837. 1 p. in-4. *Portr.*-costume colorié. Théâtrale. — Plum (Alfred). 1856. 2 p. in-8. — Rey (Michel-Hipp. *Gorbonne*, dit). 1831. 2 p. in-8. — Ensemble. douze lett. aut. sig. Lot intéressant.

423. FOLIES-DRAMATIQUES (actrices du théâtre des).

Bertoni (Esther). 1 p. in-12. — Blanche. 1 p. in-8. — Céluta. 1855. 2 p. in-12. — Caroline. 1 p. in-8. — Debron (Rose-Euphémie *Clermont Debron*, dite Rosine). 1855. 2 p. in-8. Jolie lettre. — Eugénie. 1 p. in-18. *Portr.*-costume colorié.— Quidant (Mme *Lehuen*). 1845. 1 p. in-8. — Ensemble, sept lett. aut. sig.

424. FONTENAY (Jean-Baptiste *Daligé* de), excellent comédien du théâtre du Vaudeville.   N. 1786.

L. aut. sig., à M. Aper. 18 juillet 1837. 3 gr. p. pl. in-8. Curieuse. Beau *portr.* lith. in-fol.

425. FONTENELLE (Bernard *Le Bouhyer* de), littérateur et auteur dramatique, membre de l'Académie française. Né en 1647.   Mort en 1757.

Pièce aut. sig. 28 juin 1716. 1 p. pl. et demie in-8. Joli *Portr.* (allemand) gravé, in-8.

Au sujet de deux nouvelles manières substituées par M. Marius, aux Clavecins ordinaires présentées par lui à l'Académie des sciences, et toutes deux nées de l'idée des mailles qu'il avait déjà fait voir, mais plus simples, dont la première consiste en des sautereaux sur lesquels on pose en équerre une cheville de bois qui tient lieu de plume...

426. FONVIELLE (le chevalier B.-F.-A.), écrivain politique et poëte dramatique. **N. 1759.**

L. aut. sig., à la commission de censure. 1 p. pl. in-4.

Lettre curieuse au sujet de son article qui a été mutilé, malgré son opposition contre les ennemis et du trône et de l'autel... « La *Marseillaise* a été « chantée au 20 mars dans le Midi; c'est un fait; je dois pouvoir rappeler le *Réveil du peuple* qui fit taire ce chant des cannibales de 1793...

427. FOOTE (Miss Maria), comtesse de *Harrington*. Très-jolie et très-remarquable comédienne anglaise de 1810 à 1830. Elle épousa le comte de Harrington en 1831.

L. aut. sig. (en anglais), à M.... 27 avril. 2 p. et demie in-8.

Charmante lettre d'amitié. *Rare.* Joli *portr.* gravé in-8. Affiche.

428. FORQUERAY (Antoine), célèbre joueur de basse de viole, de la musique de Louis XIV, qui l'appelait *son petit prodige.* **N. 1674. M. 1745.**

Quitt. sig. de la somme de 600 livres à lui ordonnée par le roi, pour ses nourriture et entretennement de l'année 1694, de sa charge de basse de viole ordinaire de S. M. Belle pièce sur parchemin.

HUGUENET (Pierre), ténor de viole de la chambre du roi. Quitt. sig. (sur parchemin). Paris, 26 janvier 1682.

429. FRAMERY (Nicolas-Étienne), auteur dramatique et compositeur. **N. 1745. M. 1810.**

1º. Pièce aut. sig. (extraits de plusieurs procurations à lui données par des auteurs dramatiques pour soutenir leurs droits à raison de leurs œuvres dramatiques). Mai 1793, 2 gr. p. pl. in-4.

2º. L. aut. sig., au citoyen Geoffroy. Paris, 25 fructidor au VI. 2 p. pl. in-8.

Lettre intéressante au sujet de son projet relatif à la salle de l'Odéon.

430. FRANÇAIS (acteurs tragiques et comiques du Théâtre).

ANSELME (Eugène *Bert*, dit). 1 p. in-8. — ARISTIPPE BERNIER, auteur de la *Théorie de l'art du comédien.* 2 lett. 1846. 1854. 2 p. in-12. — BACHE. 1 p. in-8. — CASANEUVE. Chartres, 1835. 2 p. in-4. Intéressante. — CHERY. 1852. 1 p. in-8. — DEROZIÈRES (Sébastien-Gabriel *Hitier*, dit). N. 1748. M. 1808. Paris, 26 août 1806. 1 p. pl. in-4. Au sujet de sa réclamation, au nom de la Comédie-Française, de la statue de Voltaire, et des bustes en marbre qui lui appartiennent. — DUVAL (Alex.-Vincent *Pineux*, dit), membre de l'Académie Française. Cession aut. sig. (sig. aussi par Picard et Lepetit) de *La vraie bravoure.* An II. 1 p. in-4. — GEFFROY. Deux lett. 2 p. in-8. — Ensemble, dix lett., billets et pièces aut. sig.

431. FRANÇAIS (acteurs tragiques et comiques du Théâtre).

KEMP (Robert). 1841. 1 p. in-8. Théâtrale. — LAGARDÈRE. Elève de Talma. N. 1778. M. 1855. 1 p. in-12. Théâtrale. — LUGUET (Eugène). 1845. Théâtrale. 1 p. in-8. — MANGIN (Charles). Rouen. 1830. 1 p. in-4. Théâtrale. — MICHEAU (Aug.-Napoléon). N. 1804. M. 1851. 22 avril 1836. 1 p. in-8. — MIRECOURT (Charles-Achille *Tranchant*, dit). 1850. 1 p. in-8 et billet de bal signé. — PÉRIER. 1833. 1 p. in-8. — RANDOUX. 1844. 1 p. in-8. — Ensemble, huit lett. aut. sig.

432. FRANÇAIS (acteurs tragiques et comiques du Théâtre). Régisseurs-Auteurs dramatiques.

SAINT-GERMAIN (Victor-Arthur *Gilles* de). Deux lett. aut. sig. 1857. 2 p. in-8. — TALBOT (Stanislas *Montalant*, dit). Billet aut. sig., et son engagement à l'Odéon, approuvé et sig. 1850. 4 p. in-fol. — BULOZ, rédacteur en chef de la Revue des deux Mondes. 1852. 1 p. in-8. Lettre imprimée (dans le Figaro). Curieuse. — LASALLE (*Jousselin* de). Deux lett. 2 p. in-8. — VEDEL (Alex.-Turcis *Poulet*, dit). Deux lett. 1839. 3 p. in-8. — Ensemble, huit lett. aut. sig., et une pièce sig.

433. FRANÇAIS (actrices tragiques et comiques du Théâtre).

ABIT (Joséphine). 1 p. in-8. Rapport aut. sig. de Samson. 1836. 1 p. in-18. — ARALDI (Marie-Louise *Bettoni*, dite). Née à Milan, le 25 oct. 1825. Débuta à l'âge de 4 ans comme danseuse à Milan. 1844. 1 p. in-4. — AUBERT (Nathalie-Paméla-Anaïs). 1 p. in-8. Beau *portr*. lith. in-fol. — BERNAT (Judith). Quatre vers aut. sig. de Tancrède. — BOURBIER (Marie-Cath.-Virginie). Deux lett. 2 p. in-8. Billet de bal sig.— COSSON (Mme), née Agathe *Béguin*. N. 1783. M. 1854. 11 nov. 1 p. in-4. *Portr*. lith. *Rare*. — DARAS (Amélie). Son répertoire aut. adressé à Thénard. 1839. 3 p. in-8. — DUBOIS (Victorine). 1841. 1 p. in-8. — Ensemble, sept lett. aut. sig., *une pièce* aut. sig., et une pièce aut.

434. FRANÇAIS (actrices tragiques et comiques du Théâtre).

FAVART (Maria). 1852. 3 p. in-18. — FIGEAC (Bathilde-Augustine). 1847. Deux *portr*., dont un costume colorié. — FITZ-JAMES. 1842. 2 p. in-8. *Portr*. costume colorié. — FIX (Delphine). 1 p. in-8. *Portr*.-costume colorié. — FRESSON (C.). femme *Mirecourt*. 2 p. in-8. Théâtrale. *Portr*.-costume colorié. — FUSIL (Louise *Liard*, dite *Fleury*, femme), et auteur des *mémoires d'une actrice*. 1839. 2 p. in-8. Curieuse. — GAUSSIN (Héléna-Virginie *Gossain*, dite), femme *Patey*. N. 1808. M. 1856. Deux *portr*.-costume. — Ensemble, sept. lett. aut. sig.

435. FRANÇAIS (actrices tragiques et comiques du Théâtre).

GEFFROY (Eulalie *Dupuis*, femme), fille de Mlle Mimi Dupuis. 1 p. in-8. *Portr*. lith. in-fol. — JOUASSAIN (C.). 1854. 2 p. in-8. Cachet. — JOUVANTE (Amélie), femme *Pollet*. 1 p. in-8. — LACHATAIGNERAYE. Débuta à la Comédie-Française en 1779. Versailles, 29 juin. 1 p. in-8. *Rare*. — LAGARDÈRE (Mme *Ménier*, dite). L. sig. Bordeaux, 20 déc. 1830. 1 p. pl. in-8. Curieuse et rare. — LAMBQUIN (Louise-Esther *Guénard*, femme). 1846. 1 p. in-12. Petit *portr*. rare, et scène. — MANTELLI (Marie de). Deux billets. 2 p. in-18. — MICHELOT (Mme), née Jenny *Bossière*. N. 1772. M. 1839. 1 p. pl. in-8. — Ensemble, huit lett. aut. sig., et une signée.

436. FRANÇAIS (actrices tragiques et comiques du Théâtre).

MORALÈS (Léontine A.). 1836. 1 p. in-8. — POUGAUD (Caroline *Cousin*, dite), femme *Doligny*. 1841. 1 p. in-8. — RIMBLOT (Julie). N. 1828. M. 1854. 1 p. in-8. — SAINT-HILAIRE (Elisa-Amélie de). 1854. 1 p. in-12. *Portr*. — SAVARY (Armandine, dite Berthe). 1854. 1 p. in-8. — THÉRIC (Alice), dite *la plus jolie actrice de Paris*. Deux lett. 2 p. in-8. — TURBOT (M.-L.). Quitt. sig. An VI. 1 p. in-4. — VALERIE (Wilhelmine-Joséphine-Valérie *Simonin*, dite). 1853. 1 p. in-12. — Ensemble, huit lett. et bill. aut. sig. et une pièce sig.

437. FRANCISQUE aîné (Jacques-François-Ant. *Hutin*, dit), célèbre acteur de drame de la Gaîté et de l'Ambigu, et auteur dramatique. N. 1796. M. 1842.

L. aut. sig., à M. de Cès-Caupenne. 12 janvier 1837. 1 p. in-8.
Il a en main une bonne petite farce en *un acte* et 3 *tableaux*. Il la croit drôle, et de nature à être accueillie comme *pièce de carnaval*.

438. FRANCONI (les frères), célèbres écuyers.

FRANCONI (Laurent). N. 1777. M. 184.. L. a. s. 2 sept. 1834. 1 p. in-8.
FRANCONI (Henri). N. 1778. L. sig., à Mme Saint-Pol-Delisle. Paris, 18 mai 1823. 2 p. in-4. Lettre intéressante, au sujet de *La Dame errante*, mélodrame en trois actes qu'elle lui a soumis. Conseils sur les changements à faire à cette pièce.
FRANCONI (Adolphe). N. 1802. M. 1855. L. aut. sig., à M.... 7 oct. 1853. 1 p. in-8. Costumes color. et scène. Réunion curieuse.

439. **FRONSAC** (Louis-François-Armand, duc de), fils du maréchal de Richelieu. Intendant des théâtres du roi.

L. aut. sig., à Madame de La Ferté. Paris, 8 mars ... 1 p. in-8. Cachet. Jolie lettre.

Au sujet de l'ordre de début de Mlle Rinaldi. Il ne sait pourquoi elle croit que Camérani y met obstacle... il y a plusieurs demoiselles avant elle qui la valent bien...

440. **FUNAMBULES, LUXEMBOURG** (dit *Bobino*), **PANORAMA DRAMATIQUE** (acteurs, actrices, directeurs).

BILLION. 1849 1 p. in-8. —DORDAN. 1 p. in-8. —SYLVAIN (*Gamory*). 1838. 1 p. in-4. Théâtrale. — COLLEUILLE. Deux lett. 1845. 2 p. in-8. — GAUTIER. 1 p. in-8. — LEBRUN (Jean-Eléonor). 1841. 1 p. in-8. — GÉRARD (Mlle Hermance). 1830. 1 p. in-8. — FLORVILLE (Mlle). 1830. 2 p. in-8. — Ensemble, neuf lett. aut. sig.

441. **FURSTENAU** (Antoine-Bernard), célèbre flûtiste et compositeur allemand. Né à Munster en 1792.

L. aut. sig. (en allemand), à M..... Dresde, 18 oct. 1839. 1 p. pl. in-4 Jolie lettre musicale.

FURSTENAU (Maurice), fils du précédent, très-habile flûtiste. Né à Dresde en 1824. L. a. s. (en allemand), à M Falkensteiu. 1 p. in-4.

442. **GAITÉ** (acteurs du théâtre de la), Régisseurs-Auteurs dramatiques.

AMY (Hippolyte *Dieu*, dit) Dieppe, 1834. 1 p. pl. et demie in-4. — BUZEVILLE. à Mme Nicolet. Sans date. 3 p. in-4. Curieuse. — BRÉSIL (Jules-Henri), et auteur dramatique. 1842. 1 p. in-4. — CABOT (Charles), et régisseur. 1854. 1 p. in-8. — CAMEL. 1827. 2 p. in-8. — DARCOURT (Sébastien-Pierre *Lecrocq*, dit). Engagement signé. 1810. —DUBOURJAL (Isidore-Pierre). N. 1795. M. 1853. 1. p. pl. in-8. Jolie lettre. *Portr.*-costume colorié. — GOUGET (Désiré-Louis-Eugène). Vers aut. sig., à Mlle Rachel. 2 p. in-8 *Portr.*-costume colorié. — HOSTEIN (Hippolyte), directeur et auteur dramatique. L. aut. sig. 1843, et lett. sig. 1846. 2 p. in-8. Vue du théâtre Montpensier (théâtre Historique). — JOSEPH (*Maître Jean*, dit). N. 1805. M. 1845. 17 déc. 1815. 2 p. in-4. Intéressante et rare. — Ensemble, neuf lett. aut. sig., et deux lett. et pièce sig.

443. **GAITÉ** (acteurs du théâtre de la), Régisseurs-Auteurs dramatiques.

LEMAIRE (Pierre-Adolphe-Constant). 1 p. in-8. —LEQUIEN (Auguste-Joseph). 1 p. in-8. Curieuse. — MÉNIER (Jean-Paul-René *Lecomte*, dit). 1850. 1 p. in-8. *Portr.* — MEYER (Henri-Horace), directeur et auteur dramatique. 2 p. in-8. Théâtrale. — PARENT. 1833. 1 p. in-8. *Portr.*-costume colorié. — REYNAUD (Pierre-Joseph). N. 1776. Paris, 1855. 1 p. in-8. — SAINT-MAR (Jean *Marly*, dit). 1850. 1 p. in-8. Théâtrale. — SOLOMÉ. 1838. 2 p. in-4. — SURVILLE (Victor-Laurent *Esliard*, dit). 1852. 1 p. et demie in-8. — TAILLIADE (Paul-Félix). L. aut. sig. (écrite le jour même de la 1re représentation de sa pièce. (le *Château des Ambrières*). *Portr.* et biogr. impr. — Ensemble, dix lett. aut. sig.

444. **GAITÉ** (actrices du théâtre de la).

DEVAUX (Mme *Belfort*). 1855. 1 p. in-8. — DUMOUCHEL (Adèle). A M. Bourguignon 1815. 1 p. in-8. — JOIGNY (Mme), née Françoise-Geneviève RENAUD. Engagement signé par elle, par Joigny et par Bourguignon (les aut. de Joigny sont rares). Paris, 1809. 3 p. in-4. *Portr.*-costume colorié. — LACIER (Suzanne-Honorine). 1849. 1 p. in-18. — LAMARE (Lise). Son engagement sig. 1810. 3 p. in-4. — LÉONTINE (L. *Carben*, dite). 1835. 1 p. in-8. Deux jolis *portr.* — LETELLIER (Ca-

roline). 1829. 3 p. pl. in-4. Théâtrale. — Nougaret (Alexandrine).
Elle créa la belle *Écaillère*. Rouen; 1832. 2 p. in-8. Rare. Joli *portr.-*
costume colorié. — Patrat (Marie-Adelaïde), petite fille de Joseph
Patrat, acteur et auteur dramatique. Lett. aut. (minute), à Mme Bourguignon. 9 février 1822. 2 gr. p. et demie in-4. Curieuse, article de
journal imprimé. — Richoux (Albertine). Son engagement signé. 1811.
3 p. in-4. — Ensemble, six lett. aut. sig., trois engagements sig., et
une lett. aut.

445. GALLI (Filippo), célèbre basse-taille du théâtre Italien.
Né en 1783.   Mort en 1853.
   L. aut. sig., à M. Achille. Lundi 6. 1 p. in-4. Aimable lettre. *Portr.*
lith. in-8.

446. GARCIA (Manuel-del-Popolo-Vicente), célèbre ténor du
théâtre Italien.   N. 1775. M. 1832.
   L. aut. sig., à M. Habeneck. Paris, 21 février 1823. 1 p. in-8. Curieuse et rare. Charge (Garcia dans Othello) in-4.
   Garcia (Manuel), fils, chanteur italien, excellent professeur. L. aut.
sig., à Ferville. 13 fév. 1837. 1 p. in-8.

447. GARDEL l'aîné, célèbre danseur et chorégraphe. M. 1787.
   Quitt. aut. sig. de la somme de 48 livres, pour un mois de leçons
de danses données à M. le duc de Valentinois. Paris, 5 mars 1769.
1/2 p. in-4. *Rare.*
   Gardel (Pierre-Gabriel), célèbre danseur et maître de ballets. N.
1758. M. 1840.
   L. avec la souscription aut. sig., à Bernardin de Saint-Pierre. 27
juin 1806. 3 p. in-4. Très-jolie lettre. *Portr.-*costume colorié.
   Il a lu comme tous les amateurs de ce qui sort de sa plume sensible et élo-
quente, son délicieux roman de *Paul et Virginie*. Il lui a fait éprouver les
émotions les plus vives. Il s'en est pénétré, et dans son admiration, il a ha-
sardé de jeter quelques idées sur le papier... mais des circonstances particulières l'ont empêché de faire paraître cette faible esquisse de son touchant et
beau tableau. Elle vient d'être représentée, et il regrette de n'avoir pu le rencontrer chez lui pour l'inviter à assister à la première représentation...
   Gardel (J.), fille du précédent. L. a. s. 21 mars 1814. 1 p. in-4.

448. GARDONI (Italo), ténor du théâtre Italien et de l'Opéra.
   L. a. s. (en italien), au colonel Ragani. Samedi matin. 2 p. in-8.
   Il craint bien qu'on ne soit forcé de demander de l'*indulgence* ce soir pour
sa pauvre voix, car il est toujours fort enrhumé, mais comme il faut chanter,
Deux providebit, etc.
   Gassier (Louis), 1er baryton-basse du théâtre Italien. L. aut. sig.
Paris, 6 août 1845. 1 p. in-8. Curieuse. *Portr.*

449. GARNERIN (André-Jacques), célèbre physicien et aéronaute.   Né en 1770. Mort en 1823.
   L. aut. sig., au roi de Bavière. Saint-Etienne, 2 mars 1823. 2 gr.
p. in-4. *Portr.* gravé, in-4., et vue d'un ballon colorié, in-8.
   Il se hâte de lui faire l'hommage d'une découverte miraculeuse à laquelle il
vient de parvenir. « Ce sont des insufflations de gaz oxigène dans les organes
« de la respiration, qui ont la propriété de rappeler spontanément à la vie dans
« touts les cas de mort apparente, en sorte que l'on peut dire levez-vous et
« marchez, aux agonisans dans beaucoup de circonstances, aux noyés, asphyxiés,
« strangulés, etc., etc.

450. GARNERIN (Mlle Elisa, fille de J.-B., et nièce d'André-
Jacques Garnerin, célèbre aéronaute.   N. 1791.
   L. aut. sig., au duc d'Angoulème. Paris, 5 décembre 1822. Deux
gr. p. pl. in-fol. *Portr.* gravé in-4.
   Lettre intéressante au sujet de sa situation et de celle de sa famille par
suite d'un procès ruineux (qu'elle vient de gagner, néanmoins) contre un intéressé dans l'établissement des promenades aériennes à ballon captif de son invention... Expérience de décente en parachûte qu'elle se propose d'exécuter
vers le mois d'avril 1823...

GARNERIN aîné (J.-B. Olivier), père de la précédente, physicien, aéronaute. L. aut. sig. Paris, 2 juin 1817. 2 p. pl. in-4. Curieuse. Au sujet de l'acquisition des montagnes, etc.

451. GARRICK (Eva-Maria *Veigel*, femme), célèbre danseuse du théâtre de Vienne (sous le nom de *Violette*), danseuse à Londres en 1749 : épousa le célèbre Garrick en 1749.

L. aut. sig. (en anglais), à sa nièce, Mme Elisa de Saar, 25 sept. sept. 1801. 1 p. pl. in-4. Cachet. Belle et rare lettre. Curieux *portr.* d'elle et de son mari.

452. GAVARNI, célèbre dessinateur.

L. aut. (la signature ajoutée par lui au crayon longtemps après), à sa cousine (1838 ou 1839. 1. p. pl. et quart in-8. Charmante et très-affectueuse lettre. *Portr.*

453. GAVAUDAN (Jean-Baptiste *Sauveur*), célèbre acteur de l'Opéra-Comique. N. 1772. M. 1840.

L. aut. sig., à M..: sans date. 2 p. pl. in-4. Belle lettre. *Portr.* (rôle de Manlius), in-4, et des *portr.*-costumes coloriés.

454. GAVAUDAN(Mme), née Marie-Françoise-Adèle *Maigrot*, charmante et remarquable actrice de l'Opéra-Comique, de 1798 à 1822. N. 1780. M. 1750.

L. aut. sig., à M. Guilbert de Pixerécourt. Montigny, 22 juillet 1832. 3 p. pl. in-8. *Portr.* lith. in-4., et *portr.*-costume colorié. Lettre intéressante sur l'inopportunité d'une représentation..... « Mon bon ami, laissons passer ce fléau barbare (le choléra); ces émeutes plus barbares « encore! enfin tout ce que ce funeste moment engendre de difficultés. Eh « bien nous aurions quelques mois de plus : nous forcerons un peu le rouge, et « on s'approchera moins des rampes s'il y a moyen! et on dira, ce diable de « Pixerécourt où trouve t-il toutes ces idées.....

455. GAVAUDAN (Mlle Marie), sœur cadette de Gavaudan du théâtre Feydeau. Chanteuse de l'Opéra fort distinguée. On l'appelait *Spinette*, à cause du succès qu'elle obtint dans ce rôle. N. 1769. M. 1805.

L. a. s. *Gavaudan l'ainée*, à Champein. 18 messidor... 1 p. in-8. *Rare.* GAVAUDAN (Mlle Rose) femme de *Gontier* du Gymnase. Débuta au théâtre Feydeau en 1812, plus tard aux Variétés. N. 1784. M. 1844. 1° Billet aut. sig., à M. Gautier. 10 mars 1806. 1 p. in-12. 2° L. aut. sig., *R. Gontier*, à Ferville. Saumur, 1er oct. 1828. 3 p. pl. in-8. Jolie et intéressante lettre théâtrale.

456. GENIES (Jacques-Alphonse), excellent acteur de l'Odéon, du Théâtre-Français et de l'Ambigu. 1ers rôles de drames. N. 1800.

L. aut. sig., à M. Duverger. Bruxelles, 28 juillet 1845. 3 gr. p. pl. in-4. Très-curieuse lettre.

457. GEOFFROY (Mlle Pauline), actrice du Vaudeville. Née en 1804. Morte en 1827.

L. aut. sig., à M. Croizette. Samedi matin. 1 p. in-8. Deux *portr.*-costumes, dont un colorié.

458. GEOFFROY (Mlle Henriette), artiste dramatique.

L. a. s., à M. le comte... 29 nov. 1254. 2 p. pl. in-8. Affiche imprimée. Lettre curieuse au sujet d'un *Voyage autour de Paris*, ouvrage de mœurs et d'actualités qu'elle doit publier et dont l'autorité a refusé d'autoriser l'annonce en placard dans les rues.

459. GEORGES *Weimer* (Mlle Marguerite), célèbre actrice de l'Odéon et de la Porte-Saint-Martin. N. 1786.

L. aut. sig., à M. le vicomte ... Saint-Malo, le 14 septembre....

1 gr. p. pl. in-4. *Portr.*, scène de la *Nonne sanglante*, et biographie
impr. 4 p. in.4.
Belle lettre théâtrale sur son engagement à l'Odéon et ses représentations.
   GEORGES cadette (Mlle L.-G. *Weimer*, dite), sœur de la précédente,
actrice du théâtre Français, de l'Odéon, de la Porte Saint-Martin, etc.
L. aut. sig., à Messieurs Ténar et Cannis. Paris, 29 sept. 1842. 2 p.
pl. in-8. Théâtrale. *Portr.*-costume colorié.

460. **GERARD DE NERVAL** (Gérard *Labrunie*, dit), poëte,   *12*
   romancier et auteur dramatique. N. 1808. S'est pendu
   dans la rue de la Lanterne, le 29 janvier 1855.
   L. aut. sig., à son cher Limayrac, 31 juillet. 1 p. pl. in-8.
   Il se jette à ses genoux de critique, « sauvez-moi de l'envie, vous qui répan-
« dez la lumière et qui lancez la foudre. Comment vous remercier? En reget-
« tant d'abord de m'être exposé à votre seule critique et cela par négligence.
« Le titre *Précurseur du socialisme* est un *faux titre* très-réel. Je l'avais
« donné à l'éditeur dans la pensée d'un ouvrage plus considérable avec d'autres
« biographies qui otaient au livre le caractère que vous supposez : Il ne se
« montre pas à l'intérieur des pages... »

461. **GERSAY** (Mlle Elisa), actrice du Théâtre-Français et de   *avec 463*
   l'Odéon.   Morte en 1837.
   L. aut. sig., à M. Lorot. Marseille, 30 déc. 1818. 1 **p.** pl. in-4.
Jolie et aimable lettre. Deux *portr.*-costumes.
   GUÉRIN (Mlle Claire), actrice de l'Odéon et du Théâtre-Français. L.
aut. sig., à M. Charrin. Déc. 1826. 2 p. in-8. Jolie et aimable lettre.
Deux *portr.*-costumes.

462. **GIRARDIN** (Emile de), littérateur et publiciste.   *1· 7/*
   L. aut. sig., au directeur du Théâtre-Français. 30 avril 1840. 1 p.
pl. in-8. Curieuse. *Portr.* Biogr. imp. 4 p. in-4.

463. **GLECK** (Giacomo), 1er rôle de la troupe de madame   *1f-" avec 393*
   Ristori. A créé *Jason* dans *Médée*, etc.
   Fragment aut. sig. (en italien) de son rôle de *Leicester* dans *Maria*
Stuarda. 1 p. in-8 en travers.

464. **GLUCK** (Christophe), célèbre compositeur dramatique.   *1f*
   Né dans le Palatinat en 1712. Mort à Vienne en 1787.
   Feuille de musique autographe, certifiée par Berton. 2 **gr.** p. pl.
in-fol. *Très-rare. Portr.* gravé, in-8.

465. **GOBERT** (J.-F. *Mongobert*, dit), acteur du Cirque, cé-   *1· /o*
   lèbre par ses rôles de Napoléon.   N. 1800.
   L. aut. sig., à M Ténar. Amiens, 14 février 1842. 1 p. pl. in-8.
Théâtrale. *Portr.* (avec Mazurier) dans *Jocko.*
   GOMERSAL (Edwart). Il s'est acquis une grande réputation au théâtre
Astley dans les rôles de Napoléon. C'est le *Gobert* anglais. L. aut.
sig. (en anglais), à M. Davidge. 14 déc. 1831. 1 p. in-8. Rare *portr.*
(scène) in-4.

QUATRIÈME VACATION.

Lundi 7 décembre. — Nᵒˢ 466 à 620.

466. **GODWIN** (William), célèbre écrivain politique roman-   *avec 468*
   cier, auteur dramatique. N. 1756.   M. 1836.
   L. aut. sig. (en anglais), à M. John Acton, 23 avril 1821. 2 gr.
p. pl. in-4. Cachet.

Belle et intéressante lettre relative à la publication de sa *Réponse à Malthus*.

GODWIN (M*me*), femme du précédent. L. aut. sig. (en anglais), à M. John Acton. Londres, 14 avril. 2 gr. p. pl. et demie in-4. Cachet. Ecriture fine et serrée.

Charmante lettre, toute relative au voyage de son fils en Allemagne.

467. GOETHE (Jean-Wolfgang Von), un des plus grands génies littéraires du xixe siècle. N. 1749. M. 1832.

L. aut. sig. (en allemand), à Son Excellence .... Weimar, 20 janvier 1830. 1 p. in-4. Aimable lettre. *Portr.* gravé par Barth, in-8.

468. GONTIER (Rose-Fr. *Carpentier*, femme), en 2*mes* noces, femme *Allaire*, célèbre actrice de l'Opéra-Comique de 1773 à 1812. N. 1747. M. 1829.

L. aut. sig. *Gontier f. Allair*, à *Messieurs du comité*, 22 déc. 1810. 1 gr. p. pl. in-4. Belle et rare lettre. *Portr.-costume.*

Elle est on ne peut plus sensible aux marques d'estime et de distinction qu'ils ont eu pour elle, en lui accordant une demie représentation. Elle les prie d'y mettre le comble, en la fixant immédiatement après les Rois, sans plus de retard...

469. GORDON (Mlle Eléonore), musicienne très-distinguée, compromise dans l'affaire de Strasbourg.

L. aut. sig., à M*me* Bilhoi. 1841. 1 p. pl. in-8. musicale.

470. GOSSELIN (Mlle Henriette), sœur de madame Anatole, danseuse de l'Opéra.

L. aut. sig., à M. Lubbert, directeur de l'Académie royale de musique. Paris, 3 juin 1830. 1 p. in-4. *Rare.*

471. GOTHI (Prosper-Joseph-Julien), excellent grime des Variétés et du Palais-Royal. N. 1807.

L. aut. sig., à M. Crétu. 10 sept. 1836. 1 gr. p. pl. in-4. Théâtrale. Intéressante. *Portr.-costume* colorié.

472, GOUFFE (Louis-Armand), célèbre chansonnier et auteur dramatique. N. 1775. M. 1845.

1° Cession aut. sig. (signée aussi par César et Crétu), de la pièce de *Vadé*, intitulée *Nicaise*. Paris, 27 fructidor an VII. 2 gr. p. in-fol.

2° Cession signée par lui, Georges Duval et Barba, de *Cri-Cri*. Paris, 14 frimaire an V. 1 p. in-4.

473. GOUGES (Mlle Olympe de), femme Aubry, célèbre écrivain politique et auteur dramatique. Née en 1755. Mise à mort en 1793.

L. sig., à Monseigneur ... Paris, 4 juillet 1789. 3 gr. p. pl. in-4. Belle lettre, intéressante et rare.

Au sujet de deux écrits qu'elle lui a adressés, l'un ayant pour titre : *Lettre à M. le duc d'Orléans*, et l'autre : *Le Don patriotique*.

474. GOZLAN (Léon), romancier et aut. dramatique.

Une Tempête dans un verre d'Eau, comédie, manuscrit original autographe avec ratures et corrections : plus ces mots : Reçu au théâtre Historique le 1er décembre 1849. *Max de Rével.* 45 p. in-fol.

(Cette pièce avait d'abord pour titre : la 1re *Jalousie*, ou le *Déjeuner impossible*. Elle s'appela plus tard *les Tu et les Vous*, titre auquel l'auteur substitua enfin celui qu'elle porte aujourd'hui.)

475. GRAHN (Mlle Lucile), femme *Yong*, célèbre danseuse de l'Opéra. N. 1821.

L. aut. sig. (en allemand), à M ... 1 p. in-8. Jolie lettre. Beau *portr.* in-8.

Elle le remercie d'avoir facilité son entrée en France. Lorsqu'il regardera le petit rien ci-joint, il se souviendra un peu de sa toujours reconnaissante Lucile Grahn.

476. GRAMMONT (N. *Nourry*, dit), acteur sociétaire du Théâtre-Français. Il devint chef de l'armée révolutionnaire commandée par Ronsin. Né en 1752. Mis à mort avec son fils en 1794.

Billet aut. sig., à son ami Dathy. Samedi matin. 1 p. in-8, en travers. *Très-rare*.

477. GRANDMESNIL (Jean-Baptiste *Fauchard*, dit), célèbre acteur de la Comédie-Française, auteur dramatique. Membre de l'Institut.   N. 1737. M. 1816.

L. aut. sig., a M. de Corneille, avoué. 1er pluviôse an XII. 1 gr. p. pl. in-4. Rare. Scène (rôle d'Arpagon, dans l'Avare), par Duplessis-Bertaux.

Au sujet de la réclamation qui lui est faite par Mme Dorfeuille... Il n'a cependant jamais été intéressé dans l'ancienne entreprise du théâtre de la République que pour un vingtième ou vingt-quatrième...

478. GRANET (l'abbé François), auteur de: *Variétés littéraires sur la tragédie d'Hérode*, littérateur.

L. aut. sig., à l'abbé Conti. Sans date. 2 p. petit. in-4. Littéraire.

GOULARD (Jean-François-Thomas), chansonnier et auteur dramatique. *La pêche*. Chanson aut. sig. 2 p. in-4.

479. GRANGER, acteur très-remarquable de la Comédie Italienne, où il créa *le Déserteur, la Brouette du Vinaigrier*, etc.   N. 1744. M. 1825.

L. aut. sig., à M .... 2 mai 1784. 3 gr. p. pl. in-4. Belle et rare lettre. *Portr.*-costume colorié.

Au sujet de la lecture des pièces dramatiques dans les comités qui ont lieu deux fois par semaine. Détails intéressants.

480. GRAS (Mme *Dorus*), née Julie *Dorus*, célèbre chanteuse de l'Opéra, de 1830 à 1845, la *Persiani* de l'Opéra Français.

1° L. aut. sig., a Mme Vincent. Jeudi soir. 2 p. in-8. Deux *portr.*, dont un costume colorié.

2° L. aut. sig., a M. le Duc ... Paris, 15 janvier 1836. 2 p. in-fol.

Au sujet de son engagement à l'Opéra qui va expirer, et qu'elle désire renouveler.

481. GRASSINI (Mme Joséphine), célèbre cantatrice italienne, qui chanta pour la première fois à Paris, en 1800. Se retira vers 1817.   N. 1775. N. 1850.

L. aut. sig. (en italien), à M. Ciotta. Naples, 2 avril 1798. 1 p. pl. in-4 Très-jolie lettre (collection Falkenstein).

482. GRASSOT (Jacques-Antoine-Laurent-Auguste), acteur du Palais-Royal.   N. 1804.

Deux lett. aut. sig. 1856 et 1855. 2 p. in-12. *Portr.*-costume colorié (rôle de l'Empereur Soulouque 1er, dans les marraines de l'an III.) Biogr. impr. 4 p. in-4.

483. GRAZIANI (J.-L.), 1re basse-taille comique du Théâtre Italien, où il débuta en 1849. Très-remarquable dans le rôle de *Bartholo* (Barbier de Séville).   N. 1791.

L. a. s. (en italien), a Séverini. Paris. 12 avril 1832. 2 p. pl. in-4. Jolie et intéressante lettre théâtrale. *Portr.* lith. sur papier de Chine.

484. GRÉTRY (André-Ernest-Modeste), célèbre compositeur, membre de l'Institut.   N. 1741. M. 1813.

L. aut. sig., au comte de ... Paris, 1er janvier 1813. 2 gr. p. in-4. Belle lettre. Intéressante. Beau *portr.* grave, in-4.

485. GRILLE (Fr.-Joseph), littérateur et auteur dramatique. Né en 1782.   Mort en 185. .

L. aut. sig. (en prose et en vers), à Berton, membre de l'Institut. A l'Étang, 22 juin 1837. 29 gr. p. pl. in-fol.
Très-belle et très-intéressante pièce.

486. GRILLPARZER (François), célèbre poëte et auteur dramatique allemand.   N. 1790.

L. a. s. (en allemand), à M. Ed. de Bauernfeld. 1836. 1/2 p. in-4.
HOBBEIN (F.-J. Von), célèbre acteur et auteur dramatique allemand. N. 1779. L. aut. sig. (en allemand), à M. Otto Prechtler, 14 nov. 1 p. pl. in-4. Jolie lettre théâtrale.

487. GRIMALDI (Tancrède-Florestan-Roger-Louis), prince de Monaco, acteur de l'Ambigu sous le nom de *Flores-tan*.   N. 1785. M. 1856.

L. aut. sig., à Madame Dorval. Paris, 13 juillet 1829. 1 p. in-8.
Article imprimé du *Figaro*. Billet de faire part de sa mort.

488. GRIMALDI (Joseph), célèbre mime anglais, admirable clown des beaux jours de la pantomime. 1779-1837.

L. aut. sig. (en anglais), à M. Winston. 31 janvier 1824. 1 p. pl. in-8. Rare. Curieux *portr*. Rare.

489. GRISI (Mlle Giulia), *comtesse de Melcy*, puis femme de *Mario Di Candri*, célèbre cantatrice du Théâtre Italien. Elle y débuta en 1832 dans *Sémiramis*.

L. aut. sig. *Giulia* (en italien), à son cher Severini. 1 p. pl. in-8. Deux *portr*. avec biographie anglaise, et biogr. impr. 4 p. in-4.
Elle est désolée de n'avoir pu chanter hier : Elle a fait tout son possible, mais en vain. Elle chantera dimanche si cela lui plaît, et il peut disposer d'elle pour un autre jour à son choix. « Je vais beaucoup mieux, et demain je chanterai comme un rossignol...
GRISI (Mlle Judith), sœur aînée de la précédente. Débuta au théâtre Italien en 1832 dans la *Straniera*.   N. 1805. M. 1840.
Quitt. sig. 1833. in-4.
GRISI (Mlle Carlotta), femme *Perrot*, célèbre danseuse de l'Opéra. Sa signature aut. au bas de son *portr*. lith. in-4. Biogr. impr. 4 p. in-4.

490. GUEULETTE (Thomas-Simon), avocat au Parlement, auteur dramatique.   N. 1683. M. 1766.

Copie aut. d'une lettre de Voltaire à l'abbé de Voisenon, sur la pièce de Favart, *Isabelle et Gertrude*. 4 p. et demie in-8.
Comédie d'*Isabelle et Gertrude* (imprimée 1765, in-8 br.), avec cet envoi aut. de Favart :
Pour M. Gueullette, de la part de M. et Mme Favart.

491. GUILLARD (Nicolas-François), poëte dramatique et lyrique.   Né à Chartres en 1752. Mort en 1814.

L. aut. sig., à Mme Lesueur (femme du compositeur). Paris 23 janvier 1807. 2 p. pl. in-8. Jolie lettre.
Elle lui donne un grand désir de connaître les moyens que son mari a trouvés d'embellir les accessoires du sujet de la *Mort d'Adam*. Il craignait que l'extrême simplicité du sujet n'entraînât celle des décorations, actions, pantomimes, etc. « Je suis bien aise que la riche imagination de notre ami ait paré à ce « défaut qui en serait un aujourd'hui que tant de spectateurs n'ont plus que « des yeux... »

492. GUIRAUD (le baron Pierre-Marie-Thérèse-Alexandre),

poëte et auteur dramatique, membre de l'Académie
française. N. 1788.
  1° L. aut. sig., à M. Auguste de La Bouïsse. Limoux, 16 juin 1808.
2 gr. p. pl. in-4. Belle lettre littéraire.
  2° Epître autogr. (en vers), à *M. Baour-Lormian, auteur d'Omasis,*
2 gr. p. pl. et demie in-4. Intéressante.

493. GUIZOT (Pierre-François-Guill.), homme d'Etat et historien, traducteur de *Shakspeare*, membre de l'Académie
française. M. 1787.
  L. aut. sig., à M., à M .... Val Richer, 30 juin 1854. 2 p. pl.
in-8. Très-jolie lettre.
  A en juger par les sentiments élevés qu'il lui témoigne, il est de ceux qui
doivent porter, sans y succomber, le fardeau, souvent très-lourd, de la vie. Il
comprend ses deux épreuves, la perte des plus chers objets de ses affections,
et son peu de sympathie pour son entourage. « Dieu m'a condamné à subir la
« première. Cherchez d'abord auprès de Dieu, ensuite dans le travail et l'étude.
« la force de la supporter; vous l'y trouverez; pas assez pour n'en plus souf-
« frir, assez pour n'en être pas accablé. Quant à la seconde, c'est encore dans
« l'étude que vous pourrez trouver quelque chose de la société qui vous
« manque... »

494. GUYON (Mme Emilie), la meilleure actrice de drame de-
puis Mme Dorval). N. 1821.
  L. aut. sig., à M ... 1 p. in-8. *Portr.*, et deux jolis *portr.*-costumes
coloriés. Biogr. impr. 4 p. in-4.
  Lucie (Mlle Lucie-Rose-Françoise *Mabire*, dite), actrice de drame.
L'une des meilleurs des théâtres du boulevart. En 1851, elle épousa
M. Edouard Pouvier, poëte et littérateur. N. 1821. M. 1857.
  Billet aut. sig., à sa chère Caroline. in-18. Billet de bal sig. Carte
de visite avec quelques mots aut. Trois *portr.*, dont un costume.

495. GYMNASE DRAMATIQUE (acteurs du).
  ARMAND (François *Gorce*, dit). 1 p. in-8. — BLAIZOT (Eug.). 1846.
1 p. in-8. — BLONDEL (Tony-Cartray). 1846. 1 p. in-4. Théâtrale. —
CLOZEL fils. 1827. 2 p. in-4. Théâtrale. Curieuse. — DELMAS (Louis-
Nicolas-Heury *Leduc*, dit). Son répertoire aut. sig. 4 p. pl. in-4., et
lett. aut. sig. (d'un anonyme), adressée à M. Lacauchie, sur Delmas.
1 p. pl. in-4. Curieuse. *Portr.*-costume colorié. — DENGREMONT.
1828. 1 p. in-8. Théâtrale. — DOISY (Ch.-Fr.) 1853. 2 p. in-8, —
DOSSION. 1857. 1 p. in-8. — GEFFROY (Jean-Marie-Joseph), créateur
de *Mercadet*. 1 p. pl. in-8. *Portr.*-costume colorié. — HARMANT
(Afred-Joseph-Marie). 1838. 1 p. in-8. — HÉROLD (Eugène). 1857. 1 p.
in-8. — LANDROL (Joseph-Hippolyte). N. 1790. M. 1851. Pièce aut.
sig. 5 avril 1845. *Rare.* — LANDROL, fils du précédent. 1 p. in-8.
Biogr. impr. — LINGUET (Ch.). 1 p. in-18. — Ensemble quatorze lett.
aut. sig.

496. GYMNASE DRAMATIQUE (acteurs du).
  MONTIGNY (Adolphe *Lemoine*, dit) acteur du Théâtre-Français, de
l'Ambigu, etc., auteur dramatique. Directeur du Gymnase depuis 1844.
En 1847, il épousa Mlle Rose Chéri. Deux lett. 3 p. in-8. Théâtrales
et intéressantes. Cession du drame de Wilson appr. et sig. 1836. Deux
portr.-costumes coloriés. — MONVAL (Joseph-Léon *Stockley*, dit), et régisseur de ce théâtre. Deux lett. 1852. 2 p. in-8. Biogr. impr. —
PASTELOT (Auguste-Pierre-Etienne, dit *Alexis*). Bordeaux, 27 déc.
1838. 2 p. pl. et demie, in-8. Théâtrale. Curieuse. Petit *portr.* découpé, fort rare. — PERRIN (Pierre-Jacques-Marie). Deux lett. 1856.
2 p. in-8. *Portr.*-costume colorié de Perrin fils. — POIRSON (Charles-
Gaspard *Delestre*, dit, directeur du Gymnase de 1821 à 1842, auteur
dramatique. Deux cessions aut. sig. : *Les Anglais supposés* 1815, et *le
Mystificateur* (sig. aussi par Scribe). 1819. — PRUDENT. 1831. 1 p.
in-8. Théâtrale. — SYLVESTRE. 1 p. in-8 — TRINQUART (Palmyre), et

chanteur de chansonnettes. 1 p. in-8. Ensemble, douze lett. et pièces
aut. sig., et une pièce sig.

497. GYMNASE DRAMATIQUE (actrices du).

Aubry (Mlle Irma), femme *Rhoné*. L. a. s. *Irma*. 1851. 1 p. in-8.
Portr.-costume colorié. — David (Mlle A.). 1 p. in-8. Desclée (Ai-
mée). 1 p. pl. in-8. — Forgeot (Elisa), femme de *Wailly*. N. 1815.
M. 1850. 3 p. in-8. *Portr.*-costume colorié. — Martelleur (Julie).
1856. 2 p. in-18. — Melcy (Clotilde-Amélie *Ménier*, dite), femme
Philippon. Pièce aut. sig. (écrite sur une feuille de carnet). *Rare.* Sur
une autre feuille se trouve une ligne a. s. de son camarade Tisserant.
Portr.-costume colorié. Anecdote imprimée. — Mutée (Mme Richard
Plessy, dite). 1837. 1 p pl. in-4. Théâtrale, et, lett. a. s. de son
mari. 1830. 3 p. pl. in-4. Curieuse. — Restout Zulma 1844. 1 p.
in-8. *Portr.*-costume. — Ricquier (Edith-Maria Riquer, dite). 1851.
1 p. in-18. — Vallée (Eugénie-Céline *Prépognot*, dite). 1847. 1 p.
in-18.— Wolf (Adrienne). 1 p. in-8. Ensemble, treize lett. aut. sig.

498. HAAS (Charles), compositeur.

Le Réséda, ma fleur favorite. Romance aut. sig. (Paroles et musique). 2 p. in-fol.

499. HAGH (Charlotte Von), célèbre actrice, la *Déjazet* allemande). N. 1814.

L. aut. sig. (en allemand), donnée pour une collection d'autographes. 25 avril 1843. 1 p. in-4.
Ne trouvant pas en ce moment une seule idée, elle espère en emprunter une
à sa mémoire. — Suivent des vers.

Haizinger (Mlle Amélie *Morstadt*, femme *Neumann*, puis femme),
Une des meilleures comédiennes d'Allemagne. N. 1800.
1° L. aut. sig. *Amalia* (en allemand), à Mme Elisa Burger (sans
date). 3 gr. p. in-4. Jolie et affectueuse lettre.
2° L. aut. sig. *Neuman* (en français), à sa chère comtesse ... 6
mars ... 1 p. in-18. *Portr.* lith. in-4.

500. HALEVY (Jacques-Fromental), célèbre compositeur.

1° L. aut. sig., à son cher Henri 25 déc. 1 p. pl. in-8. Dramatique-
musicale. *Portr.*, charge de Dantan. Biogr. impr. 4 p. in-4.
2° *Marche héroïque pour les funérailles de l'Empereur Napoléon* en
1840. Musique aut. sig. (inédite). 25 pages in-fol. Belle pièce.

501. HAREL (F.-A.), célèbre directeur de l'Odéon et de la
Porte-Saint-Martin auteur dramatique. N. 1789. M. 1846.

L. aut. sig., à M. Merle... Paris, 27 mai... 2 p. pl. in-8.
Jolie lettre au sujet de sa pièce qui vient d'être jouée, et pour laquelle il
réclame sa justice et son impartialité.

502. HARLOWE (Mme Sarah W.), jolie et charmante soubrette anglaise, de 1790 à 1826. N. 1770. M. 1852.

Six lett. aut. sig. (en anglais, une à la 3e personne), adressées à divers. 1809-1810. Ensemble, 6 p. in-18, in-8 et in-4. Théâtrales, quel-
ques-unes très-intéressantes. Curieuse affiche.

503. HARPISTES, GUITARISTES, COMPOSITEURS.

Gatayes (Joseph-Léon). 1 p. in-8. — Godefroid (Félix-Guill.-Jo-
seph-Dieudonné). 2 p. in-8. — Krumpholtz (J... *Meyer*, femme).
1 p. in-4. *Rare.* — Lemoine (Antoine-Marcel). N. 1763. M. 1817.
Paris, 10 messidor an III. 3 p. in-8. Curieuse. — Regondi (Giulio).
L. a. s. (en anglais), 1 p. in-8. — Stockhausen (François). 1829. 1 p.
in-4. — Ensemble, six lett. aut. sig.

504. HASENHUT (Antoine), excellent comique du théâtre de
Vienne pendant près de cinquante ans. N. 1766. M. 1841.

L. a. s. (en allemand). 17 oct. 1809. 1 p. pl. in-4. Belle et rare lettre.
Ludewig (P.-F.), comédien et littérateur allemand. M. 1834.

Chanson du soir. Vers a. s. (en allemand). 4 p. pl. in-8. Jolie pièce.
LIEBICH (Jean-Charles), acteur et habile directeur du théâtre de Prague.　　　　　　　　　　　　　　　N. 1773. M. 1823.
　L. aut. sig. (en allemand). a M. de Schonfeld (sans date). 2 p. in-8. Jolie et rare lettre.

505. **HAYES** (Miss Catherine), très-remarquable chanteuse irlandaise. Elle a chanté avec le plus grand succès à Paris, en Italie, en Allemagne, en Angleterre et en Amérique.　　　　　　　　　　　　　　　N. 1824.
　Pièce aut. sig. (extrait de son rôle de Lucia, en anglais); donnée comme autographe. Londres, 16 avril 1849. 1 p. in-18. *Rare. Portr.* et divers articles imprimés.

506. **HAZLITT** (Will.), célèbre littérateur et critique anglais.
　L. aut. sig. de ses initiales (en anglais). à son cher Green. 29 mai 1793. 3 gr. p. pl. in-4. Cachet. Belle et rare lettre.

507. **HEINEFETTER** (Mlle Sabine), l'aînée des trois sœurs Heinefetter, 1re chanteuse du Théâtre Italien. N. 1805.
　L. a. s., à M. Haussens. Aix-la-Chapelle, 8 juillet 1839. 1 p. in-8.
　HEINEFETTER (Mlle Caroline), sœur de la précédente, célèbre cantatrice de l'Opéra. L. aut. sig., à M. Léon Pillet. 1 p. in-8. Curieuse. Beau *portr.* allemand gravé.

508. **HEINEL** (Mlle Anne-Frédérique), femme *Vestris*, célèbre danseuse de l'Opéra de 1768 à 1782 : femme de Gaétan-Apollin-Balthazar Vestris.　　　　　N. 1782. M. 18...
　L. aut. sig., au citoyen Perregaux. 24 ventôse... 2 gr. p. pl. et demie in-4. Belle lettre. *Rare.*

509. **HENDEL-SCHUTZ** (Jeanne-Henriette-Rosine *Schüler*), célèbre actrice allemande.　　　　　　N. 1770. M. 1849.
　Deux lett. aut. sig. (en allemand), à sa chère petite mère. Berlin, 8 et 16 déc. 1807. Ensemble, 4 p. pl. in-8. Charmantes lettres.

510. **HERDER** (Jean-Jacques), célèbre littérateur allemand, auteur dramatique.　　　　　　　　N. 1744. M. 1803.
　L. aut. sig. (en allemand), à son ami ... Weimar, 23 mai 1796. 3 p. pl. in-8. Très-jolie lettre. *Rare.*
　HERDER (Caroline), femme du précédent. L. aut. sig. (en allemand), à M... Weimar, 6 oct. 1803. 1 p. pl. in-4. Jolie lettre.

511. **HERVEY** (Mme), née Marie-Anne-Adèle *Macaire*, actrice du Vaudeville (1804 à 1818), plus tard du Théâtre-Français.
　L. aut. sig., à M... 1er mai 1848. 3 p. pl. in-8. Très-jolie lettre. Intéressante. Deux *portr.*-costumes coloriés.

512. **HERZ** (Henri), célèbre pianiste et compositeur. N. 1803.
　L. aut. sig., à M... Paris, novembre 1843. 1 p. in-8.
　HERZ (Jacques-Simon), excellent pianiste et compositeur. N. 1794.
　L. aut. sig., à M. Escudier... 1 p. in-8.

513. **HIDALGO** (Don Francesco), dit le *marquis de Lilliput*, nain espagnol, qui a joué avec un grand succès au Cirque en 1347, et à Londres en 1848. Il était très-amusant dans la scène de *Jocko*.　　　　　　N. 1804.
　Billet aut. sig., à M ... Londres, 14 avril 1848. 1 p. in-18. *Rare. Portr.* rare aussi, lith. in-fol.

514. HIPPESLEY (John), célèbre comédien anglais. N. 1809.
L. aut. sig. (en anglais), à Sheridan. Sans date. 1 p. pl. et demie in-4. Cachet. Tachée d'humidité. Beau portr. gravé in-fol.

515. HISTORIQUE (acteurs, actrices, directeur du théâtre).
DALLON (le comte A.), directeur. L. sig. 1 p. in-8. — GASPARI (Auguste). Acteur. 1847. 2 p. in-8 Théâtrale. — BERTÉ (Mlle Célestine *Berlin*, dite). 1 p. in-8. — DEVAL (Mlle E.) 1849. 1 p. in-8. — LAIGNELET (Mlle É.). 1 p. in-8. — NELSON (Mme Victorine). 1 p. in-8. — Ensemble, cinq lett. aut. sig., et une lett. sig.

516. HOFFMANN (François-Benoît), littérateur, critique, auteur dramatique. N. 1760. M. 1828.
Cession aut. sig. des comédies-opéras le *Jockei*, le *Secret*, et *Aurélie*. Paris, 6 nivôs an V. 1 p. in-4.
LAMARTELIÈRE (J.-Henri-Ferdinand), auteur dramatique. Deux lett. aut. sig. 2 p. in-8 et in-4. Intéressantes.
LANCIVAL (Luce de), poëte dramatique. L. aut. sig., à sa sœur. 21 sept. 1806. 1 p. pl. in-4. *Portr.* gravé in-4.
LE BAILLY (Antoine-François), fabuliste et auteur dramatique. L. aut. sig., à M. Vieillard. 16 mai 1823. 1 p. pl. in-4. Intéressante, relative à ses fables.
LOTTIN DE LAVAL (Victor), poëte et aut. dramatique. Vers aut. sig., à Châteaubriand. 2 p. pl. in-8.

517. HOLTEI (Charles-Edouard Von), d'abord acteur, puis directeur, ensuite auteur dramatique. N. 1797.
L. aut. sig. (en allemand), à l'acteur Franz Wallner. Vienne, 13 nov. 1850. 1 gr. p. pl. gr. in-4.
Très-jolie lettre théâtrale! Il y est question de Fanny Elssler, de l'écuyer Lejars, etc.
SAPHIR (M.-G.), célèbre écrivain comique et poëte allemand. L. aut. sig. (en allemand), à Maurice Schlesinger. 1831. 1 p. pl. in-8.

518. HOMMES D'ETAT ET MINISTRES.
MAGNAN (le maréchal). L. aut. sig. 1852. 1 p. in-8. — BERRYER, avocat. 2 lett. aut. sig. — VIVIEN. L. aut. sig. 1 p. pl. in-8. — PASQUIER (le duc). L. aut. (paraphée). 1 p. in-8. — PIÉTRI. L. aut. sig. 1 p. in-8. — GUIZOT. Enveloppe de lettre aut. sig.

519. HOMMES D'ETAT ANGLAIS.
PALMERSTON (lord). L. aut. sig. 1846. 1 p. in-8. — MELBOURNE (lord). L. aut. sig. (à la 3e personne). 1 p. in4. — BROUGHAM (Henry, lord). Billet aut. sig. 2 p. in-18, et enveloppe de lett. aut. sig. — NORMANBY (le marquis de). L. aut. sig. 1 p. in-8. — CLARENDON (le comte de). Enveloppe aut. sig.

520. HONNEY (Mme), née Laura *Bell*, une des plus jolies actrices anglaises, charmante dans les travesties. Elle fut longtemps la maîtresse de lord Chesterfield. 1815-1846.
Trois lett. aut. sig. (dont une à la 3e personne, en anglais), à divers. Ensemble, 3 p. in-8 et 2 p. in-4. intéressante.

521. HORN (Charles-Edward), très-éminent ténor anglais. Débuta à Londres en 1809. Compositeur d'opéras et de chansons. Né en 1786. Mort en Amérique.
L. aut. sig. (en allemand), à M. Mori. 1831. 3 p. pl. in-8. Curieux *portr.* dans le *Freyschutz*.
Lettre intéressante relative à des chansons de sa composition que celui-ci lui avait demandées, et dont il ne lui a pas encore envoyé le prix.
HORN (Charles), fils du précédent, chanteur agréable du théâtre Princess. L. aut. sig. (en allemand), à M. Kenneth. — 24 déc. 1842. p. pl. in-8. Jolie lettre toute théâtrale.

522. HOUDART DE LA MOTTE neveu, auteur de l'*Amant Génie*, comédie (avec Laborde de Montibert).

L. aut. sig. (en prose et en vers), à Mlle d'Harme. 2 p. in-4. Jolie lettre.

523. HOUSSAYE (Arsène), littérateur. rédacteur en chef de l'*Artiste*, directeur du Théâtre-Français de 1849 à 1856.

1º L. aut. sig., à M... Sans date, 2 p. et demie in-8. Jolie lettre.
2º Pièce sig. (frais pour Phèdre au théâtre de l'Odéon le 14 mars 1851.) 1 p. in-4. Joli *portr.* (dessin) par Eustache Lorsay. in-18. Charge.

524. HUET (Augustine *Lesage*, dite *Haubert Lesage*, femme), fille de Lesage de l'Opéra-Comique, charmante actrice du théâtre Feydeau.				N. 1780.

L. aut. sig. *Haubert*, à Camérani. Sans date. 1 p. in-8. *Rare.*

525. HUGO (Victor-Marie), poëte et auteur dramatique, membre de l'Académie française.				N. 1803.

L. aut. sig. *Victor H.*, à Mme Dorval. 1 p. in-8. Charge de Dantan. Biogr. impr. 4 p. in-4.
« J'ai vu chez vous, ma belle et sublime, et charmante dòna sol, un jeune
« belge fort distingué qui m'a écrit et dont j'ai bêtement égaré l'adresse... »

526. HUMMEL (Jean-Népomucène), célèbre pianiste et compositeur.				N. 1778 M. 1837.

L. aut. sig., à M. Norblin. Paris, 24 mai 1825. 1 p. pl. in-8. Jolie lettre. Beau *portr.* lith. par Vigneron, in-fol.

527. IFFLAND (Auguste-Guillaume), célèbre acteur et auteur dramatique allemand.				N. 1759. M. 1814.

L. a. s. (en allemand', à M... Berlin, 25 oct. 1796. 4 gr. p. in-4. Belle lettre théâtrale, relative en partie aux *Brigands* de Schiller.

528. IMPROVISATEURS FRANÇAIS ET ETRANGERS.

Filistri. Vers aut. sig. (en italien), faits à Turin, etc. 1 p. in-8. — Gianni (Francesco). Il reçut de Bonaparte une pension de 6000 fr. et le titre d'impressario impérial. N. 1759. M. 1822. L. aut. sig. (en italien), à son ami, Gènes, 10 février 1800. 4 gr. p. pl. in-4. Longue et intéressante lettre sur l'état actuel de l'Europe, et surtout de l'Italie. — Giannone (P.). L. aut. sig. (en italien). 1828. 1 p. in-8. — Giustiniani. L. a. s. (en italien), au professeur Abraham. 1 p. pl. in-8. Intéressante. — Langenschwarz (Maximilien). L. a. s. 1 p. in-4.

529. IMPROVISATEURS FRANÇAIS ET ETRANGERS.

Marie (Alexandre', et auteur dramatique. L. aut. sig., à M. La Boulsse Rochefort. 4 avril 1840. 2 gr. p. pl. in-4. Intéressante. — Lorenzi (l'abbé Barthélemy). N. 1733. M. 1822. L. aut. sig. (en italien'. 12 août 1820. 1 p. in-4. Belle et affectueuse lettre. — Pradel (Eugène Courtray, vicomte de). Deux lett. aut. sig., à divers. 1830. 2 p. in-8. Curieuses. Portr. lith. in-fol. — Regaldi (J.) L. sig. Paris, 1840. 1 p. in-8. — Sloman (Charles). L. a. s. (en anglais). 1833 1 p. in-4.

530. ISRAELI (James d'), célèbre littérateur anglais, auteur des *Curiosités de la littérature*.

L. aut. sig. (en anglais), à son fils. 7 nov. 1822. 2 p. pl. et demie in-8. Jolie et rare lettre.
Smith (James), poëte et littérateur. L. aut. sig (en anglais', à son cher Hill. Lundi. 1 p. pl. in-4. Jolie lettre.
Il lui envoie son portrait, à la condition qu'il ne le fera graver que lorsqu'il aura fait quelque chose pour mériter cette distinction.
Bowring (sir John), célèbre politique, littérateur et savant anglais. Deux vers aut. sig. (en anglais), 17 août 1845. in-18. Beau *portr.* gravé in-8.

531. ITALIENNES (cantatrices), six pièces.

ANTONI (Mme Degli). L. aut. sig. (en italien). 5 sept. 1835. 1 p. in-4. Cachet. — ANGRI (Mlle Elena d'). Fragment musical aut. sig. 1850. 1 p. in-18. Carte de visite *Portr*. et biogr. impr. — ASSANDRI (Mlle Anna-Laure). L. aut. sig., à M. Robert. Paris, 15 avril 1838. 1 p. pl. in-8. — BAUR (Mlle Jenny). Pièce aut. sig. (en italien). 1856. 1 p. in-8. — BEREYTTER (Mlle Angelina). L. aut. sig., au duc de Berri. Paris, 6 déc. 1819. 1 p. in-fol. Belle lettre. — BERTRAND (Mlle Ida). L. aut. sig. 1 p. in-12.

532. ITALIENNES (cantatrices), huit lettres et pièces.

BIANCHI (Mlle Jane *Blanchet*, dite). L. aut. sig., à M. Elwart. 24 oct. 1840. 3 p. in-18. Théâtrale. *Portr*. costume, colorié. — BONINI (Mlle Emilia). L. aut. sig. (en italien). Trieste, 20 nov. 1819. 1 gr. p. pl. in-4. Intéressante. — CAMBARDI (Jeanne-Mathilde *Chambard*, dite). Billet aut. sig. 1 p. in-8. *Portr*. — CORRARI (Mlle Amelia *Corbett*, dite). Irlandaise de naissance. Sa signature donnée comme autogr. 1848. — ELENA (Mlle Judith). N. 1835. L. aut. sig. (en italien). 1852. 2 p. in-8. Jolie lettre théâtrale. *Portr*. — FREZZOLINI (Mlle Herminie), femme *Poggi*. L. aut. sig. (en italien), au marquis Sampiéri, ce 17. — SAMPIERI (le marquis), compositeur et amateur distingué. Billet aut. sig. 29 mars. 1 p. et demie in-18. — GRISI (Mme Julie). Billet aut. sig. (à la 3e pers.). 1 p. in-18.

533. ITALIENNES (cantatrices), cinq lettres et pièces.

LANDI (Mlle). L. aut. sig. 1851. 1 p. in-8. — MÉRIC (Mme de). Billet aut. sig. (a la 3e personne), à M. Aubert 1844. — MÉRIC (Mlle Emilie-G. de), femme de Lablache (fils), fille de la précédente. Pièce aut. sig. (en italien). — MOLTINI (Mlle Adélaïde). Quelques notes de musique aut. sig. in-12. Scène avec Fornasari. — NANTIER DIDIÉ (Mme Constance). Fragment musical aut. sig. Londres, 24 juillet 1856. In-8. — NISSEN (Mlle Henriette), femme Saloman. L. aut. sig. Londres, 4 avril 1843. 2 p. in-18.

534. ITALIENNES (cantatrices), huit lettres et pièces.

PASTA (Mlle Judith, femme). N. 1798. Sa signature aut. sig. collée au bas de son *portr*. in-4. — RAIMBEAUX (Mlle A. *Gavaudan*, femme), fille de Mme Gavaudan. L. aut. sig., à M. Vatel. 10 sept. 1847. 1 p. in-8. — ROSSI (Mlle Marianna), mère de Mme Rossi-Caccia. N. 1785. M. 1839. L. aut. sig. (en italien). Juin, 1835. 1 p. in-8 et quitt. sig. 1 p. in-4. — SANCHIOLI (Giula). L. aut. sig. (en italien), à M. Servadio. 1 p. in-8. Intéressante. — SCHIASETTI (Mlle Adèle). N. 1802. L. aut. sig., à M. Felkenstein. Dresde, 19 janvier. 1 p. in-8. — SPARRE (la comtesse de), née Caroline *Naldi*. L. aut. sig. *Caroline Naldi*, à Mme Martinville. 1 p. in-8. — YARMOUTH (Mme *Fragniani*, comtesse de), femme de Francis Ch. Seymour Conway, marquis de Herlford. L. aut. sig., an XIII. 2 gr. p. pl. in-4.

535. IVANOFF (Nicolas), célèbre ténor russse. Il a eu de beaux succès à Paris, à Londres et en Italie.   N. 1810.

L. aut. sig. (en italien). Gênes, 29 juin 1846. Quart de page in-4. *Rare*. Charge de Dantan.

536. JACOPS (Mlle Elisa), femme *Hauloux*, piquante actrice dans les rôles chantants de la Porte-Saint-Martin et des Variétés.   Morte en 1848.

1°. L. aut. sig., a M. Dartois. 23 avril. 1 p. in-8. *Port*.-costume colorié. et joli dessin original dans *l'Oncle et le neveu*, in-12.

2°. L. aut. sig., a M. Taranne. La Rochelle, 21 avril 1840. 1 gr. p. pl. in-4. *Rare*.

JACOBY (Mlle Caroline *Barrière*, femme), cantatrice des théâtres de Bordeaux et de Bruxelles, etc. Elle a composé de jolies romances. L. sig. Toulouse, 30 août 1841. 2 gr. p. pl. et demie in-4.

537. JADIN (Louis-Emmanuel), compositeur. N. 1768. M. 1853.
L. aut. sig., aux artistes composant le comité de l'Opéra-Comique impérial. 14 août 1812. 2 p. in-4.
Belle lettre au sujet des représentations de l'*Auteur malgré lui*, qui n'ont été interrompues, que parce que Mlle Renaud était chargée dans le même temps de *Jean de Paris*, et qu'il lui était impossible de jouer ces deux ouvrages à la fois.
JADIN (Adolphe), fils du précédent, auteur dramatique.
L. aut. sig., au duc d'Aumont. 3 p. in-4. Intéressante.

538. JANIN (Jules), littérateur, critique dramatique. N. 1804.
Trois lettres et billets aut. sig., à son ami.... 1845-1846. 4 p. in-12 et in-8. Affectueuses lettres. Intéressantes. Charge (Salle des pas perdus). Biogr. impr. 4 p. in-4.

539. JAWURECK (Mlle Constance). élève de Garat et de Baptiste aîné; charmante cantatrice de l'Opéra, où elle obtint un grand succès dans la *Lampe merveilleuse*.
L. a. s. *Constance J.*, à M. Halévy. Vendredi... 1 p. in-4. Joli *portr.*
HÉBERT-MASSY (Mme), née Elisa *Giacomasci*, dite *Massy*, chanteuse de l'Opéra-Comique et de l'Opéra. N. 1815. L. aut. sig., à M. Denis. 1851. 1 p. in-8. *Portr.* ressemblant dans la *Faridondaine*, in-fol.

540. JOHNSTONE (Henry Erskine), 1er rôle tragique anglais; l'un des meilleurs acteurs de son époque. 1777-1845.
L. aut. sig. (en anglais), à MM.... Londres, 27 nov. 1816. 1 p. pl. in-4. Belle lettre. *Rare*. Carte de visite aut. sig. — *Portr.* gravé rare, et notice biogr. imprimée.
Si cela peut leur convenir, il désire se réengager à leur théâtre. Depuis qu'il a quitté Londres, il a joué avec succès l'emploi de Cooke. Détails.

541. JOLY (A.-J.-B. *Jolly*, dit), excellent comique du théâtre du Vaudeville : fondateur d'un spectacle de marionnettes dans le passage de l'Opéra, bon dessinateur. 1769-1839.
L. aut. sig., à Dumersan. Grandpré, 24 nov. 1836. Deux *portr.*- costumes coloriés. Belle et rare lettre, entièrement théâtrale.

542. JOUY (Victor-Joseph *Etienne*, dit de), littérateur, romancier et auteur dramatique, membre de l'Académie française. N. 1764. M. 1846.
Les occasions de gaîté, ronde à rire: air du curé de Pomponne. aut. sig. 3 gr. p. pl. et demie in-4. *Portr.* gravé in-4

543. JULIEN (Alexis-Louis *Guénaud*, dit), célèbre acteur du Vaudeville et de l'Opéra-Comique. Dit le *Clairval du Vaudeville*. N. 1778. M. 1844.
L. aut. sig., au baron .... 7 mai 1828. 1 p. pl. in-8. Jolie lettre. Très-rare. *Portr.* colorié in-18, et joli portr. (dessin original à la sanguine), in-8.

544. JULIENNE (Mlle), excellente duègne du Gymnase, où elle débuta en 1824, dans le *Baiser au porteur*. 1793-1843.
1°. Billet aut. sig., à Ferville, 23 février. In-8. Scène de *George et Thérèse*, et biogr. impr. 4 p. in-4.
2°. L. aut. sig., à Ferville. Caen, 17 mai 1830. 2 p. pl. in-4. Jolie et rare lettre.
Mademoiselle Mars était engagée pour Londres, mais la santé du roi mettra sans doute obstacle à son voyage; le directeur de Boulogne lui ayant fait des propositions, elle ne pourrait y aller que pour jouer dans cette ville. Elle le prie donc de s'assurer pour elle de Calais, Ostende, Dunkerque, Saint-Omer...

545. JUSSERAND, excellent chanteur de l'Opéra-Comique, plus tard directeur du théâtre de Nantes.

L. aut. sig., au comte de Brossex, préfet de la Loire-Inférieure. Nantes, 16 mars 1820. 3 gr. p. pl. in-4.

Lettre curieuse au sujet de la fermeture de son théâtre pendant trois jours, *par ordre*, et de l'exigence des acteurs qui veulent se faire payer leur traitement pendant ces trois jours.

546. KALKEBRENNER (Chrétien-Frédéric), célèbre pianiste et compositeur. N. 1784. M. 1850.

1°. L. aut. sig., au baron de Trémont. 1846. 1 p. in-8. *Portr.* in-4 et notice impr.

2°. L. aut. sig. (en anglais), au même. 4 sept. 1845. 4 p. in-8. Très-jolie lettre. Il lui raconte son voyage en Angleterre.

547. KEAN (Charles-John), fils d'Edmond Kean, acteur tragique, directeur du théâtre *Princess*, à Londres.

L. aut. sig. (en anglais), à M. Macdonnell. Galway. 11 août 1836. 1 p. pl. in-4. Théâtrale. Belle lettre. Deux scènes gravées.

548. KELLY (Miss Frances-Maria), célèbre actrice anglaise : 1ers rôles dramatiques et comiques. Elle jouait tout, et excellait dans tout. N. 1790.

1°. L. aut. sig. (en anglais, à la 3e personne), à M. Mark Lemon. Jeudi. 1 p. in-8. Joli portr. gravé in-8.

2°. L. aut. sig. (en anglais), à M. Philipps, 28 mars 1817. 2 gr. p. pl. in-4. Belle lettre. Curieuse.

KELLY (Miss Fanny-H.), femme *Fitzallan*, charmante jeune 1re tragique. N. 1803. L. aut. sig. (en anglais, à la 3e personne), au rédacteur de l'*Age*. 1er oct. 1 p. in-8. Très-rare petit portr.-scène (rôle de *Juliet*).

549. KELM (Joseph), célèbre chanteur comique, créateur du fameux *Sire de Franc-Boisy* aux Folies-Nouvelles. Il a été à la Renaissance et à l'Opéra-National.

L. aut. sig., à MM. Ténar et Canis. Brest, 2 février 1843. 2 p. pl. in-8. *Portr.*-costume colorié, et *portr.*-costume du *Sire de Franc-Boisy*, in-fol.

Demande de chansonnettes : La *Marseillaise des femmes*, etc., costumes pour interpréter ces chansonnettes.

JULIET (Antoine *Juillet*, dit), célèbre acteur de l'Opéra-Comique. N. 1755. M. 1825. L. sig., à M. de La Ferté. Paris, 23 déc. 1816. 1 p. in-fol. Curieux *portr.*-costume colorié, dans la prise de Toulon (Caporal des troupes du Pape). *Rare.*

550. KEMBLE (John-Philip), célèbre tragédien anglais et auteur dramatique. N. 1757. M. 1823.

L. aut. sig. (en anglais), à M. William Mudford. 14 novembre 1803. 1 p. in-4. Belle lettre. *Portr.* lith. In-fol.

C'est M. Harris lui-même qui se charge de la lecture de toutes les pièces offertes au théâtre. Il lui remettra son ouvrage sur-le-champ : la réponse ne se fera pas attendre.

551. KEMBLE (Charles), frère du précédent, acteur tragique et comique. N. 1775. M. 1854.

L. aut. sig. (en anglais), à M. Hill. 27 janvier 1823. 2 p. pl. in-4. Très-belle lettre. Deux *portr.* costumes, dont un colorié.

Un de ses amis désire beaucoup faire paraître dans le *Morning-Chronicle* un compte rendu de la pièce de *Nigel*. C'est un essai pour remettre en vogue les pièces en cinq actes, etc.

DECAMP (Miss Theresa), femme du précédent, célèbre actrice anglaise dans les rôles chantants. N. 1774.

Quitt. sig. *Miss De Camp*, de la somme de 12 livres. 22 mai 1802.
Joli *portr*. gravé in-8.

552. KEMBLE (Miss Elisabeth *Satchell*, femme de Stephen) [frère de John et de Charles], belle-sœur de Mme Siddons, comédienne d'un très-grand mérite. Débuta à Londres en 1780.

L. a. s. (en anglais), à M..... Newcastle, 23 nov. 1 gr. p. pl. et demie in-4. (quelques taches). Très-rare lettre. *Portr.*-scène gravé, in-8.

Toute réflexion faite, elle se voit forcée de refuser son offre de cent livres pour cinq représentations. Les frais de voyage à Liverpool sont trop considérables, et son absence ferait trop de tort à son mari (car elle est de toutes ses pièces) pour qu'elle puisse accepter, cependant, s'il veut donner cent cinquante livres, elle signera.

553. KEMBLE (Miss Fanny), *Butler*, fille de Charles Kemble, admirable tragédienne anglaise. En 1851, elle vint à Paris, et donna à la salle Herz des lectures dramatiques.

L. aut. sig. (en anglais), à son cher M. Mitchell. 2 p. in-8. Jolie lettre. Programme et billet d'entrée de ses lectures à la salle Herz. Beau *portr*. lith. in-fol.

KEMBLE (miss Adélaïde), femme *Sartoris*, sœur cadette de la précédente. L. a. s. (à la 3e personne) en anglais, à Mme Sala. 1847. 1 p. in-8.

554. KILLIGREW (William), célèbre poëte dramatique anglais. N. 1605. M. 1693.

Quitt. sig. de la somme de 125 livres sterling sur la pension donnée par le Roi. 7 novembre 1674. 1 p. in-4. Rare. Notice manuscrite (en anglais). 1 gr. p. in-fol.

KENNY (James), auteur dramatique anglais. L. aut. sig. (en anglais), à Elliston. Versailles, 9 janvier 1825. 2 p. in-4. — Sur la 3e page se trouve la réponse aut. sig. d'Elliston. Théâtrales. Curieuses.

555. KLEIN (François-Nicolas), acteur du Gymnase. 1787-1849.

L. aut. sig., à M... Paris, 3 mai 1844. 1 p. in-8. (Et billet aut. sig. de sa femme, 1 p. in-12.) *Portr.*-costume lith. in-4, avec sa signature aut. au crayon. Biogr. impr. 4 p. in-4.

« Si je m'appelais, soit Voltaire, soit Rousseau, j'aurais compris votre lettre; « mais moi'... moi Klein! moi Pygmée! (Pygmée, il est vrai de cinq pieds six « pouces)... enfin! que votre volonté soit faite!.. et mon autographe aussi (moins l'h du milieu, cependant).

556. KLINGEMANN (Auguste), célèbre poëte dramatique allemand. N. 1777. M. 1831.

L. aut. sig. (en allemand), au comte de ... 29 mai 1816. 2 p. pl. in-4. Belle lettre littéraire.

557. KNIGHT (Edward), célèbre comique anglais dans les rôles de paysans. N. 1774. M. 1826.

L. aut. sig. (en anglais), à M. George Soane. 25 oct. 1824. 2 gr. p. pl. in-4. Jolie et rare lettre. Deux *portr.*-costumes. *Rares*.

Le théâtre étant fermé depuis si longtemps, il se trouve gêné. Il le prie donc de lui rendre la petite somme qui lui a prêtée.

558. KNIGHT (Miss Susan *Smith*, femme), sœur de Mme Bartley, et femme du célèbre Edward Knight, excellente actrice de Drury-Lane.

L. aut. sig. (en anglais), à Mme Tayleure. 6 février. 1 p. et demie in-8.

Elle lui témoigne son désir de voir le *Songe d'une Nuit d'été* à Covent-Garden.

KNIGHT (Miss Mary-Anne *Povey*, femme), actrice et chanteuse de romances. N. 1804. L. aut. sig. (en anglais), à Mme Tayleure. 1 p. in-8. Joli *portr*. gravé in-8.

559. KNOWLES (James-Shéridan), 1er rôle tragique et comique. Le meilleur auteur dramatique vivant. N. 1784.

L. aut. sig. (en anglais), à M ... 30 avril 1822. 1 gr. p. pl. et demie in-4. Belle lettre littéraire. *Portr.* et biogr. en anglais.

560. KOTZBUE (Auguste-Fréd.-Ferdinand de), célèbre littérateur allemand. Il a fait 211 pièces de théâtre. Né en 1761. Assassiné par Sand le 23 mars 1819.

L. aut. sig. (en allemand). Berlin, 28 mai 1803. 2 gr. p. pl. in-4. Très belle lettre littéraire. *Portr.* in-4.

561. LABANOFF (le prince A.), littérateur russe.

L. a. s., à M. Théodore Anne. Baden, 26 juillet. 1845. 4 gr. p. pl. in-8. Plusieurs de ses amis viennent de lui parler de l'important article qu'il a eu la complaisance de publier dans *La France* sur son recueil des lettres de Marie Stuart. Il ne connaît pas cet article... Dès qu'il l'aura lu, il lui écrira plus au long, et lui expliquera les raisons qui lui font retarder « la publication de l'es- « sai sur la vie de notre infortunée reine... Il nous faut absolument des rela- « tions authentiques, des années critiques (de 1565 à 1568) de la vie de Marie « Stuart, et je suis persuadé, que je parviendrai à les découvrir. — Seulement, « si contre mon attente, elles accusaient cette princesse, alors je ne publierai « pas l'essai. — Il m'en couterait trop de fournir des armes contre elle ; d'ail- « leurs je douterais encore! »

562. LABLACHE (Louis), célèbre basse-taille du Théâtre Italien. N. 1796.

1° Billet aut. sig. Paris, 31 mars 1844, in-4. *Portr.* et scène gra- vée. Deux biogr. impr. 8 p. in-4.

2° L. aut. sig., à M ... Rome, 2 février 1822. 1 p. pl. in-4. Il ne peut accepter les offres du directeur de l'Académie royale de musique de Paris parce qu'il se trouve déjà engagé pour l'année prochaine à la *Scala*, et qu'il vient de signer un contrat pour les trois années suivantes avec Bar- baja, pour chanter aux théâtres de Naples et de Vienne...

LEVASSEUR (Nicolas-Prosper), 1re basse-taille de l'Opéra. Il y créa *Bertram* dans *Robert-le-Diable*. L. aut. sig. 1841. 1 p. in-4, et billet aut. sig. 1 p. in-18. *Portr.*, et charge de Dantan.

563. LACAVE (Louis-Claude), acteur de la Comédie Fran- çaise. M. 1825.

L. aut. sig., au citoyen Antoine. Paris, 24 nivôse an IX. 1 p. in-4. JOANNNY (J.-B.) *Brissebarre*, dit), acteur tragique du Théâtre-Fran- çais. N. 1775. M 1849. L. sig., au rédacteur du *Courrier*. Paris, 5 nov. 1819. 2 p. pl. in-4. Beau *portr.* lith. in-4. Biogr. imp. 4 pl. in-4. Déclaration franche et positive des motifs qui le déterminent à donner la préférence au second théâtre Français sur le premier.

564. LACEPEDE (le comte Bernard-Germain-Etienne *Laville* de), célèbre naturaliste et musicien distingué. Auteur d'*Omphale, Scanderberg* et *Alcine* trois opéras non représentés, ainsi que de la *Poétique de la Musique*.

L. aut. sig., au citoyen Rœderer. Paris, 26 thermidor an X. 1 p. pl. et quart in-4. Jolie lettre. Leur confrère, le citoyen Lacuée, se propose de lui parler de l'opéra de *Médée* que désire donner incessamment au public le citoyen Fontenelle auteur de la musique d'*Ecube*... L poême que le citoyen Fontenelle vient de mettre en mu- sique est une imitation de la fameuse *Médée* de Glover. « Au lieu d'une magi- « cienne féroce, il présente une femme à grand caractère, mais des plus inté- « ressantes, etc., etc. A l'égard de la musique, je crois qu'on la trouvera très- « supérieure à celle d'*Hécube*, qui cependant, offre des nuances d'une très- « grande beauté, brille de traits sublimes, montre un ensemble remarquable, « est toujours applaudie avec enthousiasme, et à la 25e représentation a rap- « porté près de six mille francs...

565. LA CHABEAUSSIERE (Ange-Etienne-Xavier, Poisson de), auteur dramatique.   N. 1752. M. 1820.

L. aut. sig., aux sociétaires de l'Opéra-Comique. Paris, 7 sept. 1811. 2 gr. p. pl. et demie in-4. Belle lettre littéraire-dramatique.

566. LACRESSONNIERE (Mme *Perrier*, aujourd'hui femme), née *Garnier*, actrice au Théâtre-Historique, à la Gaîté, au Cirque. 1ers rôles de drame.

L. aut. sig., à MM ... sans date. 2 p. pl. et demie, in-12. Deux *portr.*, dont un costume colorié.

Curieuses conditions de son engagement pour le théâtre d'Orléans.

567. LACROIX (Paul), dit le *Bibliophile Jacob*, littérateur et auteur dramatique.

1° L. aut. sig., à M ... 21 février 1850. 2 p. in-8. Portr. lith. in-4. Biogr. impr. 4 p. in-4.

Il lui recommande une comédie nouvelle que M. Derval a bien voulu se charger de lui présenter. Il connaît cette pièce et il peut lui assurer avec connaissance de cause qu'elle aurait un succès de fou rire...

2° Fragment aut. d'un manuscrit pour l'impression. Ecriture microscopique, et cependant très-lisible. 1 p. pl. in-8. Curieux spécimen.

LACROIX (Octave), auteur de l'*Amour et son train*, comédie, jouée au Théâtre-Français le 15 sept. 1853.

Billet aut. sig., à Mlle Augustine Brohan. 1 p. in-18.

568. LAFARGUE aîné, 1er rôle mél. dramatique de la Gaîté : *Les rois à l'Odéon*. Ses succès à la Gaîté lui valurent le surnom de *Divin* au boulevart du Temple.

L. aut. sig., à Ferville. 4 oct. 1829. 1 p. pl. in-4. Deux *portr.*-costumes coloriés.

Expose touchant de sa profonde misère. Il le supplie de faire faire une quête parmi ses camarades.

LAFARGUE (P.-H.), premier rôle de pantomime à la Cité, aux Jeux forains, au Cirque, etc., auteur des 1res pantomimes créées par Debureau.   N. 1764. M. 1853.

Quitt. sig. d'une somme de vingt-quatre livres reçue de Barba, pour le droit d'imprimer une pantomime intitulée : *La Meule de Foin*. Paris, 6 juin 1810. 1 p. in-8 en travers. Très-rare.

569. LAFITTE (J.-B.-P.), acteur du Théâtre-Français, auteur des *Mémoires de Fleury*, et de quelques ouvrages dramatiques.

L. aut. sig., à Lockroy. 1 p. pl. et demie in-8. Jolie lettre. Littérature dramatique. *Portr.*-costume, in-fol.

LAFITTE (Edouard), acteur de la Porte Saint-Martin. L. aut. sig., à Ferville. Charonne, 25 avril 1830. 2 p. in-8. Théâtrale.

570. LAFONT (Charles-Philippe), célèbre violoniste et compositeur.   N. 1781. M. 1839.

L. aut. sig. (signée aussi par Henry Herz), à M. le directeur . .. 7 mars 1837. 2 p. pl. in-4. Théâtrale.

571. LAFONTAINE (Louis-Marie-Henri *Thomas*, dit), acteur du Gymnase, du Théâtre-Français et du Vaudeville. Créateur de *Dalila*.   N. 1826.

L. aut. sig., a son ami ... 5 mai 1855. 1 p. in-8. Intéressante. Deux *portr.*-costumes coloriés.

LA FERRIÈRE (Ch.-Fortuné-Adolphe), excellent jeune 1er rôle de drame. Créateur de la *Bourse*, de l'*Honneur et l'Argent*, du *Médecin des Enfants*, etc. etc. L. aut. sig. 2 p. in-8, et pièce aut. sig. 1 p. in-8. *Portr.*-costume dans *Pauvre Mère* (de Gavarni), et charge (avec Tisserant).

572. LAGRANGE (Mme Anna de *Stankowitch*, née *Bourdin*, dite de), chanteuse de l'Opéra en 1848, du Théâtre Italien en 1853.　　　　　　　N. 1821.

L. aut sig., à M. le marquis ... 2 p. in-8. Jolie lettre. Scène de *Don Pasquale* (gravure anglaise).

573. LAGRAVE (F.-Stéphen), 1er ténor de l'Opéra et du Théâtre-Lyrique.

Deux lett. aut. sig., à M ... 4 p. in-12. Curieuses. *Portr.*

574. LAMBERT (Michel), célèbre maître de musique du roi et compositeur. Beau-père de Lully. N. 1610. M. 1696.

Quitt. sig. (sur parchemin), de la somme de 600 livres pour une demie année de la pension que lui fait le roi. 1670.

575. LANDON (Miss Letitia-E.), poëte anglais, sous le nom de L. E. L. Elle a fait quelques esquisses dramatiques. Elle est morte jeune.

L. aut. sig. (en anglais), à miss Roberts, 21 déc. 1826. 2 gr. p. pl. et quart in-4. Charmante et rare lettre.

576. LANGE (Mlle Anne-Françoise-Elisabeth), femme *Simons*, célèbre actrice de la Comédie-Française. 1772-1825.

L. aut. sig. *L'Ange*, à M ... 11 oct. 1792. 1 p. pl. et demie in-8. Jolie, curieuse, et rare lettre.

577. LANNER (Joseph-François-Charles), fameux compositeur de musique, de danse, de valses surtout : chef d'orchestre de bals, rival de Strauss. Né à Vienne en 1802, et mort à Vienne en 1843.

Partition aut. d'une valse. 29 p. in-fol. Rare.

578. LANTIER (Etienne-François de), littérateur et auteur dramatique. *Voyage d'Anténor*, etc.

L. aut., à sa chère et aimable nièce Pauline. 1er décembre 1792. 4 p. pl. in-4. Spirituelle et curieuse lettre.

579. LAPLACE (Pierre-Antoine de), auteur dramatique et traducteur distingué.

L. aut. sig., à Favart. De son lit, le 19 février 1762. 2 p. in-4. Jolie et curieuse lettre.

580. LAPORTE (Jacques-François *Lecouppey de la Rosière*, dit), célèbre Arlequin du Vaudeville. N. 1774. M. 1841.

L. aut. sig., à Ferville. Paris, 21 août 1827. 1 p. pl. et demie in-8. Deux *portr.*-costumes, dont un colorié.

Il se lasse de ne rien gagner. Qu'il l'envoie extra-muros puisqu'il ne peut se placer à Paris. Il y voit pourtant assez de gens qui ne valent guères mieux que lui. Il a, graces au ciel, conservé sa superbe voix et toute sa mémoire; « mais tu sais ce que dit Alexis : Les malheureux *n'ont point d'amis*, j'espère « malgré cette belle sentence te trouver disposé à m'être utile... » S'il en est autrement il dira alors que le gymnase tout entier est résolu à lui nuire. En effet Bernard Léon vient lui enlever ce qui devait être son héritage. « J'étais « arrangé pour donner quelques représentations à Dieppe, Poirson vous y con-« duit, si vois-tu, tu ne me promets et ne me tiens pas parole, je pourrai m'é-« crier!!! Le gymnase, arlequin, a donc juré ta perte. »

581. LARIVE (Jean *Mauduit*, dit), célèbre tragédien, secrétaire de la Comédie Française. Auteur de *Réflexions sur l'art théâtral*.　　　　　　　N. 1749. M. 1827.

L. aut. sig., à son fils. Montlignon, 9 oct. 1825. 2 gr. p. pl in-4.

Beau *portr*. gravé in-8, et joli *portr*. (dessin original) dans le *Bourru*,
in-18.
Très belle lettre écrite à près de quatre-vingts ans, et remplie des sentiments
les plus tendres, les plus affectueux.
LARIVE (Mlle C. Vandenhove. femme). L. aut. sig., à Grimod de
la Reynière. Paris, 30 avril 1812. 1 p. in-4.

582. **LA RUE** (le Père Charles de), jésuite, littérateur et auteur dramatique.
L. aut. sig., à Mgr .... Paris, 28 juin 1708. 2 p. in-4.

583. **LAUJON** (P.), célèbre chansonnier et auteur dramatique.
Pourquoi non, chanson aut. 2 gr. p. pl. (a deux colonnes), in-4.
Rare.

584. **LAURENT** (Mlle *Bénéfaud*, dite *Luguet*, femme), très-
remarquable actrice de drame, qui a joué avec le plus
grand succès à l'Odéon, à l'Ambigu et à la Porte-Saint-
Martin, sœur des trois Luguet, et veuve de Pierre Laurent du Théatre-Lyrique.   N. 1825.
L. aut. sig., a MM.... Paris, 12 février 1854. 2 p. pl. in-8. Au
sujet de la mort de son mari. Intéressante. Deux jolies scènes (*Diogène* et le *Chariot d'enfant*).

585. **LAVAL** (P.-Antoine *Bandieri*, dit de), célèbre danseur
de l'Opéra, et maître des ballets du roi, directeur de
l'Académie de danse en 1744.   N. 1680. M. 1767.
L. aut. sig., a M. Duchesne. Paris, 24 juin. 1 gr. p. pl. in-fol.
Rare. Portr.-costume (dans le personnage d'un fleuve), in-4.
MARCEL, célèbre danseur de l'Opéra et professeur de danse... M.
1759. Quitt. sig. 12 nov. 1734. *Rare*.

586. **LAVIGNE** (Jacques-Émile), célèbre 1er ténor de l'Opéra
où il débuta en 1809.   N. 1782. M. 1856.
L. aut. sig., a M. Dérivis. Pau, 24 oct. 1854. 2 gr. p. pl. in-8. Jolie
et affectueuse lettre.
Il le félicite au sujet de sa rentrée triomphale à l'Opéra. Cela devait être. On
peut dire de lui : Tel père, tel fils...

587. **LAVOYE** (Mlle Anne-Benoîte-Louise), cantatrice de
l'Opéra-Comique, où elle débuta en 1843 dans l'*Ambas-
sadrice*.
1°. Fragment musical aut. sig. — 2°. Quitt. sig. — 3°. Sa sig. aut.
— 4°. Billet aut. sig., au docteur Fossati. 2 p. in-18. — Trois jolis
portr.-costumes coloriés, une feuille de costumes coloriés. (Ne tou-
chez pas à la Reine), in-fol., et scène de *Haydée*, in-fol. Joli lot.

588. **LAYS** (François *Lay*, dit), célèbre chanteur de l'Opéra.
L. aut. sig., a son cher Choron. 6 janvier 1817. 1 p. in-4. Théâtrale. Deux *portr.*-costumes, dont un colorié.

589. **LEACH** (Harvey), dit *Hervis-Nans* et l'*Homme-mouche*.
Curieux mime, presque sans jambes, marchant sur les
mains. On a composé pour lui le *Nain de Sunderwald*,
pièce jouée au Cirque.   N. 1804. M. 1849.
L. aut. sig. (en anglais), a M. Kenneth. Gand, 14 mars 1843. 1 p.
pl. in-4. *Rare. Portr.* et biogr. anglaise (impr.) in-18. *Rare*.
Il lui demande quelqu'un qui s'engagerait pour jouer les matelots, les jeunes
rôles de mélodrame, etc., en Belgique pendant un mois.

590. LEBRUN (Louis-Sébastien), célèbre compositeur, auteur du *Rossignol*, etc. N. 1764. M. 1829.

L. aut. sig., à M.... Dimanche, 24 mai 1829 (un mois avant sa mort), à M.... 1 p. pl. in-8. *Rare.*

La maladie qui l'obsède depuis si longtemps l'empêche de se rendre à la société.

LImANDER (Armand-Marie), compositeur. Né à Gand en 1814.

1° L. aut. sig. 5 mars 1854. 1 p. in-8. — 2°. L. aut. sig. à M. Achille Denis. 20 juillet 1854. Jolie lettre, curieuse.

591. LEBRUN, auteur de la tragédie de *Marie Stuart.*

L. aut. sig., à son ami.... 28 sept. 1844. 2 p. in-4. Jolie lettre.

LEBRUN-TOSSA (Jean-Antoine), littérateur et auteur dramatique. L. aut. sig., à Armand Séville. Paris, 4 juillet 1813. 1 p. in-4.

Il est infiniment flatté de l'invitation qu'il veut bien lui faire ; mais qu'il juge combien figurerait mal, dans une réunion de joyeux, un vieillard cacochime, triste, souffrant et soumis, sous peine de la vie, au régime le plus austère. Au milieu d'aimables convives qui, très-probablement, ont tous autant d'appétit que d'esprit, il éprouverait le regret de n'avoir ni l'un ni l'autre. « Le « peu qui me restait de tous les deux, les médecins sont bien vite parvenus à « m'en débarrasser. Écartez de votre société les pauvres diables qui me res- « semblent ; il ne faut point que la présence d'un agonisant vienne affliger ceux « qui, comme vous, messieurs, ont du plaisir à vivre... »

592. LECLERC DE LABRUÈRE (Charles-Antoine), secrétaire d'ambassade, auteur dramatique.

L. aut. sig., à M. Monin. Paris. 1er oct. 1742. 8 gr. p. pl. in-4. Belle et curieuse lettre, la plus grande partie en vers.

593. LEDUC (Alphonse), compositeur.

Fantaisie aut. sig. pour flûte et piano sur la cavatine de *Lucie de Lammermoor.* 1 p. in-fol. Belle pièce.

594. LEFEBVRE-WELY (Antoine *Lefebvre*, dit), très-habile organiste et compositeur. Né à Paris en 1762. Mort...

Notes aut. sur l'Opéra de la *Jérusalem délivrée* de Persuis. 4 gr. p. grand in-fol. Curieuse pièce.

595. LEFEBVRE (Mlle Constance-Caroline), cantatrice de l'Opéra-Comique. N. 1826.

L. aut. sig., à M.... 20 juin 1852. 1 p. in-12. Trois *portr.*-costumes coloriés, et trois scènes lith. in-fol.

LEMERCIER (Mlle Marie-Charlotte-Léocadie), actrice de l'Opéra-Comique. Billet aut. sig. 1 p. in-18. *Portr.*-costume colorié, et scène lith. in-4.

596. LEFEVRE (J.-S.), chanteur de l'Opéra où il débuta en 1785.

L. aut. sig., au maire du VIe arrondissement. Paris, 12 juin 1815. 2 gr. p. pl. in-4. Belle lettre. Intéressante. Rare.

597. LEGALLOIS (Mlle Amélie-Marie-Antoinette), excellente danseuse et mime de l'Opéra où elle débuta en 1822 dans *Clari*. N. 1804.

L. aut. sig., à M. Auber. 18 décembre 1845. 1 p. in-8. *Portr.*-costume colorié, scène (avec Albert), in-4.

598. LEGOUVE (Ernest), membre de l'Académie française, auteur dramatique : *Médée*, etc.

L. a. s., à M. Merle. Paris, 2 janvier 1850. 1 p. in-8. Deux charges.

LEMERCIER (Népomucène), poëte dramatique. 1°. L. aut. sig., à M. Henri Dupuy. 23 déc. 1833. 2 p. et demie in-8. Littéraire. — 2°. Compte sig. (avec Barba). 1817. 1 p. in-4. *Portr.* gravé in-8.

599. LEGRAND (Marc-Antoine), acteur du Théâtre-Français. auteur dramatique. N. 1673. M. 1728.

Sa signature autographe sur le titre imprimé du comte d'Essex, tragédie de Corneille. 1678. In-12. *Rare.*

600. LEKAIN (Henri-Louis), célèbre tragédien. 1729-1778.

L. aut. sig., a M... Bagnères en Bigorre, 14 d'Auguste 1769. 2 p. pl. et demie in-8. Belle lettre littéraire et dramatique, écriture fine et serrée. *Portr.* colorié.

Il croit qu'il a copié l'épître de Voltaire qu'il lui a envoyée dans une nouvelle édition, et qu'il a perdu a ne pas suivre l'ancienne qui, en totalité, lui paraît plus pathétique et mieux écrite. « Vous scavez aussi bien que moi que ce n'est « pas la première fois que M. de Voltaire a affaibli quelques unes de ses pro- « ductions, en voulant les corriger; la première jettée est souvent plus heu- « reuse et plus bouillante que ce qui est revu avec réflexion, et âme par une « exactitude trop scrupuleuse... Est-il vrai que Du Belloy s'emporte contre M. de Voltaire?... « Il faut convenir que certaine authorité est une horde bien « difficile a conduire; si on leur donne de l'encens dans a mesure, ils crient a « la fadeur, si l'on se met au-dessous d'eux dans une préface très-bien écrite. « ils se plaignent de l'ironie, comment donc faire? si pour faire sa cour a un « vieux fou, les comédiens sont assez imbéciles pour gâter le cinquieme acte « d'*Iphigenie* publie s'emporte, hue, et veut tout fracasser; en vérité, d'a- « près cet exemple, je ne conçois pas comment les entrailles de maman Drouin « sont encore a leur place, et par quel miracle la cervelle de Brisard n'a pas « encore santé.. etc., etc.

601. LEKAIN (Henri-Louis). *Le même.*

Son rôle d'*aménophis*. 326 vers aut., sig. en tête de la première page (16 gr. p. pl. et demie in-fol.). *Portr.*-costume in-fol. — On lit sur le titre. Année 1850. *Neuvième rôle de début.* — *Pour la comedie fran- çaise.* — *Aménophis.* — *Dans Aménophis. tragédie nouvelle de M. Sau- rin. Joue pour la première fois en continuation de début, le 12 novembre 1750.* — *L'autheur a retiré sa piece après la première représentation.*

602. LEKAIN (Henri-Louis). *Le même.*

Son rôle de *Zulica* 402 vers aut.. sig. en tête de la première page (13 gr. p. pl. et quart in-fol.). *Portr.*. dessin original, dans *Mahomet.*

603. LEKAIN (Henri-Louis). *Le même.*

Son rôle de *Hiascar* dans les *Illinois.* 348 vers aut., sig. en tête de la première page (11 gr. p. pl. et demie in-fol., plus, 2 p. in-4). *Portr.*-costume, dessin original, in-8.

604. LEMAITRE (Frédéric), célèbre comédien. N. 1800.

1º Reçu aut. sig. de 80 fr. pour un mois. 1821. 1 p. in-8. *Portr.*-costume et charge. Biogr. impr. 6 p. in-4.

2º L. aut. sig, à son cher camarade. Théâtrale. Intéressante.

605. LEMAITRE (Frédéric). *Le même.*

L. aut sig.. a M. Jaimes. 1 p. pl. in 8. Curieuse. *Portr.*-costume colorié. charge. — Plus. billet aut. sig. de son fils. acteur et auteur dramatique.

606. LEMENIL (Louis), acteur du Palais-Royal.

Deux lett. aut. sig. 1846.. 2 p. in 8. Curieuses. *Portr.*-costume colorié. et scene. Biograph. impr. 4 p. in-4.

607. LEMONNIER Mme, nee Lise-Leonie *Regnault,* très- remarquable cantatrice de l'Opera-Comique. N. 1786.

1º L. aut. sig. écrite et signée en son nom par son mari Lemon- nier). au duc d'Aumont. Paris, 6 novembre 1822. 2 gr. p. pl. gr. in-fol. Très-belle lettre théâtrale. (Les autographes de Lemonnier sont rares).

2º L. aut. sig. *Lise Regnault.* aux membres du comité du théâtre de l'Opéra-Comique. Ce 18.... 3 gr. p. pl. in-4. Joli *portr.* lith. in-4.

Lettre intéressante en faveur de sa sœur attachée au théatre, et que les so- ciétaires veulent renvoyer... Elle ne leur laisse pas ignorer que voyant sa sœur

sans pain et hors d'état de se pourvoir d'un engagement, elle a été rendre
compte aux supérieurs de l'état de sa peine, et du malheur qui menaçait sa
sœur...

608. **LENNOX** (E. de), président de la Société aéronautique.
L. aut. sig., à son cher général... 9 sept. 1834. 1 gr. p. pl. et
quart in-4. Intéressante. Gravure du Ballon l'*Aigle*.

609. **LE PAN** (Edouard-Marie-Joseph), ancien avocat. Longtemps rédacteur du *Courrier des Spectacles*, littérateur,
auteur d'une vie de Voltaire, d'un commentaire sur ses
tragédies, etc.   N. 1767. M....
L. aut. sig., à Grimod de La Reynière. Paris, 18 nivôse an VIII.
1 gr. p. pl. in-4. Jolie lettre. Critique du *collatéral* de Picard, etc.

610. **LE PEINTRE** *aîné* (Charles-Emmanuel), comédien très-
remarquable du Vaudeville et des Variétés. Né en 1785.
S'est noyé en 1854.
Billet aut., sig. à M... 9 mars 1854 (un mois avant sa mort). 1 p.
in-18. Deux *portr.*-costumes coloriés. Biogr. impr. 4 p. in-4.
LEPEINTRE *jeune* (Emmanuel-Augustin), frère du précédent. Excellent *compère* du Vaudeville et des Variétés. Deux chansons aut. :
1° *L'Hymen et l'Amour*. 1 p. in-8.- — 2° *La noce du cousin Bobosse*.
4 p. in-4. -- Charge de Dantan.

611. **LE PEINTRE** *jeune* (Emmanuel-Auguste), frère du précédent, acteur du Vaudeville et des Variétés.
Ma cinquantaine. Chanson aut. sig. (sa signature se trouve à la 1re
ligne). — *Quatrain sur Bouffé et Vernet* (sur la même feuille). 3 p.
pl. in-4. Biogr. impr. 4 p. in-4.

612. **LE PREVOT D'IRAY** (le vicomte Christien-Siméon),
littérateur, chansonnier, auteur dramatique, membre
de l'Institut.   N. 1768.
Le Paravent. Chanson aut. sig. 3 p. pl. et quart in-8.
LEMONNIER (Pierre-René), littérateur, auteur dramatique.
L. a. s. (en partie en vers), à Laujon. 21 mars 1766. 1 p. pl. in-4.

613. **LESCOT**, musicien et compositeur, auteur de la *Négresse*,
de l'*Amour et l'Hymen*, etc.   Né à Nantes en 1737.
L. aut. sig., à Mme.... Nantes, 22 mai 1766. 2 p. in-4. *Rare.*

614. **LESCOT** (Mlle Sara), actrice très-distinguée de la Comédie Italienne, du théâtre de l'Impératrice et du Vaudeville.   Morte en 1851.
L. aut. sig., a M. Perregaux. Paris, 4 avril 1792. 2 p. pl. in-4.
Belle lettre. Intéressante. *Rare.*

615. **LESUEUR** (François-Louis), acteur de la Gaîté et du
Cirque Olympique, puis du Gymnase. Il a épousé
Mlle Anna Chéri.
L. a. s., à son cher ami .... 25 sept. 1846. 1 p. in-8. Deux *portr.*
LUTHER (Mme Anna, née *Lupperger*, dite), actrice du Gymnase
(1837) et du Vaudeville (1856). L. aut. sig. Bordeaux, 1 p. pl. in-8.
Théâtrale. Curieuse.
LUTHER (Mlle Amédine *Lupperger*, dite), fille de la précédente, ra-
vissante ingénue du Vaudeville, qui a été au Théâtre-Français (1848)
et au Gymnase (1850). L. aut. sig., à son cher... 23 septembre. 1854.
1 p. in-8. Théâtrale. Deux *portr.*, dont un colorié.

616. **LETTRES INTIMES** d'actrices allemandes.
Dix pièces en allemand et en français, de 1813 à 1836. Ensemble,
30 p. in-8 et in-4. (Collection Huttner). — Plus, un portr. (dessin).

617. **LEVERD** (Mlle Jeanne-Émilie), femme *Cazeneuve*, célèbre comédienne du Théâtre-Français, de 1808 à 1831. 1ers rôles de grande coquette. N. 1788. M. 1843.

L. aut. sig., à Guilbert de Pixerécourt. Sans date. 2 p. in-8. Aimable lettre. Théâtrale. Joli *portr.* gravé, deux *portr.*-costumes coloriés, et scène de Duplessis Bertaux.

LIGIER (Pierre), acteur tragique du Théâtre-Français et de l'Odéon. 1° L. aut. sig., à son cher... 18 juin 1 p. in-8. — 2° Fin de lett. aut. sig. 1854. — *Portr.* in-4. — *Portr.*-costume colorié. — Charge de Tétard. Biograph. impr. 4 p. in-4.

618. **LIADIÈRES** (Pierre-Chaumont), littérateur et auteur dramatique. Les *Bâtons flottants*, etc.

1° Notice aut. sig. sur Malherbe. 8 p. pl. in-4.
2° L. aut. sig., à M... Paris, 16 février 1844. 1 p. pl. in-4.
3° Cession approuvée et signée de *Conradin et Frédérick*. 1820. 1 p. in-4.

619. **LINDPAINTNER** (Pierre-Joseph Von), l'un des premiers compositeurs allemands de ce siècle. N. 1791. M. 1856.

L. a s. (en allemand), à ses amis... 10 oct. 1841. 1 p. pl. in-4.

LOWE (Jean-Charles-Godefroid), célèbre compositeur de ballades. Il a fait aussi cinq oratoires, quatre opéras, etc. etc. Musicien d'un très-grand talent. N. 1796.

L. aut. sig. (en allemand), au maître de chapelle Mooser-Stettin. 13 mars 1842. 1 p. pl. in-4. Musicale.

620. **LINGUET** (Simon-Nicolas-Henri), avocat célèbre.

L. aut. sig., à Monseigneur.... 23 février 1779. 4 p. in.4. *Portr.* gravé in-8.

Belle lettre sur la situation fâcheuse de ses affaires par suite des poursuites exercées contre lui. Il y a (jointes ici) quatre lettres et pièces de diverses personnes relatives à ces poursuites.

CINQUIÈME VACATION.

Mardi 8 décembre. — Nos 621 à 775.

621. **LINWOD** (Miss Mary). En 1798, elle ouvrit à Londres une exposition de tableaux copiés en laine de sa main. Cette collection se composait d'environ cent tableaux admirablement reproduits d'après les plus célèbres chefs-d'œuvres connus. A sa mort elle légua à la reine Victoria son *Carlo Dolci*, la perle de sa collection.

L. aut. sig. en anglais, à M. Pratt. 16 juin 1807. 2 gr. p. pl. in-4. Belle et rare lettre. *Portr.* gravé, in-8.

622. **LIONNET** (les frères Anatole et Hippolyte), qui chantent dans les concerts avec beaucoup de succès.

1° L. aut. sig. d'Hippolyte, à M. Gatayes. 1 p. in-8.
2° Billet aut. sig., au même. Vendredi soir. 1 p. in-18.
3° Billet aut. sig. d'Anatole, in-18.

MASSET (Nicolas-Jean-Jacques). 1er ténor de l'Opéra-Comique et de l'Opéra, compositeur de romances. L. aut. sig., à MM. Ténar et Canis. Milan, 25 sept. 1845. 1 p. in-8. — Quitt. sig. 1843. *Portr.*-costume colorié.

MASSOL (Jean-Étienne-Auguste), 1er baryton de l'Opéra. N. 180 .

L. aut. sig. (a la 3e personne). 1 p. in-8. Deux *portr.*-costumes coloriés. — Scène lith. in-fol. — Charge.

623. LISTON (John), célèbre acteur comique anglais. L'artiste le plus populaire de son temps.   N. 1777. M. 1846.

Billet aut. sig. (en anglais), 15 juillet. 1 p. in-18. *Rare*. Feuille de sept jolis *portr.* gravés où se trouve le sien. — Autre *portr.* (rare).

REEVE (John), célèbre acteur comique. N. 1799. M. 1838. L. aut. sig. (en anglais), à son camarade Vining. 9 mai. 1 pl. in-8. Curieux et rare *portr.* in-fol.

REEVE (John), fils du précédent 1er comique des théâtres Lyceum et Adelphi. Sa signature, avec trois lignes aut. 29 mars 1849.

POWER (Tyrone), célèbre acteur comique dans les rôles irlandais, talent très-remarquable. Il revenait d'Amérique avec beaucoup d'argent gagné aux Etats-Unis lors de sa mort. Né en 1793. Noyé dans le *Président* en 1841.

L. aut. sig. (en anglais), à M. Peake. 5 avril 1836. 1 p. pl. in-4. Jolie lettre théâtrale. Petit *portr.* au daguerréotype.

624. LISZT (Frantz), célèbre pianiste et compositeur, maître de chapelle de la Cour de Weimar.   N. 1811.

L. a. s., à M. Maurice Schlesinger. Florence, 6 nov. 1838. 3 p. pl. in-8. Intéressante. *Portr.*-charge de Dantan, et biogr. impr. 4 p. in-4.

625. LISZT (Frantz). *Le même.*

Romance, paroles et musique aut. 4 p. in-fol. *Portr.*-charge, in-fol.

626. LITTERATEURS FRANÇAIS. 12 lett. et pièces, dont 10 aut. sig.

DAUMATZ (le général). L. s. 1854. — DECOURCELLE (Adrien). — DEROSNE (Ch.). — DUTACQ. 1854. Au sujet de ses travaux sur Balzac. Curieuse. — FOUDRAS (le Mis de). — FRANCIS. Traité signé par lui et par Anicet Bourgeois de *Napoléon*, pièce historique. — LEFRANC (Aug.). — LEGUILLOIS. — LELIOUX (Adrien). — MAIRET DUPRAT. — RICHARD. *Le percepteur des contributions, ou compte-rendu au sieur Momus, par le secrétaire-adjoint des soupers de Momus (4e Banquet).* Manuscrit aut. sig. 8 gr. p. in-fol. Curieuse pièce. — SAINT FÉLIX (Jules de). Ensemble, 21 pages in-12, in-8, in-4 et in-fol.

627. LITTERATEURS FRANÇAIS. 12 lett. aut. sig.

CAUVAIN (Henry). — COMTE (Achille). 1854. — DEFRESNE. — FAULQUEMONT. — GONDINET (Adolphe). — JUDICIS (Louis). — LA BÉDOLLIÈRE (Emile de). — LYS (Mme Ferdinande de). — MALITOURNE (A.). — PITRE-CHEVALIER. 1853. — PONS (le comte Gaspard de). — 1844. 4 p. pl. in-18. Curieuse. — VIELCASTEL (le comte Horace de). Ensemble, 18 pages in-18, in-8 et in-4.

628. LITTERATEURS FRANÇAIS. 12 lett., dont 10 aut. sig.

ABRANTÈS (la duchesse d'). — ANCELOT (Mme). — FÉLETZ (l'abbé). L. sig. — FOA (Mme Eugénie). — GIRARDIN (Emile de) — GUIRAUD (Alex.). — LAYA (Léon). — MERLIN (Mme la comtesse). Curieuse. — SAND (Mme Georges). Billet aut. sig. de son initiale G. — SANDEAU (Jules). — MORGAN (Lady). Billet aut sig. (en anglais à la 3me personne). Ensemble. 15 pages in-18, in-12 et in-8.

629. LITTERATEURS FRANÇAIS. 15 lett. et pièces, dont 12 aut. sig.

BELLENGER (Stanislas). — BIARD (Mme Léonie d'Aunel). — BOISSEAU (Henry). — DASH (la comtesse). — DÉSIRÉ. An IX. — DORÉ. L. aut. sig. 1810, et *le Porteur d'Eau*, chanson *philosophique*. Aut. 3 p. in-4. — DUMAS (Adolphe). — MARTY (J.-B.). Traité sig. (et par Dubois et Pixerécourt). — MOLÉRI. 1853. — NETTEMENT (Alfred). — SAINT-HILAIRE (Vilain de). — Deux billets aut. sig. — MÉRY. — Ensemble, 21 pages in-18, in-12 et in-8.

630. **LITTERATEURS FRANÇAIS,** etc. 12 lett. et pièces dont 9 aut. sig.

Albergati Capacelli. L. a. s. (en italien). 1702. 1 p. in-4. — Césēna (Amédée de). — Ducamp (Maxime). — Dupoty (Edouard). 1854. — Girardin (Emile de). — Halévy (Ludovic). — Jouy (de). — Lacombe (Francis). — Livry (Charles de) — Lony (Jules). — Murger (Henry). Fin de l. a. s — Piccini (Joseph). Cession sig. d'un manuscrit de Voltaire. An X. — Ensemble. 15 p. in-18, in-8 et in-4.

631. **LITTERATEURS FRANÇAIS.** 9 lett. aut. sig.

Buloz. — Césēna (Amédée de). — Houdetot (Ad. d'). — Martin Louis-Aimé. — Pitre-Chevalier. — Pontmartin (Armand de). Intéressante. — Simon (Jules). 1853. — Villemessant. — Taschereau (Jules). Charge gravée. — Ensemble, 13 p. in-8.

632. **LITTÉRATEURS ET AUTEURS DRAMATIQUES.**

Ancelot (Mme). — Barrière (Fr.). — Barthélemy-Hadot (Mme). Traité a. s. An XII. — Belcour (L.). — Bossange (A.). 1848. — Chevalier. Cession sig. an XII. — Cochinat (Victor). 1856. — Dupuis (et Eug. Devaux). Cession a s. 1840. — Keller. 1855. — Kennery (John-Henry). L. aut. sig. (en anglais). 1816. — Lacroix (Paul). — Milac. Cession a. s. 1807. — Paul (Howard), auteur dramatique américain. Billet a. s. au crayon. — Ensemble treize lett. et pièces aut. sig., 15 p. in-18, in-8 et in-4.

633. **LITTERATEURS ET AUTEURS DRAMATIQUES.**

Bernard. Cession a. s. 1806. — Blanchard. Cession sig., an IX. — Duveyrier (Honoré). 1816. — Frébault (G.-Elie). — Le Couty. Cession a. s an IX. — Racine (J.). 1853. — Gay Delatour. Cession sig. an XIII. — Rameau (et Palmier-*Francisque* aîné). Cession sig. 1832. — Saint-Amand. Cession sig. 1831. — Sénis. 1845. — Touchard (G.). Cession aut. sig. 1843. — L'auteur de *Camille*, tragédie. Ensemble, douze lett. et pièces sig. et aut. sig. in-8 et in-4.

634. **LOGIER** (Jean-Bernard), célèbre musicien et compositeur, inventeur du *Chiroplaste*.   N. 1780.

Sa biographie autographe (en anglais). 4 gr. p. pl. et demie in-4. écriture fine et serrée. Curieuse et rare. Notice manuscrite (en allemand) au crayon. 2 p. in-4.

635. **LOMBIA,** acteur espagnol.

Lombia est venu à Paris en 1847, à la tête d'une troupe assez médiocre. Lui-même est un comédien vraiment remarquable.

Billet aut. sig. in-18. Rare.

Danseurs espagnols. Pièce signée par Josefa Soto, Jean de Vegar et Ignacio Bugé (pour lui et sa femme) Quitt. de la somme de cinq cents francs reçue de M. Nestor Roqueplan, directeur du théâtre des Variétés, pour payement de leurs honoraires des premières quatre représentations à donner aux Variétés. Paris, 28 mai 1847. in-8.

Bellotin-Bon (Louis). Le meilleur acteur comique de la compagnie Sarde, amenée à Paris par Mme Ristori. Auteur dramatique. L. sig., au directeur des Variétés. Paris, 13 mai 1856. 2 p. in-8.

636. **LORTZING** (Albert-Gustave), chanteur allemand, compositeur dramatique.   N. 1803. M...

L. aut. sig. (en allemand). au baron de... 13 déc. 1845. 1 p. in-4. *Portr.* et biogr. anglaise impr.

637. **LOUVEL,** assassin du duc de Berry.

L. aut. sig. de M. Horace-Napoléon *Raisson*, littérateur et auteur dramatique.

Au sujet de la saisie qui vient de lui être faite du portrait de Louvel, qu'il avait fait graver et qui allait être mis en vente. Détails sur la manière dont s'est opérée cette saisie.

638. LOVE (Miss Emma Sarah), femme *Granby Calcraft*, très-
jolie et très-gracieuse comédienne anglaise.   N. 1801.
1° L. aut. sig. (en anglais), à M. Kenneth. 10 oct. 1826. 1 p.
in-4. Cachet.
Elle le prie de faire paraître une réclame sur sa tournée dans le *Morning
Post* et autres journaux. Ne pas regarder à la dépense, etc.
2° L. aut. sig. (en anglais, à la 3ᵉ personne), à M. Westmacott.
in-12. Deux *portr.* in-8 et in-fol.
INVERARITY (Miss Eliza), femme *Martyn*, célèbre cantatrice anglaise.
N. 1813. M. 1846. L. aut. sig. (en anglais), à M. Maxfield. Londres,
28 déc. 1831. 1 p. pl. in-4. Théâtrale. Joli *portr.*

639. LOYO (Mlle Caroline), femme *Loisset*, la plus célèbre
écuyère française.
Pétition signée, adressée au Président de la République, le **24 mai**
1852, pour obtenir le privilége d'ouvrir, au sein même de Paris, un
cirque qui s'appellerait *Cirque Napoléon*. 1 p. in-fol. *Portr.* anglais,
à cheval.

640. LYRIQUE (acteurs du Théâtre-), 11 lett. aut. sig.
BELLECOUR. — BOUCHÉ. 1842. *Portr.*-costume colorié. — DULAURENS.
1853. — DUTILLOY (J.). — FRAPPART (Jules). — JUNCA (François-
Marcel). 1845. *Portr.*-costume colorié, scène in-fol. — LEGRAND
(Auguste). Scène lith. — LEROY (J.-Fr.-Désiré *Bordier*, dit). 1851.
Scène lith. in-fol. — MEILLET (Aug.-Alp.-Ed.). *Portr.* et charge.
— SOYER (Adolphe). 1838. — TALLON. 1853. *Portr.*-costume colorié.
Ensemble, 13 p. in-8.

641. LYRIQUE (Actrices du Théâtre-), 7 lett. aut. sig.
HAMBURGER (Mlle Délia). 1854. — LARCENA (Mlle). *Portr.*-costume
colorié, et scène in-fol. — MANCINI (Mme Denise). — MEYER (Mlle
Stéfanie Maria), femme *Meillet*. Deux lett. 1857. Deux *portr.* dont un
costume colorié, et scène gravée. — NOEL (Mlle Sophie), femme *Baëyé*.
— PETIT-BRIERE (Mlle Adolphine-Louise *Faré*, dite). 1851. — VADE-
BIBRE (Mme Biber, femme *Vadé*, dite). 1844. Théâtrale. *Portr.* En-
semble, 12 pages in-12, in-8 et in-4.

642. MACKLIN (Charles *Maclaughlin*, dit), célèbre acteur et
auteur anglais.   N. 1690. M. 1797 (107 ans).
L. aut. sig. (en anglais), à M. Life. Londres, 27 sept. 1775. Belle
et rare lettre. Son *portr.* gravé sur une feuille contenant sept autres
portraits.
Relative à son procès avec la direction du théâtre.

643. MACREADY (Will.-Charles), le meilleur tragédien anglais vivant.   N. 1793.
Pièce aut. sig. écrite pour une collection d'autographes. Petite
page in-18. *Portr.* lith., scène d'Othello, et gravure du cadeau qui
lui a été offert.
AICKIN (James), célèbre acteur tragique anglais. Trois quitt. sig. de
ses appointements. 1780-1781-1791. Rare affiche du 8 juillet 1776.

644. MAFFEI (Scipion), célèbre poëte dramatique italien.
Auteur de *Mérope*, etc.
L. aut. sig. (en italien), à M... sans date. 2 p. in-4. Petit *portr.*
gravé.

645. MAILLART (Adolphe), acteur du Théâtre-Français.
L. aut. sig., à M. Thénard. 20 avril 1843. 1 p. in-8. *Portr.*
MAILLART (Louis-Aimé), frère du précédent, compositeur dramatique.
L. aut. sig., à M. Denis. 1 p. in-8. Charge gravée.

646. MAINZER (l'abbé Joseph), compositeur, écrivain musical, fondateur d'écoles de chant. Né à Trèves en 1801.

L. a. s., à M. Merruau. Paris, 23 mai 1839. 1 p. in-4. *Portr.* lith. in-4, et notice bibliographique (imprimée) sur ses travaux, 8. p. in-8.

MARESCATTY, compositeur italien, membre de la société philarmonique de Bologne. L. aut. sig. (en italien), à M. de Roquefort. Paris, 29 mars 1823. 1 p. pl. in-4.

Il le prie de faire insérer dans le *Moniteur* un article de sa composition relatif à la musique et au contre-point.

647. MALIBRAN (Mlle Marie Félicité *Garcia*, femme), en 2mes noces, femme de *Bériot*, admirable cantatrice. Née en 1808. Morte en 1836.

L. comique aut. (avec sa figure-caricature à la place de la signature), à moun ser mounsou de Louvon (au marquis de Louvois). 1 gr. p. in-4. Joli *portr.* gravé in-8. Affiche anglaise.

648. MANTE (Mlle Théophie *Escoffier*, dite), actrice de la Comédie-Française. N. 1802. M. 1849.

L. aut. sig., à son cher Saint-Paul. Paris, 16 septembre. 2 p. in-8. Théâtrale. Curieuse. Biogr. impr. 4 p. in-4.

MAXIME (Mlle Richard), tragédienne de l'Odéon et du Théâtre-Français. Née en 1815 (pendant la bataille de Waterloo).

L. aut. sig., à M.... sans date. 2 p. pl. et demie in-8. Théâtrale. Intéressante. *Portr.*-costume gravé in-4.

649. MARA (Mme Gertrude Élisabeth), née *Schmeling*, admirable cantatrice; elle partagea la faveur des Parisiens avec madame Todi, en 1782-1783. N. 1749. M. 1833.

Vers aut. sig. (en allemand). 19 juillet 1815. 1/2 p. in-4. *Rare.* Joli *portr.* gravé. Biographie (en allemand), aut. de M. Falkenstein.

650. MARA (Mme Gertr.-Elisab.), née *Schmeling*. *La même.*

Quitt. sig. *G.-E. Schmeling* (en allemand), de la somme de trente Rix-thaler. Berlin, 5 janvier 1772. 1/2 p. in-4. *Portr.* gravé in-4.

651. MARCELLUS (le comte de), littérateur.

L. aut. sig., à M. Théodore Anne, rédacteur de *La France*. La Réole, 9 octobre 1840. 2 gr. p. pl. in-4.

Lettre intéressante en remerciement de ce qu'il a bien voulu dire en sa faveur, au sujet de ses *Souvenirs d'Orient*...

BONALD (le vicomte de). Critique aut. sig. des *Souvenirs de l'Orient* du comte de Marcellus (article adressé au rédacteur de *La France*). Milhau, 2 mai 1839. 3 p. in-fol.

652. MARCHAND (Jean-Henri), censeur royal et poëte dramatique.

L. aut. sig., à M. 31 janvier 1777. 1 p. in-4. Rare.

LEHOC (Louis-Grégoire), auteur dramatique. *Pyrrhus*, etc. L. aut. sig., à Mlle Duchesnoy. 14 nov. 1808. 1 p. in-4. Cachet. Jolie lettre.

Au sujet de sa tragédie de *Pyrrhus* que la Comédie-Française va mettre au répertoire. On ignorait qu'elle avait bien voulu accepter le rôle d'Amestris... « Ce rôle sera neuf entre vos mains. Il est devenu plus important, plus dramatique avec plus de chaleur. Mais c'est sur vous que j'établis mes nouvelles espérances...

LOMBARD DE LANGRES (Vincent), littérateur et auteur dramatique. L. aut. sig., à Désaugiers. 24 mai 1823. Littéraire-dramatique. Curieuse.

653. MARÉCHAL (Sylvain), littérateur, romancier, auteur dramatique : *Le jugement dernier des Rois*, etc.

L. aut. sig., à Lablée. Paris, dernier jour de mars 1774. 3 gr. p. pl. in-4. Belle et intéressante lettre. *Portr.* grand in-4.

Il l'entretient longuement de ses affaires de cœur et s'enquiert des siennes... Il n'a vu qu'une fois depuis son départ M. Palissot qui a dû faire une lecture la reine d'une comédie de sa façon intitulée : *les Courtisanes*. C'est un tableau théâtral du regne précédent, qui lui semble hardi, et qui demandait la plume d'un autre Aristophane...

654. MARGAT, aéronaute.

L. aut. sig., à M... Paris, 31 juillet 1837. 1 p. in-4.

MARGAT (Mme), femme du précédent, aéronaute. L. aut. sig., à Mme de Villeuve (sans doute Madame Villenave). Paris. 30 juillet 1818. 1 p. in-4.

655. MARIA (Mlle Jacob), femme d'Henneville, danseuse de l'Opéra. Se retira en 1848.

L. aut. sig., à M.... Paris. 20 janvier. 1 p. in-8. Jolie lettre. Intéressante. Trois *portr.*-costumes, et pas de deux avec Mabille. Biogr. impr. 4 p. in-4.

656. MARIO DI CANDIA, célèbre ténor. N. 1816.

L. aut. sig. (en italien), à M. Zacheroni. Londres, 7 mai 1853. 3 p. in-8. Belle lettre. Joli portr.-costume colorié du *Trovatore*. Biogr. impr. 4 p. in-4.

Il ne lui a pas répondu tout de suite, craignant de le faire avec colère, au lieu de se moquer de M. Corti, qui veut faire des *sacrifices* pour lui, sans qu'il lui en ait demandés; à ce qu'il sait. Mme Grisi et lui avaient déjà fait dire à M. Corti, qu'ayant pris d'autres engagements, ils ne pouvaient traiter avec lui. « Or, cher monsieur, vous comprenez combien la proposition que vous me faites « au nom de M. Corti doit me paraître singulière. Il ne nous est pas encore « arrivé, à Mme Grisi et à moi, d'avoir besoin de sacrifices de qui que ce soit « — encore moins du théâtre de Paris, lequel, dit-on, en a bien besoin, depuis « notre départ, pour son propre compte... ... »

657. MARIO DI CANDIA. *Le même.*

L. aut. sig. (en italien), à M. Corghi. Brighton, 12 oct. 1855. 2 p. in-8. Papier de deuil, enveloppe avec cachet.

Il a reçu le rôle de *Lodorico* dans le *Siège de Florence*, et il fera son possible pour l'apprendre au plus vite. « Vous pouvez comprendre pourtant qu'a- « près avoir essuyé un aussi grand malheur, après avoir perdu l'objet qui est « à tout homme le plus cher et le plus vénéré, je n'ai pas trop la tête à la mu- « sique! Mais j'espère faire de mon mieux. » Il sera à Paris vers le 20, et demande des nouvelles de Bottesini, de Salvi, etc. « Comment va la barque de » poésie, de musique, et d'ennuis qui s'appelle le théâtre? »

658. MARRYAT (le capitaine), célèbre romancier maritime anglais, auteur d'une farce jouée au Lyceum.

L. aut. sig. (en anglais), à son cher Charles ... Mardi 25 avril. 2 p. pl. et demie petit in-18. Aimable lettre. *Portr.* gravé in-8.

659. MARS (Mlle Anne-Françoise-Hyppolyte *Boutet*, dite), fille de Mouvel, comédienne inimitable du Théâtre-Français. N. 1779. M. 1847.

L. aut. sig., à M. Bouilly. Sans date. 1 p. pl. in-8. Jolie lettre. *Portr.*, scène de l'École des Vieillards. — Idem de Duplessis Bertaux charge. et lettre imprimée.

Elle a *intrigué* pour lui, et il a été décidé que l'on allait s'occuper sur le champ de Mme de Sévigné pour le spectacle de la Cour; « ainsi, il n'y a point « de refus qui tienne, il faudra bien que notre jolie comédie ait une reprise. « Messieurs de Rémusat et Montesquiou sont d'accord là-dessus, j'espère que « vous n'aurez pas un avis contraire au leur, et pourvu que mon joli corset aille « encore passablement à ma taille nous serons tous contens... »

660. MARSCHNER (Henri), l'un des meilleurs compositeurs allemands de ce siecle. N. 1795.

1° L. aut. sig. (en allemand), à MM. Sturm et Hoppe. Hanovre. 23 août 1845. 1 gr. p pl. in-4.

Sur des propositions qu'on lui a faites pour publier ses œuvres. Il leur demande leurs conditions... Son nouvel opera, *Adolphe de Nassau*, sera compris dans le traité.

2° L. aut. sig. (en allemand), a son ami. 17 février 1838. 1 gr.
p. pl. in-4. Intéressante. Envoi d'une de ses compositions.
    Marschner (Mlle Amélie *Wohlbück*, femme du précédent, excellente
chanteuse. L. aut. sig. (en allemand), in-8 a M. Falkenstein. Dresde, 2
avril. 2 p. in-8.

661. MARSOLLIER DES VIVETIERES, auteur dramatique.
    L. aut. sig., à Mme Kreutzer, 17 oct. 1810. 3 p. pl. in-4. Jolie
lettre. Intéressante. Portr. gravé in-8.

662. MARTAINVILLE (Alphonse de), littérateur et auteur
dramatique. Débuta au théâtre de la Cité dans *Frontin
tout seul.*   N. 1777. M. 1830.
    Pièce aut. 4 gr. p. pl. in-4.
    Critique de la comédie en cinq actes sur laquelle M. Bellemare a bien voulu
lui demander son avis. Il l'a lue avec autant d'attention que d'intérêt, et il
croit que la franchise est le meilleur moyen de lui prouver combien il est sensible a cette marque de confiance et d'estime.
    Martainville, femme du précédent, cantatrice de la chapelle du
roi en 1830. Compositeur de romances. L. aut. sig. a M. Soulié.

663. MARTHE (Mlle Marthe *Letessier*, dite), actrice de
l'Odéon, du Gymnase et du Vaudeville. S'asphyxia le
9 mars 1853, âgée de 26 ans et trois mois.
    L. aut. sig., à son cher régisseur ... 1 p. in-8. — Billet de bal
signé. *Portr.*-costume colorié

664. MARTINEZ DE LA ROSA (François), célèbre homme
d'Etat et littérateur espagnol, auteur d'*Aben-Humeya*,
drame joué à la Porte-Saint-Martin.
    1°. L. a. s. (en espagnol), a M. ... 25 juin. 1 p. in-8. *Portr.* in-18.
Aimable envoi d'un billet pour visiter le château de la Malmaison.
    2°. Discours imprimé (en espagnol), avec la dédicace aut. sig. en
tête. 4 gr. p. in-fol.

665. MARTINEZ (Mme Maria), femme *Mariano Morena*, dite
la *Malibran noire*. Belle négresse, admirablement bien
faite, qui a eu un grand succès à Paris dans les concerts
et aux Variétés (1851). Sa voix est très-étendue.
    L. aut. sig., à M. ... Paris, 19 février 1853. 1 p. in-8. *Rare.* Cu-
rieuse charge. Scène (Son début au Théâtre Italien de Londres) avec
notice imprimée.

666. MATHEWS (Charles), l'un des plus célèbres comédiens
du théâtre anglais.   N. 1776 M. 1835.
    L. aut. sig. (en anglais, a Elliston. Londres, 15 juillet 1817. 1 p.
pl. in-4. Belle lettre. *Portr.* dans sept rôles de la même pièce, coloriés.

667. MATHURIN (le révérend Robert-Charles), célèbre auteur
de la remarquable tragédie de *Bertram.*   N. 1825.
    L. aut. sig. (en anglais), à M. ... 10 nov. 1850. 2 p. pl. et demie
in-4. Belle et rare lettre.
    Relative à des embarras financiers, dont il attribue la cause à de malheureuses
spéculations littéraires.

668. MATTOCKS (Georges), célèbre acteur anglais. M. 1804.
    L. aut. sig. (en anglais), a M. Macklin. 17 sept. 1 p. in-8. Au bas,
et sur les trois feuillets suivants se trouvent de nombreuses notes
autographes de *Macklin.*
    Relative a son départ en tournée pour Manchester.

Mattocks (miss Isabella *Hallam*), femme du précédent. 1746-1826.
L. aut. sig. (en anglais), à M. ... 24 février 1822. 2 gr. p. pl. et
demie in-4. Belle et rare lettre. *Portr.* gravé.

669. **MELINGUE** (Etienne-Marin), très-remarquable comédien du boulevart, créateur de *d'Artagnan*, de *Monte-
Christo* et de *Benvenuto Cellini*. Bon sculpteur. N. 1808.
L. aut. sig , à MM. Ténar et Caunis. 1 p. pl. et demie in-8. Curieuse. Trois *portr.*-costumes coloriés, charge, scène gravée du capitaine Lajonquière, et biogr. impr. 6 p. in-4.

670. **MENDELSSHON BARTHOLDY** (Félix), célèbre compositeur allemand. N. 1809. M. 1847.
L. aut. sig. (en allemand), à M. Otto Prechtter, Leipsig. 4 janvier
1843, 3 gr. p. pl. in-4. Cachet. Très-belle et très-intéressante lettre
musicale. *Portr.*

671. **MENESTRELS AMERICAINS** (les). *Minstrels* (the
american).
Cette troupe parut pour la première fois en Angleterre en 1843. Elle était
composée de quatre chanteurs. Après avoir obtenu un grand succès à Londres,
les *menestrels* parcoururent la province, puis vinrent débuter à Paris, au Palais-Royal.
Dossier très-curieux, renfermant des lettres ou billets a. s. des
quatre *Ménestrels*, ainsi que de leur agent, adressées à M. Burten,
amateur d'autographes. Cette collection est *unique*.
1°. King (James-H.). 1844. 1 p. in-4.
2°. Robins (Guy.-C.). 1844. 1 p. in-8.
3°. Parker (Villiam). 1844. 1 p. in-8.
4°. Wolcott (James). 1844. 1 p. in-8.
5°. Haynes (Gédeon), agent des *Ménestrels*. 1844. 1 p. in-8.
Ces cinq lettres sont en anglais. *Portr.* des quatre ménestrels (Illustration).

672. **MENESTRIER** (Casimir), littérateur, chansonnier et
auteur dramatique.
Le clerc de notaire au clair de lune, romance aut. sig. 1 gr. p. pl.
in-4. Curieuse pièce.
Melésville (Anne-Marie-Joseph *Duveyrier*, dit), auteur dramatique.
L. aut. sig., à Arnal. Marly-le-Roi, le 27 sept. 1850. 2 p. pl. in-8.
Jolie lettre. Intéressante.

673. **MENGOZZI** (Mlle Sara..., femme du compositeur),
mère de madame Guillemin du Vaudeville. Charmante
amoureuse chantante des Beaujolais et des Variétés.
L. a. s., au Garde des Sceaux. Paris, 5 juillet 1824. 1 p. in-4. *Rare.*

674. **MENIER** (Joseph), célèbre acteur de la Comédie Italienne.
L. a. s., à M. Quétant. Paris, 31 janvier 1781. 1 p. in-4. Cachet. *Rare.*
Il vient de proposer le *Dormeur* pour mardi, mais Michu est malade...

675. **MENJAUD** (Jean-Adolphe), acteur du Théâtre-Français.
L. a. s., à M. .... Rome, 19 octobre 1847. 3 p. pl. in-8. Charmante
lettre. Scène du *Château de ma nièce*. In-4. Biogr. imprimée. 4 p. In-4.
Menjaud (Mme), née Armantine Emilie *Devin*, femme du précédent.
Deux billets a. s. 2 p. in-18. Deux *portr.*-costumes, dont un colorié.
Menjaud (Henri-Horace-Félix), fils des précédents, acteur des Dé-
lassements-Comiques, et du Théâtre-Lyrique. L. aut. sig., à ....
Rome, 12 sept. 1846. 2 p. in-4. Jolie et touchante lettre. Charge.

676. **MERY**, poëte marseillais, auteur dramatique.
Deux lett. aut. sig., à divers. Ensemble, 3 p. in-8. *Portr.*-charge.

677. MEYERBEER (Giacomo), célèbre compositeur.

1°. Fragment musical aut. sig. Paris, 1855. In-8. *Portr.* et trois charges gravées.

2°. L. aut. sig., à M. Auber. Berlin, 10 mars 1843. 2 gr. p. pl. in-4.

Il lui demande la permission d'introduire près de lui par ces lignes M. Rellrtab, un des littérateurs les plus célèbres de l'Allemagne. Sa réputation est également grande comme poète et prosateur, et il est regardé en outre comme un des plus profonds et des plus spirituels critiques en matière littéraire et musicale, et ses articles attirent l'attention de toute l'Allemagne.

678. MEYERBEER (Giacomo). *Le même.*

Deux lett. aut. sig., à divers. 2 p. pl. in-8.

679. MEZERAY (Mlle Marie-Antoinette-Joséphine), charmante et célèbre actrice du Théâtre-Français, de 1791 à 1816. Née en 1775.   Morte en 1823.

L. aut. sig., à son cher Alex. Rouen, 12 germinal. 1 p. pl. in-8. Jolie lettre. Scène gravée de Duplessis Bertaux (Barbier de Séville).

Il y a longtemps qu'elle est privée du bonheur de le voir. « Que je m'en-
« nuye! prends pitié de moi, viens, je t'en conjure, le plus tôt qu'il te sera
« possible. Je n'ai pas le temps de t'écrire une longue lettre : il faut que j'aille
« à la répétition. Car c'est ce soir que je débute. On a hier annoncé au public
« la représentation d'aujourd'hui, et quand on nous a nommés, ils ont applau-
« dis avec transport. Ce qui est d'un bon augure. Malgré cela je ne puis me
« défendre d'une certaine émotion. Mais cela se passera... »

680. MILANOLLO (Mlle Thérèse), petite merveille sur le violon.   Née en 1826.

L. aut. sig., à M. Elben, rédacteur du Mercure, à Stuttgart. Echengen, le 29 avril 1846. 1 p. pl. in-8 (papier vert). Musicale.

681. MINETTE (Mlle Marie *Ménestrier*, dite), femme *Mar-guerite*, charmante actrice du Vaudeville et du Gymnase, auteur de *Piron au café Procope*, vaudeville. 1789-1853.

L. aut. sig., à .... Sans date. 3 p. pl. in-8. Très-jolie et très-aimable lettre. Théâtrale. Deux *portr.*-costumes coloriés.

MILEN (Mlle C. *Ménestrier*, dite), sœur de la précédente, actrice de l'Odéon et des Variétés. N. 1783. L. aut. sig., à Picard. 2 p. pl. in-4. Belle et rare lettre. *Portr.*-costume.

682. MIOLAN (Mlle Félix), femme *Carvalho*, chanteuse de l'Opéra-Comique et du Théâtre-Lyrique. Ses meilleures créations sont : les *Noces de Jeannette*, la *Fanchonnette* et la *Reine Topaze*.

L. aut. sig., à M. .... 1 p. in-8. *Portr.* (très-ressemblant) in-fol., et scène de : les Papillottes de M. Benoît, in-fol.

CARVALHO (Léon), mari de la précédente, basse-taille de l'Opéra-Comique, directeur du Théâtre-Lyrique. Billet aut. sig. 1 p. in-8.

MARINONI (Mlle Jeanne-Charlotte, célèbre chanteuse italienne. L. a. s. (en italien), à Benelli. Hanovre, 20 oct. 1819. 2 gr. p. in-4. *Rare.* Théâtrale. Détails sur son engagement à Amsterdam.

683. MIOLAN (l'abbé), physicien et aéronaute.

L. aut. sig., à Monseigneur .... 16 mars 1783. 2 p. in-4.

Il sait que M. Charles, professeur de physique, lui a porté plainte hier contre M. Marat... Il prend la liberté de lui communiquer ce qu'il a appris hier au
soir de la bouche même de M. Charles, en présence de MM. Robert, logés
chez lui, et de plusieurs autres personnes qui assistaient à la leçon de ce professeur. « M. Marat, nous dit ce professeur, est venu ce matin me demander
« une explication au sujet du parallèle que j'ai fait dans mes leçons, de lui et
« de Comus. Comme je sais qu'il est vif, je lui ai arraché son épée, que j'ai
« cassée, et je l'ai roué de coups; il sera heureux s'il ne reste pas borgne du
« coup de poing que je lui ai donné dans l'œil. » Ce parallèle indécent de
M. Marat et de Comus a été fait en présence de plus de quarante personnes, et
l'abbé Miolan était du nombre...

684. **MIROY** (Mlle Clarisse), actrice de drame, créatrice de
la Grâce de Dieu.   N. 1820.
> Deux lett. aut. sig. in-8 et in-4. Joli *portr.* lith. (avant la lettre),
> Curieux imprimé. Biogr. impr. 4 p. in-4.
> JENNEVAL (Edouard *Lemoine*, dit), acteur qui jouit d'une réputation
> immense en province dans l'emploi de Frédéric Lemaître.
> L. aut. sig. 8 mai 1855. 1 p. in-8. Curieuse.

685. **MITFORD** (Miss Mary-Russell), littérateur, auteur de
Notre Village, de *Rienzi*, tragédie, etc. Peu de femmes
ont brillé avec plus d'éclat parmi les écrivains anglais
de ce siècle.   N. 1789. M. 1855.
> 1°. Pièce de vers aut. sig. (en anglais), envoyée à M. Robert
> Ashton. 3 juin 1843. 1 p. in-12, Cachet. — 2°. Deux lignes aut. sig.
> 1842. *Portr.* gravé.
> MORGAN (Miss Sydney *Owenson*, Lady), célèbre romancière et au-
> teur dramatique. L. aut. sig. (en anglais), à Miss Eliza Smith. Jeudi.
> 2 p. in-18. *Portr.* gravé in-8.
> Aimable invitation à venir passer la soirée chez elle. Elle a eu chez elle hier
> soir un *beau* qui a beaucoup regretté son absence.

686. **MOCKER** (Ernest-Eugène), ténor de l'Opéra-Comique.
> Trois lett. aut. sig., à son cher Thuillier, à son camarade Henri,
> etc. 1852 et 1855. 5 p. in-8. Intéressantes. — Quitt. sig. de feux
> Deux *portr.*-costumes coloriés, et petit *portr.* découpé (rare). Biogr.
> impr. 4 p. in-4.
> MOCKER (Mlle Maria), fille du précédent, comédienne agréable du
> Vaudeville. N. 1834. M. 1855. Billet aut. sig. 26 janvier. 1 p. in-18.

687. **MOESSARD** (Simon-Pierre), bon comédien de la Porte-
Saint-Martin, pendant plus de trente ans. Prix Monthyon.
Né en 1784.   Mort en 1854.
> L. aut. sig., à M. Lefeuve. Paris, 28 oct. 1819. 2 gr. p. in-4.
> *Portr.* lith. (très-ressemblant) in-4. Autre portr. (dessin original), in-
> 12, et jolie scène de la *Biche au bois*, coloriée, in-fol. Curieux dossier.
> Lettre intéressante au sujet de sa situation pécuniere.

688. **MOLÉ** (Mlle Julie *Delavigne*, femme), en 2mes noces
femme *Légé*, puis comtesse *Albitte de Vallivon.* Remarquable actrice du théâtre de *Monsieur* en 1789, plus
tard au théâtre de l'Impératrice. Traducteur de *Misan-
tropie et repentir.*   M. 1832.
> L. aut. sig., à Picard et sa société. Samedi, 6 juillet 1816. 2 p.
> pl. et demie in-4. Belle et rare lettre.
> Détails intéressants sur ses productions théâtrales.

689. **MONCRIF** (François-Augustin *Paradis* de), littérateur.
> L. aut. sig., à M. de Solignac. Versailles, 6 décembre 1752. 1 p.
> pl. in-4. Jolie et aimable lettre.

690. **MONNIER** (Henry Bonaventure), excellent dessinateur,
littérateur et comédien.   N. 1805.
> L. aut. sig. 1 p. in-8. Théâtrale. *Portr.* gravé (très-ressemblant)
> in-8, et biogr. impr. 4 p. in-4.
> MONNIER (Mme Henri), née Caroline .... femme du précédent. Ac-
> trice du Gymnase (1835) et du Vaudeville (1839). L. aut. sig. *Caro-
> line*, à Mme Ferville, à la suite d'une lettre aut. sig. de son mari
> à Ferville. Niort. 6 février 1836. Ensemble, 3 p. pl. in-8. Théâtrale.
> intéressante. *Portr.*-costume, colorié.

691. MONPOUE (François-Louis-Hippolyte), célèbre compositeur d'opéras et de romances. La fameuse romance de *Gastibelza* est de lui. N. 1804. M. 1841.

L. a. s., a son cher petit ange.... 1 p. pl. in-4. Tendre et affectueuse.
MASINI (F.), compositeur très-distingué.
Où va mon âme? Romance aut. sig. (paroles et musique). 3 p. in-fol.

692. MONROSE (Louis *Barrizain*, dit), sociétaire et premier comique du Théâtre-Français. N. 1813.

L. aut. sig., à son cher ami ... 1 p. pl. in-8. Curieuse. *Portr.*-costume. Biogr. imprimée de son père (Claude-Louis). 4 p. in-4.
MONROSE (Eugène), frère du précédent, acteur du Théâtre-Français et de l'Odéon. L. aut. sig., à .... Rouen, 29 juillet 1842. 1 p. in-12.
PÉRIER (Antoine), acteur sociétaire de la Comédie-Française. Débuta en 1814. Se retira en 1845.
L. aut. sig., a M. Desnoyers. 11 mars 1847. 1 p. in-4. Deux *portr*-costumes, dont un colorié.

693. MONTDIDIER (Alexis), acteur du Gymnase dramatique et de l'Ambigu.

L. aut. sig., à M. Thénard. Rouen, 4 janvier 1842. 3 p. pl in-8.
Portr.-costume colorié. — Scène du *Fils du Diable*, coloriée, in-fol.
Détails curieux sur ses débuts à Rouen.
NUMA (Marc *Beschefer*, dit), acteur du Gymnase et des Variétés. L.
aut. sig. 13 janvier 1853. 1 p. pl. in-8. *Portr.* lith. sur chine, in-4.
NUMA (Emile), fils du précédent, acteur du Gymnase. Billet a. s. in-12.

694. MONTESSU, célèbre danseur de l'Opéra, où il débuta en 1817 dans la *Caravane*.

L. aut. sig., au baron .... Londres, 17 avril 1821. 1 p. in-4.
Jolie lettre. *Rare.* Au sujet de son engagement à l'Opéra.
MONTESSU (Mlle Pauline *Paul*), femme du précédent, sœur de Paul l'Aérien. Charmante et célèbre danseuse de l'Opéra de 1820 à 1836.
L. aut. sig., à son bon petit Henry. Ce dimanche. 1 p. in-8. *Rare.*

695. MONTGOLFIER (Jacques-Etienne), célèbre aéronaute. Né en 1745 Mort en 1799.

Copie autographe d'une lettre de M. Necker à lui adressée, du 13 oct. 1788. 1 p. pl in-4. Avec la *Vue perspective du jardin de M. Reveillon fabricant de papier, fauxbourg S. Antoine, à l'ancien hôtel de Titon, ou se sont faites les expériences de la machine aérostatique de MM. Montgolfier frères* (au moment de l'enlèvement de cette machine dans le courant de l'été, en l'année 1783, *à la satisfaction d'un concours immense d'amateurs*. Grande planche double in-fol. gravée. Curieuse et rare.
Il rend avec plaisir toute la justice qui est due à ses travaux, et au zèle avec lequel il cherche à les rendre utiles au commerce; mais les circonstances sont trop difficiles pour que le roi puisse prendre aucune part en ce moment aux dépenses de l'exécution du projet dont il s'occupe : Sa Majesté s'y refuse absolument...

696. MONTLAUR (le comte Isidore de), embrassa momentanément la carrière du théâtre, non en France, malgré le succès qu'il y aurait eu, mais à Saint-Pétersbourg, où il fut 1er ténor de l'Opéra-Français.

L. aut. sig., à M. Auber, son ami. Montpellier, 15 février 1842. 2 p. pl. in-8. Intéressante. Notice aut. du baron de Trémont.
MASSIMINO (Frédéric), professeur de chant. L'art lui doit d'avoir le premier introduit en France l'enseignement simultané et mutuel de la musique. L. aut. sig., à M. Auber. Paris, 12 août 1844 2 gr. p. pl. in-4. Sur son enseignement musical.

697. **MONVEL** (Jacques-Marie *Boutet*, dit), acteur sociétaire du Théâtre-Français, auteur dramatique, membre de l'Institut. **N. 1745. M. 1811.**

L. aut., à Mlle Candeille. 1 gr. p. pl. in-4. Portr. gravé in-4.
Jolie et intéressante lettre sur la pièce de *Louise*. Il y est question de sa fille (Mlle Mars), et de Mlle Conta¹.
MONVEL (Noël-Barthélemy *Boutet*, dit), fils du précédent, auteur dramatique. L. aut. sig..au citoyen Grimod de la Reynière. Paris, 21 frimaire an XI. 1 p. pl. in-4. En tête se trouve la jolie vignette de Roger.

698. **MORE** (Madame Hannah), célèbre dessinateur et auteur dramatique anglais. Femme très-remarquable sous tous les rapports. **N. 1744. M. 1833.**

L. aut. sig. (en anglais), à Mme Kemp. 11 juin. 3 gr. p. pl. in-4. Cachet. Belle et affectueuse lettre. Rare.

699. **MOREAU** (L.-D.), 1re basse-taille de l'Opéra en 1776.

L. aut. sig., aux citoyens administrateurs de l'Opéra. (Paris) 24 thermidor an VI. 3 gr. p. in-fol. Apostillée en marge par Lays, Guichard et Lasuze. Théâtrale. Curieuse et rare.

700. **MOREAU** (J.), chanteur de l'Opéra-Comique. **M. 1822.**

L. aut. sig., à ses camarades. 9 juillet 1813. 3 gr. p. pl. in-4. Belle et rare lettre. Théâtrale. Intéressante. *Portr.* dans la *mélomanie.*

701. **MOREAU** (Jean-Eugène), acteur du Panthéon, secrétaire du théâtre des Variétés, auteur dramatique.

1º. L. aut. sig., à Ferville. 4 août. 1 p. in-8.
Relative à son drame, *Louise de Rouvray.*
2º. Vers aut. sig., lus au banquet de Molière, le 15 janvier 1856. 5 p. pl. in-4. Jolie pièce, bien complète.

702. **MOREAU** (Mme Elise), poëte.

Le jour de la Toussaint. Pièce de vers aut. sig. adressée à M. le docteur Hunault de la Peltrie. Octobre 1838. 1 gr. p. pl. in-fol.
2º. L. a. s., à M. Garnier. Parthenay, 22 mars 1839. 3 p. pl. in-ô.

703. **MOREAU-SAINTI**, acteur de l'Opéra-Comique.

L. a. s. 1 p. in-8. — Quitt. sig. 1 p. in-4. *Portr.*-cotume colorié.
MOREAU-SAINTI (Mme), femme du précédent, actrice du Théâtre-Français et de l'Odéon. L. aut. sig. 1 p. pl. in-8.
MOREAU-SAINTI (Théodore), fils des précédents, acteur de l'Odéon et des Variétés. Billet aut. sig. *Portr.*-costume.

704. **MORLACCHI** (François), célèbre compositeur italien, maître de chapelle de Saint-Pierre-du-Vatican. 1784-1841.

Romance (paroles et musique aut. sig.), tirée de son opéra *J. Saraceni in Sicilia.* 1 p. et quart in-fol. *Portr.* lith. in-8.

705. **MOSCHELES** (Ignace), célèbre pianiste et compositeur.

L. a. s. (en allemand), à M. Maurice Schlesinger. Londres, 8 février 1831. 1 gr. p. pl. in-4. Jolie et intéressante lettre musicale. *Portr.*

706. **MOSEL** (Ignace-François de), excellent compositeur allemand. **N. 1772. M. 1844.**

L. aut. sig. (en français), à Persuis. Vienne, 21 février 1819. 2 gr. p. pl. et demie in-4. Cachet.
Il l'entretient de ses affaires particulières qu'il espère avoir arrangées à sa satisfaction, et lui demande son avis sur son opéra de *Cyrus* qu'il lui a envoyé depuis plusieurs mois...

707. **MOSKOWA** (le prince de la), fils du maréchal Ney,

compositeur distingué. En 1855, il donna *Ivonne* à
l'Opéra-Comique.

Deux lett. aut. sig., à M. le comte .... 1825. 3 p. in-8.

MONTFORT (P.-L.), musicien et compositeur. L. aut. sig. de ses
initiales, à Benelli. Paris, 14 juillet 1818. 2 gr. p. pl. in-4. Musicale.

708. **MOUNTAIN** (Miss Rose *Wilkinson*, femme), célèbre
cantatrice et comédienne anglaise, de 1786 à 1815. Elle
brillait surtout par la grâce et par la naïveté de son jeu.
Née en 1768.   Morte en 1842.

L. aut. sig. (en anglais), à M. .... 1er juin 1829. 2 gr. p. pl.
in-4. Spirituelle et rare lettre. *Portr.* gravé (ressemblant).

MACAULEY (Miss Elisabeth Wright), comédienne, littérateur et auteur dramatique. N. 1785. M. 1837. — 1o. L. aut. sig. (en anglais),
à M. Kenneth. 7 nov. 1831. 2 p. in-8. Jolie lettre théâtrale. Joli
portr. gravé in-8. — 2o. L. aut. sig. (en anglais), à M. Westmacott.
6 avril 1835. 1 p. in-4.

709. **MOZART**, l'immortel compositeur de *Don Giovanni*,
des *Nozze di Figaro*, de *la Flûte enchantée*, etc.

Scena. Partition musicale aut. sig. Monacoli, le 8 mars 1781. 24
p. in-fol. oblong. 1/2 rel. Rare.

710. **MOZZI DOLFI** (Mme), née Rosa *Taddei*, célèbre improvisatrice italienne.   N. 1801.

L. aut. sig. (en italien), à Mme Sophie Sasserno. Rome, 21 février
1843. 2 gr. p. pl. in-4. Très-jolie lettre.

Elle a reçu sa lettre ainsi que les charmants vers qui sont le portrait de son
âme pure et candide, sans l'avoir jamais vue, elle se sent attirée vers elle par
la sympathie. « Notre amitié sera douce et stable, parce qu'elle est basée sur
« l'estime réciproque... » Elle a goûté avec bonheur les beautés poétiques qui
se trouvent dans ses *Sylphides*. Si le cœur de tous les écrivains était aussi pénétré que le sien de l'amour de ce qui est beau, l'on ne verrait pas l'Europe
inondée d'un déluge de vers qui ne célèbrent que les crimes, etc.

711. **MUNDEN** (Joseph Shepherd), admirable comédien anglais.   N. 1758. M. 1832.

L. aut. sig. (en anglais), à M. Mills. Lundi, 19 sept. 1825. 1 p.
in-4. Belle et rare lettre. Deux *portr.* gravés.

712. **MURVILLE** (André), littérateur et auteur dramatique.

1o. L. aut. sig., à Champein. Paris, 30 juillet 1810. 1 p. pl. in-4.
Curieuse. — 2o. Article aut. sig. sur *Les triomphes et la paix, odes
par Chaussard*. 3 gr. p. pl. in-4. En partie en vers.

MONCRIEFF (William), célèbre auteur dramatique anglais devenu
aveugle. L. a. s. (en anglais), à M .... 10 juillet 1831. 2 p. pl. in-8.
Relative à un très-beau portrait de Mme Siddons par sir Joshua Reynolds
qu'il possède et qu'il désire vendre. Détails.

713. **MUSARD** (Philippe), chef d'orchestre et compositeur.

L. aut. sig., à M. .... Auteuil, 20 nov. 1843. 1 p. in-8.

MUSARD (Alfred), fils du précédent, chef d'orchestre des *concerts
Musard*. L. aut. sig., à M. .... 26 déc. 1851. 1 p. in-8. *Portr.* des
deux Musard (par Nadar), et charge.

714. **MUSICIENS - COMPOSITEURS, FRANÇAIS ET
ETRANGERS.** 10 lett. aut. sig., et 3 pièces sig.

BLANCHARD (Henri). 1838. 2 p. in-8. Musicale.—BOESSET (Antoine),
sieur de *Villedieu*, maître de la musique du roi en 1617. N. 1585. M.
1643. Quitt. sig. sur parch. 1614. — CORRI (Monte). 2 p. in-8 (en
anglais). — DUFRÈNE (Louis-Jean). 1856. 1 p. in-8. — DUPREZ (C.).
Touchante lettre. 1 p. in-4. — HAWES (Will.). 1828. 1 p. in-8. —
HOGARTH (George). Jolie lettre (en anglais). 1 p. in-8. — KÖNIG
(Herr), célèbre joueur de cornet à piston. 2 p. in-8 (en allemand). —

KREUTZER (Jean-Nicolas-Auguste). N. 1781. M. 1832. 2 p. in-8. — LATOUR (Jean), pianiste du prince de Galles. 1842. 1 p. in-8. — MARÈS (Mlle Cécilia-Maria). Billet de concert sig., et envoi aut. sig. de ce billet. 1856. — MATHIEU, bassiste de l'Opéra. 1 p. in-8.

715. MUSICIENS - COMPOSITEURS, FRANÇAIS ET ETRANGERS 10 lett. aut. sig. et une pièce sig.

MEIFRED (Joseph-Émile). 1844. 1 p. in-8. — MORI (en anglais). 1 p. in-8. — NEUKOMM (Sigismond). Dédicace aut. sig. (en allemand), d'un oratorio au roi de Prusse, Frédéric Guillaume IV. 1 p. in-8. — PASDELOUP. 3 p. in-8. — PASTOU (le chevalier). 1844. 1 p. in-8. — PIETRAGRUA (Charles-Louis), maître de chapelle du roi de Saxe en 1690. Quitt. aut. sig. (en italien), in-4. — REYER (E.) 1854. 1 p. in-18. — ROBERT (Pierre), maître du musique de la chapelle du Roi, compositeur de Motets. N. 1611. M. 1686. Quitt. sig. (sur parch.). 1675. — RODWELL. L. a. s., en partie en musique. 1 p. in-18. — SCIO. 1809. 3 p. in-4. — SENART (Sir George). 1834. 2 gr. p. in-4. (en anglais).

746. MUSICIENS ET MUSICIENNES de la chambre du roi, de 1577 à 1726. 26 pièces signées et 2 aut. sig., dont 27 sur parchemin.

Boisset (Jean de); Bony (Pierre); Boullenger (Guillaume de); Caroubel (Pierre-Francisque); Chabanceau de la Borre (Pierre); Chancy (François de); Charlot (Prosper); Cordier dit Bocquant (Jacques) Dardon (Claude); Desvoyes (Claude); Dupuis (Damoiselle Hilaire); Fonteaux de Sercamanen (Damoiselle Anne); Granson (Pierre); Gruau (Louis); Hannes Desjardins (Philippe); Huguenet (Sébastien); Jourdan de la Salle (Anne-Louis), maître de guitare aut. sig.; La Barre (Joseph de); Lagneau (Pierre-Henri); Landrin, organiste du Roi. Aut. sig. 1724 (sur papier). Il a examiné, par ordre de l'Évêque de Rennes. le mémoire des réparations qui étaient a faire a l'orgue de la chapelle royale a Fontainebleau qui était presque ruinée; Lemoyne (Etienne); Le Roy de Beaumont (Philippe). Trois quitt.; Oultrebon (Antoine); Pièche (Pierre). Flûte; Pignon, sieur des Coteaux (Réné); Rossi (Gio Carlo). — Toutes ces pièces sont des quittances de sommes reçues pour traitement de leur charge.

747. MUSICIENS ANGLAIS. 11 lett. aut. sig. (en anglais).

ANDERSON (Mme Lucy), pianiste de la Reine. Billet a. s. (à la 3e personne). 1 p. petit in-8. — AYRTON, directeur de la musique du Théâtre Italien. 1 p. in-8. — ATTWOOD. L. aut. sig. (a la 3e pers.). 1 p. in-8. — BLEWITT (Octavian). 1843. 1 p. in-8. — CHATTERTON (Frédéric), harpiste. 1 p. in-18. — CHORLEY (Henry), écrivain musical. 1 p. in-8. — DENMAN (James), bassoniste. 1838. 1 p. in-8. — HOLMES, bassoniste. 1832. 1 p. in-8. — LUCAS. 1846. 1 p. in-8. Jolie lettre. — PETRACCHI, directeur du Théâtre Italien, écrivain musical. 1 p. in-8. — PINNA (Joseph de). 1834. 1 p. in-8. — Très-beau lot.

748. MUSSET (Alfred de), célèbre poëte, romancier et auteur dramatique, membre de l'Académie française. M. 1857.

L. aut. sig., a M. .... 1 p. in-8. Deux charges gravées.

MUSSET (Paul de), frère du précédent, littérateur et auteur dramatique. L. aut. sig., a son cher confrère. 10 sept. 1854. 1 p. pl. in-8. Curieuse. *Portr.*-charge.

749. NADAR (Felix *Tournachon*, dit), célèbre caricaturiste et photographe. Auteur de *Pierrot boursier*, pantomime, etc. **N. 1820.**

L. aut. sig., a .... Lundi matin. 1 p. in-8. Théâtrale. Charge.

CHAM (A. de Noé, dit), habile dessinateur et caricaturiste. Billet aut. sig., à Tétard, in-8.

720. NAIGEON (Jacques-André), écrivain philosophe, auteur des *Chinois*, comédie.   N. 1738. M. 1810.

L. aut. sig., à M ..... 22 juin 1790. 3 gr. p. pl. in-4.

Très-belle lettre sur ses travaux pour l'Encyclopédie. Il le prévient qu'il a besoin d'un compositeur très-intelligent pour imprimer son long article *académicien*, fruit de plus de 18 mois de travail assidu. Il y a partout des renvois, des papiers collés, et qui exigent qu'il n'y ait pour cet article important qu'un seul compositeur, sans cela tout est perdu, et il n'est plus possible de s'y reconnaître. Il lui avoue qu'il tient beaucoup à cet article, et que s'il s'en égarait un seul feuillet par la négligence d'un compositeur, il en serait inconsolable, car il se sent absolument hors d'état de le refaire. Il le lui payerait deux mille écus pour le recommencer, qu'il les lui refuserait. « Cet article est « peut-être ce que je peux faire de mieux en ce genre, et j'ose vous dire qu'une « histoire de la philosophie ancienne traitée dans cet esprit, et écrite avec ce « soin immortaliseroit celui qui seroit capable de remplir cette pénible tâche. « Que vos lecteurs ne s'attendent pas à trouver beaucoup d'articles de cette force, « il me faudrait 25 ans de travail pour atteindre ce but... »

721. NAPOLEON (Arthur), célèbre pianiste portugais, qui parut a Oporto dans sa 5me année, et qui joua à Paris, en 1852, avec le plus grand succès. On a dit de lui : « Il faut qu'il ait apporté du ciel les secrets de la science musicale, car il n'a pas vécu assez longtemps pour les apprendre. » Né en 1844.

L. aut. sig., a M ..... Londres, 15 juillet 1856. 2 p. in-8. *Portr.* et biographie impr. (en anglais).
Envoi d'un autographe musical, également aut. sig.

LACY (N. Rophino), célèbre compositeur, élève de Kreutzer. Il joua en 1805, un solo de violon aux Tuileries ou il excita l'étonnement. Plus tard il alla en Angleterre, et devint élève de Viotti. L. aut. sig. (en anglais), a M ..... 29 mars 1834. 1 p in-4.

722. NAPTAL-ARNAULT (Mlle Gabr.-Geneviève *Planat*, femme *Arnault*, dite Mme), excellente comédienne. Débuta au Théâtre-Français en 1842 sous le nom de *Naptal* (l'anagramme de *Planat* Puis à l'Odéon, à l'Ambigu, à la Gaîté et à la Porte-Saint-Martin.

L. aut. sig., à son cher camarade .... Paris, 3 juin 1845. 1 p. pl. et demie in-8. Jolie et aimable lettre. *Portr.* gravé, et deux portr. costumes coloriés.

ARNAULT (Alphonse), mari de la précédente, acteur de l'Odéon et de l'Ambigu, et auteur dramatique. Répertoire aut. de lui et de sa femme. 2 p. in-4.

723. NATHALIE (Mlle Nathalie-Zaïre *Martel* dite), sociétaire du Théâtre-Français, d'abord au théâtre Saint-Antoine, aux Folies dramatiques, au Gymnase, au Palais-Royal et au Vaudeville.   N. 1817.

1°. L. aut. sig., a M .... 3 p. in-8. Jolie et aimable lettre. Beau *portr.* lith., avant la lettre. — Deux autres portr., dont un costume colorié. Billet de faire part (impr., du mariage de sa sœur). Biogr. impr. 4 p in-4.
2°. L. aut. sig., à Klein. 1 p. in-8. Curieuse.

724. NAUDET (Jean-Baptiste-Julien-Marcel), sociétaire de la Comédie Française.   N. 1743. M. 1830.

L. aut. sig., a Grimod de la Reynière. 23 août 1806. 1 p. pl. in-8. Jolie lettre. *Portr.*-costume colorié.

725. **NAUMANN** (Jean-Amédée), célèbre compositeur allemand (26 opéras). N. 1741. M. 1801.

L. aut. sig. (en allemand), à Mme Elisa de la Recke. Blasewitz, 5 sept. 4 gr. p. pl. in-4. Très-belle et très-rare lettre. Joli *portr.* gravé in-18.

726. **NICOLET** (Jean-Baptiste, célèbre acteur et directeur des grands danseurs du roi, depuis théâtre de la Gaité. Mort en 1789.

L. aut. sig. (à la 3e personne), au duc de Villequier. 2 gr. p. in-fol. Très-rare.

Il a l'honneur de lui représenter que conformément à ses ordres, il s'est transporté, lui et toute sa troupe, le 5 juin 1778, a Marly, pour y représenter devant Leurs Majestés la pantomime du fameux siége. Outre ses frais journaliers, il a été obligé d'en faire d'extraordinaires, d'autant plus considérables que ne prenant rien des menus, et fournissant les décorations, costumes, armures, et généralement tout, « il a fallu remonter sa pantomime à neuf pour « la rendre digne des augustes regards qui ont bien voulu s'arrêter un instant « sur elle... »

727. **NICOLET** (Mme), Anne-Antoinette *Desmoulins*, femme du précédent, et actrice de son théâtre (les grands danseurs du roi), 1ers rôles. Morte en 1817.

Acte de location, avec trois lignes aut. sig. Paris, 6 fructidor an XI. 3 p. in-4. *Rare.*

728. **NICOLINI** (Giuseppe), célèbre poète italien. N. 1789.

Argument aut. d'une de ses tragédies (en italien). 1 p. in-4. *Portr.*

729. **NICOLO** (Nicolo *Isouard*, dit), célèbre compositeur dramatique. *Cendrillon, Joconde*, etc. N. 1765. M. 1818.

L. a. s. *Nicolo de Malte*, à M. Denneville. 4 juin. 1 gr. p. pl. in-4. Il le prie de remettre à M. De La Ferté la note qu'il lui envoie... « Je ne « décolère pas contre M. Persuis, cet homme rongé de fiel, malade d'esprit « autant que de corps, chassé du ci-devant Conservatoire, chassé pour ainsi « dire de l'Opéra, ose mal recevoir un homme qui n'a jamais cassé son nez dans « les antichambres... »

730. **NIVELON**, célèbre danseur de l'Opéra, mari de Carline.

L. aut. sig., aux citoyens administrateurs du théâtre des Arts. 16 fructidor an VI. 1 p. in-3. Jolie lettre. *Rare.*

MONTJOYE (Louis-Stanislas), 1er danseur noble de l'Opéra, où il débuta en 1808. L. aut. sig., à M. .... 6 mai 1816. 1 gr. p. pl. et demie in-4. *Portr.* in-4, et *portr.*-costume colorié.

Plaintes amères au sujet de l'enlèvement qui lui a été fait, du rôle de l'Amour, dans *Psyche*, malgré trois ans de possession.

731. **NIVERNOIS** (Louis-Jules-Mancini *Mazarini*, duc de), littérateur et auteur dramatique.

L. sig., à Voltaire. Paris, juillet 1761. 2 p. pl. in-4. Intéressante.

SADE (le marquis de), fameux écrivain licencieux. L. aut. sig. Pornic, 13 juillet 1791. 1/2 p. in-4. Il donne sa démission de l'emploi de sous-lieutenant au 84e régiment.

SUARD (Jean-Baptiste-Antoine) littérateur. L. sig., à M. le lieutenant-général de Police. Paris, 18 janvier 1788. 2 gr. p. pl. in-4. — Approbation d'une ligne aut. sig. 1786. in-4.

Lettre intéressante au sujet de la comédie de M. de Bièvre *Les Réputations* (qu'il a été chargé d'examiner) qu'on se propose de jouer au Théâtre-Français le mercredi prochain, et a la Cour le jeudi.

732. **NOBLET** (Mlle Lise), célèbre danseuse de l'Opéra, où elle débuta en 1818, dans la *Caravane* N. 1803. M. 1852.

L. aut. sig., a Coralli. Sans date. 1 p. et demie in-8. Jolie lettre théâtrale. *Portr.* de Dévéria, lith. in-fol., et biogr. anglaise (impr.).

733. NOBLET (Mlle Mélanie *Aubert*, femme), belle-sœur de la précédente, élève de Coulon, danseuse de l'Opéra, où elle débuta en 1824, dans *Clari*.
L. aut. sig., à Ferville. Paris, 1er août 1827. 1 p. in-4. *Rare.*

734. NODIER (Charles), littérateur, poëte.
Ode aut. sig. 7 strophes de quatre vers. 1 p. pl. in-4. Belle pièce.

735. NOGARET (Félix), littérateur, poëte.
1° Vers aut. sig. *Aristénète*, à Madame la princesse Olgorosky. 3 p. in-8. Curieuse pièce. — 2° Chanson aut. 2 p. in-4.
PHILIPPON DE LA MADELAINE (Louis), chansonnier et auteur dramatique. L. aut. sig., à son cher maître .... 1 p. in-4. Curieuse.

736. MORTON (Miss Caroline *Shéridan*, femme), poëte très-distingué, femme charmante et spirituelle.
Billet aut. sig. (en anglais), a Mme ... 1 p. in-18. Joli *portr.* gravé.
HOFLAND (Mme Barbara), femme de lettres, auteur de charmants ouvrages. L. aut. sig. (en anglais), à M.... 15 août 1844. 1 p. in-12. Rare *portr.* gravé.

737. NOURRIT (Adolphe). 1er ténor de l'Opéra, de 1821 à 1838. Né en 1802. S'est suicidé en 1839.
L. aut. sig., à M... 8 août 1836. 2 p. pl. in-8. Deux *portr.*, dont un costume colorié. Charmante lettre.
Il ne veut pas lui laisser croire qu'il accepte les éloges qu'il a la honté de lui donner... « Pour un artiste qui croit fermement que l'art est autre chose « que l'amusement des riches et la distraction des oisifs, c'est une douce pen-« sée de savoir que ses efforts sont compris, et quand il est assez heureux « pour éveiller la sympathie des hommes de cœur et de foi, il a reçu la plus « belle récompense qu'il puisse désirer. Merci donc ! vos paroles encoura-« geantes me rendent mes plus cheres illusions; en vous écoutant je ne crois « plus faire le rêve d'un fou quand je vois dans l'avenir la génération de l'art « et son action bienfaisante aidant les hommes à devenir meilleurs.... »
NOURRIT (Auguste), frère cadet du précédent, acteur de l'Opéra-Comique. L. aut. sig., à Ferville. Amsterdam, 29 janvier 1833. 1 p. pl. in-4. Théâtrale.

738. NOVELLO (Miss Clara-Anastasia), célèbre cantatrice anglaise, élève de Choron. N. 1818.
1° Pièce musicale aut. sig. Londres, 19 juillet 1856. Petite page in-12. *Portr.* — 2° L. aut. sig. (à la 3e personne), au comte Von Spiégel. 2 p. in-8. Théâtrale (cette lettre est déchirée en deux).
NAU (Mlle Maria-Dolorès), cantatrice de l'Opéra de 1836 à 1854. Née à New-Yorck. Deux lett. aut. sig. 3 p. in-12 et in-8. Deux *Portr.*-costumes.
NATHAN (Mlle Célestine), femme *Treillet*, chanteuse de l'Opéra, d'origine juive, elle y débuta en 1839 dans la *Juive*. N. 1815. L. aut. sig., à M... 1 p. in-8. *Portr.* belge lith. in-4.

739. ODÉON (acteurs tragiques et comiques de l').
ALPHONSE. 1817. 1 p. in-4. Théâtrale. — ATRUX. N. 1790. M. 1843. Toute relative a Mlle Virginie Bourbier. 23 juin 1843. 2 p. in-8. — AUGUSTE (Houllevigne). M. 1852. Aux sociétaires du second Théâtre Français. 1821. 3 p. in-4. Curieuse. — BAPTISTE (Joseph-Francis Anselme, dit), fils de Baptiste aîné. 1843. 2 p. pl. in-4. Théâtrale. — BERNARD (Eric). 1832. 2 p. in-4. Très-curieuse. — BIZOT (Léon), puis a l'Opéra-Comique. 1833. 1 p. in-4. — CAMOIN (Janvier-Honoré). 1826. 3 p. pl. in-4. Jolie et intéressante lettre. — COQUERÉ (J... Engagement sig., et sig. par Picard. 1819. — LACHÈVRE, cousin de Bocage. 1 p. in-8. - LAUTE. 1855. 1 p. in-8. — DARCOURT (Justin-Philippe). 1828. 1 p. pl. in-8. Théâtrale. — Ensemble, dix lett. aut. sig., et une pièce sig

740. ODEON (acteurs tragiques et comiques de l').

David (Pierre-Noël). Son engagement aut. sig. 1818. 2 p. in-4. *Portr.* in-4. — Déligny. An VI. 1 p. pl. Théâtrale. in-4. Curieuse. — Delacroix. 1844. 1 p. in-8. — Dellemence. 1844. 2 p. in-8. — Déricourt (*Poujol*, dit). M. 1829. 1 p. in-4. Théâtrale. — Derosselle. 1 p. in-8. — Duvernois (Alex.-Théophile). Son engagement sig., et sig. par Picard. 1819. — Edouard (Lancelot). Son engagement sig. 1820. — Ernest (*Ernest-Pierre Gervaise*, dit). Son engagement sig. 1821. *Portr.*-costume. — Ensemble, cinq lett. a. s. et quatre pièces sig.

741. ODEON (acteurs tragiques et comiques de l').

Fleuret (Pierre-Gabriel). N. 1820. M. 1856. 1 p. in-8. Curieux imprimé. — Forestier. 1849. 1 p. in-8. — Henry (Victor). 1850. 1 p. in-8. — Husson (Emile). 1 p. in-8. — Jourdain (Antoine). 1844. 1 p. in-8. — Jahyer (O.). 1852. 1 p. in-8. — Kime (Louis-Alphonse de *Blonde*, dit). 1852. 1 p. in-8. *Portr.* — Langeais (Edmond *Boucton*, dit). 2 p. pl. in-8. Théâtrale. — Laray (Etienne-Louis-Hilaire). 1856. 1 p. in-8. — Larochelle. 1857. 1 p. in-8. — Lejeune aîné. 1834. Curieuse. — Ensemble, onze lett. aut. sig.

742. ODEON (acteurs tragiques et comiques de l').

Lockroy (Jean-Philippe *Simon*, dit). 1851. 1 p. in-8. Biogr. impr. 4 p. in-4. — Longpré (Pierre-Paul *Mancherat*, dit). Son engagement signé. 1850. — Maugin (Jean-Louis). Son engagement signé. 1819. — Mauzin (Alexandre). 1852. 1 p. pl. in-8. *Portr.*-costume in-fol. — Ménétrier. Jolie lettre adressée à Picard. 1816. 2 p. in-4. Théâtrale. *Portr.*-costume colorié. — Milon-Thibaudeau. 1 p. in-8. Charge et deux imprimés. — Mirecourt, frère de Mirecourt du Théâtre-Français. Fondateur-Directeur (avec Adam) de l'Opéra National en 1837. 2 p. in-8. 1857. — Pelissié. S'est suicidé en 183.. Londres, 4 avril 1831. 1 p. pl. in-4. Théâtrale. — Ensemble, six lett. a. s. et deux pièces sig.

743. ODEON (acteurs tragiques et comiques de l').

Pierron (Eugène). Trois lett. 1849, et 1850. 5 p. in-18. Théâtrales. Beau *portr.* lith. in-4. et joli *portr.*-costume colorié. — Rémy (Louis-Théodore). Son engagement sig., et sig. par Picard. 1819. — Sabatier (Jean-François). M. 1826. Son engagement sig. 1819. — Saint-Léon (Paul-Léon *Levinville*, dit). 1848. *Portr.*-costume, et biogr. impr. — Sainte-Marie (Nicolas-Marie *Jolly*, dit). 1 p. in-8. Théâtrale. — Tétard (Edme-Joseph-Louis). Deux lett. 1849. 4 p. in-8. Théâtrales. Curieuses. *Portr.* par lui-même. — Théodore (Bruno). Son engagement sig. 1820. — Tisserant (Hippolyte). 1853. 1 p. in-8. et carte de visite aut. — Ensemble, huit lettres a. s., et trois pièces sig.

744. ODEON (acteurs tragiques et comiques de l'), Directeurs-Auteurs dramatiques.

Vorbel. 1 p. in-8. — Walville. N. 1742. M. 1830. A Barba. 1 p. pl. in-4. — *Directeurs.* — Dupetit-Méré (Frédéric). Lettre. 1825. 1 p. in-8., et cession aut. sig. des *Petits Troubadours.* 1809. 1 p. in-4. — Lemetheyer (le chevalier Frédéric). 1836. 2 p. pl. in-4. Théâtrale. Intéressante. — Lireux (Auguste). 1 p. pl. in-4. — Vizentini (Augustin). 1 p. in-8. — Ensemble, sept lettres et pièce aut. sig.

745. ODEON (actrices tragiques et comiques de l').

Boudeville (Mme *Blangy*). 1850. 1 p. in-8. — Casaneuve (Mme), née *Masson*. Morte en 1827. Son engagement sig., et aussi sig. par Picard. 1820. — Clairemont (Mlle L.-F. *Rougemont de Claire*, dite). 1853. 1 p. in-8. — Clébert (Mlle Louise-Désirée). Son engagement sig. 1820. *Portr.*-costume colorié. — D'Argilly (Mlle Hélène *Toustain*, dite). 1 p. in-8. — Delattre (Mlle Virginie). 1 p. in-8. — Dorgebray (Mlle Amélie). Morte en 1827. Théâtrale. 1826. 1 p. in-4. — Dorsan (Mme). 1 p. in-4. Curieuse. — Ensemble, six lettres aut. sig., et deux pièces sig.

746. ODEON (actrices tragiques et comiques de l').

DUFRENOY (Mme). 1818. 2 gr. p. pl. et demie in-4. Très-curieuse lettre théâtrale. — DUTERTRE (Mlle V.). 1821. 1 p. in-fol. Théâtrale. — ESSLER (Mlle Jane). 1 p. in-8. — FALCOZ (Mlle Marie-Sidonie). Son engagement sig. 1819 Joli *portr.* de Dévéria in-fol. — FÉLICIE (Mlle Félicie *Aubé*, dite). Morte en 1840. 1 p. pl. in-4. Théâtrale. Curieuse. *Portr.*-costume colorié. — FITZELIER (Mlle Henriette), femme *Astruc.* 1 p. pl. in-8. Intéressante. *Portr.*-costume colorié. — FLEURY (Mlle). Son engagement sig. Deux *portr.*-costumes coloriés. — FRANTZ (Mlle Appoline). 1 p. in-8.—Ensemble, six lettres a. s., et deux pièces sig.

747. ODEON (actrices tragiques et comiques de l').

GILLIG (Mlle Alphonsine). 1828. 1 p. in-8. — GORENFLOT (Mlle Julie), femme *Lock'oy.* Son engagement signé. 1819. — GRASSAU (Mlle Lucile *Maurel,* dite), femme *Lamy* Son engagement à l'Odéon approuvé et signé par elle, par son mari et par Picard. 1819. — HALLEY (Mlle Elise). 1838. 1 p. pl. in-8. Théâtrale. *Portr.*-costume colorié — LAROCHE (Mme). Son engagement sig., et sig. par Picard. 1819. — LÉON (Mlle Laurentine *Moisson de Brécourt,* dite). Deux lett. 2 p. in-8. LEVEL (Mlle). 1843. 2 p. in-8. — LÉVY (Mlle Amélie Siona), femme *Ernst.* 1 p. in-8. — LOPEZ (Mlle Marie A. *Demouly,* dite). 1 p. in-12. — MOLÉ (Célestine et Victoire), nièce et petite nièce de l'acteur Molé. L. aut sig., a MM. le directeur et sociétaires du théâtre de l'Odéon. Paris, 27 sept. 1818. 1 p. pl. in-fol. — Ensemble, huit lettres aut. sig., et trois pièces sig.

748. ODEON (actrices tragiques et comiques de l').

PAYRE (Mlle Mathilde). 1 p. in-8. *Portr.*-costume colorié. — PERRIN (Mlle A.). Morte en 1826. Jolie lettre adressée à Picard. 1 p. pl. in-4. Théâtrale. — PERROUD (Mlle Henriette), femme *Chatey,* fille de Perroud de l'Odéon. Son engagement sig. 1820. — REGNAULT FLEURY (Mme). Aux sociétaires du second Théâtre Français. 14 oct. 1818. 2 p. in-4. Belle et intéressante lettre théâtrale. — SABATIER (Mme. Aux sociétaires du second Théâtre Français. 26 juin 1821. 3 p. pl. in-4. Belle lettre théâtrale. Intéressante. — THUILLIER (Mlle Ernestine-Marie-Marguerite). 1 p. in-8. Scène de la *Petite Fadette,* lith. in-fol. — TREILLE (Mlle). L. a. s. (à la 3e pers.). 1819. 1 p. in-8. — VILLERS (Mlle Flore, dite Florence de). 1 p. in-8. — VILLERS (Mlle Hortense de), sœur de la précédente, bonne écuyère de l'Hippodrome. Billet a. s. in-18. — Ensemble, huit lett. aut sig., et 1 pièce sig.

749. ODRY (Jacques-Charles), célèbre comique des Variétés ; créateur de *Bilboquet,* etc.   N. 1781. M. 1853.

L. aut. sig., à son cher Jaime. 21 nov. 1835. 1 p. pl. in-8. Beau *portr.*-costume gravé in-fol. Biogr. impr. 4 p. in-4.
Jolie et intéressante lettre théâtrale.

750. ODRY (Jacques-Charles). *Le même.*

Billet aut. sig., à Arnal. Dimanche. 1 p. in-8. Curieux. Joli *portr.* lith. dans l'*Aveugle de Montmorency,* in-4. Biogr. impr. 4 p. in-4.

751. OEHLENSCHLAGER (Adam-Gottlob), célèbre poëte danois et auteur dramatique.   N. 1777. M. 1850.

L. aut. sig. (en allemand). Vienne, 1er juin 1817. 1 p. in-4.
HARTMANN, compositeur Danois. L. aut. sig. (en allemand), a M. Salomon. 12 juin 1847. 1/2 p. in-4. Musicale.
PERAL (Juan del), auteur dramatique et littérateur espagnol. L. aut. sig. Paris, 17 mai 1847. 1 p. in-8
ROCA (Mariano), auteur dramatique et littérateur espagnol. L. aut sig. (en espagnol, a son ami .... 17 oct. 1850. 1 p. in-8. Littéraire.
RUBI, Vice-Président de l'Académie de Madrid, célèbre auteur dra-

matique espagnol. L. aut. sig. (en espagnol), à son cher Don Juan. Sans date. 1/2 p. in-8.

Relative à sa pièce, l'Entrée dans Jérusalem.

752. **ONSLOW** (George), célèbre compositeur, membre de l'Institut. N. 1784. M. 1853.

1o. Morceau musical aut. sig. (allegretto, quasi andante). Clermont, 4 sept. 184.. 1 p. in-8. — 2o. Son *portr.* lith. in-fol., avec dédicace aut. sig. (au crayon), au baron de Trémont.

3o. L. aut. sig., au baron de Trémont. Bellerive, 11 juillet 1843. 4 gr. p. in-8.

Témoignages d'une vive et sincère affection. Il lui prépare de la besogne pour l'hiver prochain, « et suis en train de composer un quintette spécial pour « la contrebasse à 4 cordes. La moitié est achevée; et j'espère que vous en « sez content. Mais il faut le dire, mon travail est moins rapide maintenant « qu'autrefois. Quand 84 morceaux complets sont sortis d'un cerveau, il est « difficile de ne pas se ressembler; je cherche à éviter cet inconvénient, mais « cette sévérité me fait perdre du temps... »

753. **OPERA** (chanteurs de l'). 10 lett. aut. sig.

BAUCE (Edouard). 1844. 2 p. pl. in-8. Théâtrale. — BÉGREZ (Pierre-Ignace), 1834. 2 p. in-12. — BESSIN (Eugène). 1845. 1 p. in-8. *Portr.*-costume colorié. — BORDAS. 1842. 1 p. in-4. — BOULO (J.-J.-Lucien). 1843. 1 p. in-8. Deux *portr.*-costumes coloriés. — CANAPLE (J.-B.-Bazile). 1837. 1 p. in-8. Théâtrale. *Portr.*-costume colorié. — COULON (Théodore). 1 p. in-18. — DEPASSIO (Jean-Marie). 1854. 1 p. in-8. Théâtrale. — ESPINASSE (Arthur). 1845. 1 p. pl. in-8. — GRIGNON (A.). 1 p. in-18.

754. **OPERA** (chanteurs de l'). 8 lett. aut. sig. et 1 p. sig.

GUEYMARD (Louis). 1854. 1 p. in-8. *Portr.*-costume colorié. Deux charges. — KOENIG. 1848. 2 p. in-8. Théâtrale et note aut. 1 p. in-8. — LASERRE. Quitt. sig. 1754. 1 p. in-4. — MARTIN. 1815. 1 p. in-8. — MATHIEU (Julien). 1 p. in-8. Signée aussi par Mlles Guillaumot et Courtois. — MULL (Mlle Marie). 1 p. in-18. — OCTAVE (Joseph-Octave *Benoit*, dit). 1845. 2 p. pl. petit in-4. Jolie lettre théâtrale. — PAULIN (Louis-J. *Lespinasse*, dit). 1837. 3 p. in-8. Intéressante lettre théâtrale. — PORTEHAUT (Jean Baptiste). 1845. 1 p. in-8.

755. **OPERA** (chanteurs de l'). 9 lett. aut. sig.

PRÉVOT (Pierre-Ferdinand). 9 lett. aut. sig. 1839. 1 p. in-8. Deux *portr.*-costumes coloriés. — RAGUENOT (A.). 1838. 3 p. in-8. Théâtrale. — ROMMY. 1843. 1 p. pl. et demie in-8. Théâtrale. — SAINT-DENIS. 1845. 3 p. in-4. Intéressante. — SAPIN (Etienne). 1 p. in-8. — SERDA (Jacques-Emile). 1841. 1 p. pl. in-8. Théâtrale. *Portr.*-costume colorié. — TEISSEIRE. 1842. 2 gr. p. in-4. Théâtrale. — TRÉVAUX (Hyacinthe). 1 p. in-8. — VALGALIER. 2 p. in-8. Théâtrale.

756. **OPERA** (chanteuses de l'). 8 lett. aut. sig. et 2 p. sig.

BAPTISTE (Mme), née *Quiney*. 1835. 1 gr. p. in-4. Intéressante. — BEAUSSIRE (Mlle Aurélie *Betty*, dite), sœur aînée de Mme Lemercier de l'Opéra-Comique. 1 p. in-8., et billet de bal sig. *Portr.* lith. in-4. — CAYOT (Mlle Joséphine-Céline). 1845. 2 p. in-8. Théâtrale. — CHEVALLIER (Mlle). Quitt. sig. 1750. 1 p. in-4. — DAMERON (Mlle Pauline). 2 p. in-8. *Portr.*-costume colorié. — DESMARAIS (Mlle). Billet aut. sig. 1791. — FRÉMONT-FERRAND (Mlle C.). 1836. 1 p. in-4. Théâtrale. — LABORDE (Mlle Rosalie-Henriette *Bediez* femme *Dur*, dite). 2 lett. 2 p. in-8. — LARRIVÉE (Mme, née Marie-Jeanne *Lemierre*) femme de Larrivée de l'Opéra. quitt. sig., avec une lig. aut. sig., sig. aussi par d'Auvergne et Joliveau. 3 mai 1776. 2 p. in-4.

757. **OPERA** (chanteuses de l'). 8 lett. aut. sig.

MASSON (Mlle Elisa). 1 p. in-12. — MENDEZ (Mlle Félice). 1 p. in-8. Scène de *Masquita la Sorcière*. — MÉQUILLET (Mlle Sophie). 1845. 2 p. in-4. Théâtrale. — MONDUTAIGNY (Mlle). 1843. 1 p. in-4. — MOR-

Lière (Mlle Félicie de la). 2 p. in-8. — Rabi (Mme Louise-Albertine). 1843. 1 p. pl. in-4. — Rieux (Mlle Angélina). 1838. 1 p. in-4. — Varny (Mlle Hortense de). 1840. 1 p. in-8.

758. OPERA (danseurs de l'). 6 lett. aut. sig. et 1 p. sig.
Allard. 1 p. in-4. — Barrez (Hippolyte) 1831. 1 p. in-4. — Bournonville (Auguste). 1838 (en danois). 1 p. in-4. Théâtrale. — Coulon (Théodore), fils. Billet aut. sig. 1848 — Desplaces (père). 1840. 1 p. in-4. — Desplaces fils (Henri). 1836. 1 p. in-18. — Dolmet (Fr.-Hil.), maitre des ballets du roi. Quitt. sig. (sur parch.) 1661.

759. OPERA (danseurs de l'). 6 lett. aut. sig. et p. sig.
Fremolle (Louis-Jean). 1837. 1 p. pl. in-4. — Fuchs (Gustave). 1842. 3 p. pl. in-8. Jolie lettre théâtrale. — Fuchs (Alexandre), frère du précédent. 1837. 3 p. in-8. Théâtrale. — Guerra (A.). Mort en 1837. 1 p. pl. in-8. 1836. — Henry (Louis *Bourlachion*, dit). Cession a^t. sig. du *Rosier*, 2 avril 1816. 1 p. in-4. — Mabille (Auguste). Rapport sig. 1848. 1 p. in-4. — Mabille (Victor). frère du précédent,, entrepreneur des bals des Variétés, etc. 1 p. in-8.

760. OPERA (danseurs de l'). 6 lett. aut. sig. et 1 p. sig.
Mazilier 1827. 1 p. in-8. Deux *portr.*-costumes coloriés. — Mérante (Louis-François). 1838. 1 p. in-8. Théâtrale. 1 p. in-8. *Portr.*-costume colorié, et scène in-fol. — Prevost (Henry), maitre à danser du roi. Quitt. sig. (sur parch.). 1647. — Quériau (Germain). Se suicida en 18 ... 1 p. in-4. 1847. — Simon (Fr.). 1830. 1 p. in-4. Deux *portr.*-costumes coloriés. — Théleur (E.) 1842. 2 p. pl. in-8. Jolie lettre théâtrale. Beau *portr.*-costume sur papier de Chine, in-4. — Théodore. 1835. 1 p. pl. in-4. Théâtrale, et sur le verso, lett. a. s. de Petipa, père. 1 p. in-4.

761. OPERA (danseuses de l'). 8 lett. aut. sig.
Athalie. 1841. 1 p. in-12. — Benard (Mlle E.). 1833. 1 p. in-8. — Besson (Mlle Mathilde). 1 p. in-8. — Blangy (Mlle Marie). 1840. 1 p. in-8. — Dabbas (Mlle Julie Victorine). 1853 (en son nom et en celui de sa sœur). 2 p. in-12. — Duval (Mlle Mélanie). 1839. 1 p. in-8. — Fleury (Mlle Louise). Londres, 1842. 2 p. in-4. Belle lettre théâtrale. Joli *portr.*-costume colorié (rôle de Diane), in-fol. — Forli (Mlle Héloïse-Marie *Guerino*, dite Régina), a Mlle Rachel. 1 p. in-8.

762. OPERA (danseuses de l'). 9 lett. aut. sig. et 1 p. sig.
Forster (Mlle Caroline). L. a. s. (à la 3e pers). 1 p. in-12. — Foucisy (Mlle Rose). Deux lett. 1834. 1 p. in-12 et 2 p. in-8. — Laborderie (Mlle Clotilde). 1853. 1 p. in-4. Théâtrale. Marquet (Mlle Mathilde-Louise). 1 p. in-8. — Marquet (Mlle Emilie). 1852. 1 p. in-8. — Marquet (Mlle Delphine). *Portr.*-costume colorié. — Menès (Mlle). Quitt. sig. 1754. 1 p. in-4. — Michelet (Mlle Julia). 1856. 1 p. in-8. — Néodot (Mlle Antoinette-Aimée). 1844. 1 p. pl. in-4. Théâtrale. — Pézé (Mlle Maria), dite : la dernière des Mohicans.... 1 p. in-12.

763. OPERA (danseuses de l'). 8 lett. aut. sig.
Robert (Mlle Thérèse-Elisabeth). 1854. in-8. — Roland (Mlle Eléna). Ses camarades l'ont nommée Mlle *Fend-L'air*. 1 p. in-8. *Portr.*-costume colorié. — Saint-Georges (Mlle Olympe). 1844. 1 p. in-8. — Saulnier (Mlle Victorine). 1840. 1 p. in-8. — Villers (Mlle Caroline). 1835, 2 p. pl. in-8. Théâtrale. — Wagon (Mlle Clémence). 1835. 1 p. in-8. — Weiss (Mlle Louise), et auteur de jolies poésies. Née à Stuttgart en 1823 L. aut. sig. (en allemand), a M. Falkenstein. 3 p. pl. in-8. Jolie lettre théâtrale. — Wiethoff (Mlle) 1844. 1 p. in-8.

764. OPERA (directeurs, administrateurs, etc., de l').
Bonet. L. sig. an IX. 1 p. in-4. — Crosnier. A Mme Bourguignon. 6 janvier 1821. 2 gr. p. pl. in-4. Intéressante. Charge, et vue de l'Opéra. Au sujet de son vaudeville de carnaval l'*Ennui* en goguette qu'elle a fait représenter à son théâtre. — D'Auvergne (An-

toine), et compositeur remarquable. N. 1713. M. 1777. L. sig. 1785.
2 p. in-4. Curieuse -- DUPLANTY. 1835. 1 p. in-8. — FRANCŒUR (Louis-
Joseph). N. 1738. M. 1804. Paris, 28 sept. 1791. 1 p. in-4. *Rare.* —
JANSEN. Quitt. a. s. 1784. 1/2 p. in-4. — LA ROCHEFOUCAULD (le vicomte de), au duc d'Aumont. 1828. 1 p. pl. in-4. Intéressante. Biogr.
impr. — LUBBERT. 1830. 3 p. in-8. — MIRA. 1832. 2 p. in-8. —
PILLET (Léon-Fabien). 1838 2 gr. p. pl. in-4. Théâtrale. — REBEL.
(François). N. 1701. M. 1775. Quitt. sig. 1763. 1 p. in-4. — WANTE.
1809. 2 p. in-4. — Ensemble, dix lettres et pièces aut. sig., et deux
pièces signées.

765. OPERA.
Etat d'émargement pour servir au payement des feux aux chanteurs
et chanteuses de l'Opéra pendant le mois de décembre 1840. 2 p. in-
fol. et 4 pages in-4. Avec 22 signatures originales.

766. OPERA-COMIQUE (chanteurs de l'). 9 lett. aut. sig.
ANDRIEU. 1835. 1 p. pl. in-8. — BAUCHE (Alexandre). 1 p. in-8. —
BERTHELIER. 1836. 1 p. in-8. *Portr.-scène,* in-fol. — BUSSINE (Pros-
per-Alphonse). 1 p. in-12. Trois *portr.-costumes* coloriés. — CA-
MILLE. 1828. Théâtrale. — COUDERC (Charles). Trois lett. 3 p. in-12.
Charge. — DAUDÉ (Edouard).

767. OPERA-COMIQUE (chanteurs de l'). 9 lett. aut. sig.
DESLANDES. Deux lett. 3 p. in-8. *Portr.-costume* colorié. — DUFRÊNE
(Joseph). 1851. 1 p. in-8. - DUVERNOY (Ch.-François). 1 p. in-12.
—EMON (Amédée). 1834. 1 p. in-4. — FÉRÉOL (Auguste *Second,* dit).
1846. 2 p. in-8. Théâtrale. — FOSSE (Eugène-François). 1851. 1 p.
in-8. — GELLAS (Alfred). 1825. 2 gr. p. pl. in-4. Belle et intéressante
lettre théâtrale. — GENOT. N. 1796. M. 1843. 1 p. in 8. 1836. Curieuse.

768. OPERA-COMIQUE (chanteurs de l'). 9 lett. aut. sig.
GRANGER. Anvers, 1826. 2. p. pl. in-4. Théâtrale. — HAUSSARD.
1833. 1 p. in-8. — HENRI (Achille *Deshayes,* dit). L. a. s. 2 p. in-8.
Curieuse. Reçu de feux sig. Liste d'autographes écrite de sa main.
Portr.-costume colorié. — JANSENNE (Louis). 1 p. in-12. — JOURDAN
(Pierre-Victor). 1 p. pl. in-8. *Portr.-costume* colorié. — JOURLHEUIL,
frère de Mlle Pauline des Variétés. Nantes, 1838. 1 p. pl. et demie
in-8. Théâtrale. Curieuse. — JULIEN. 1 p. in-8. — LECLER (Th.).
Deux lett. 1838. 2 p. in-4. *Portr.-costume* colorié.

769. OPERA-COMIQUE (chanteurs de l'). 9 lett. aut. sig.
LEJEUNE. 1819. 1 p. in-4. Théâtrale. — LEMAIRE (Constant-Au-
gustin). 1853. 1 p. in-8. — LOUVET. 1829. 1 p. in-8. — MILHÈS
(Isidore). 1828. 1 p. in-4. — NATHAN (Elias). 1 p. in-8. — OUDINOT
(Jean-Claude-Théodore). Deux lett. 1841 et 1842. 3 p. in-8. Jolies lett.
théâtrales. — PALIANTI (Louis-Pierre-Marie), et auteur dramatique.
Deux lett. 1845. 2 p. in-8.

770. OPERA-COMIQUE (chanteurs de l') et Directeurs-Auteurs dramatiques. 13 lett. et pièces a. s. et sig.
REVIAL. 1837. 1 p. in-8. Théâtrale. — ROY (Jules-Félix-Hippo-
lyte). N. 1804. M. 1840. Le Hàvre, 1832. 2 p. pl. in-8. Théâtrale.
Portr.-costume. — SAINTE-FOY (Charles-Louis *Pubéraux,* dit). Billet
de bal, et quitt. sig. *Portr.-costume* colorié. — STACKHAUSEN. 1 p.
in-8. - VALLIÈRE (E.). An VIII. 1 p. in-8. — VICTOR (Camille *Avocat,* dit). 1 p. in 8, et quit. sig. 1 p. in-4. — *Directeurs.* — LOMEL.
1791. 1 p. in-4. — DENIS (Achille). 2 p. in-8. — LAURENT (Emile).
3 p in-12. — PERRIN (Emile). Deux billets a. s. de ses initiales.

771. OPERA-COMIQUE (cantatrices de l'). 10 lett. aut. sig.
ALPHONSE (Mlle Adèle). 1837. 1 p. in-8. — BÉLIA (Mlle Victorine-
Zoé *Delau,* dite). 1854. 1 p. in-18. — BERTHAULT (Mlle Julie-Rose
Fauvette de la Flotte, dite), femme *Bèke.* 1 p. in-8, et reçu aut. sig.

in-18. *Portr.*-costume colorié. — BERTHE (Mlle). 1 p. in-8. — BLAN-
CHARD (Mme Marie-Annette). Deux lett. 1838 et 1854. 3 p. in-8. *Portr.*-
costume colorié — BOULARD (Mlle Joséphine). 1854. 1 p. in-18.
Portr.-costume colorié. BOURDET (Mlle Amélie). 1 p. in-18. — CA-
MOIN (Mlle Cécile), femme *Miro*, puis femme *Didot*. 2 p. pl. in-8.
Portr.-costume colorié. — CAPDEVILLE (Mme). 1844. 1 p. in-8 *Portr.*-
costume colorié.

772. OPERA-COMIQUE (cantatrices de l'). 10 lett. aut. sig.
DECROIX (Mlle Jeanne-Marguerite-Camille). *Portr.*-costume colorié,
et scène in-4. — DELILLE (Mlle Octavie *Morize*, dite). 2 p. in-8.
Théâtrale. *Portr.*-costume colorié. — DESCOT (Mlle Clémentine).
3 p. petit in-8. Théâtrale. *Portr.*-costume colorié. — FAVEL (Mlle
Andréa). 1850. 1 p. in-12. Deux scènes lith. in-fol. - FÉLIX (Mme),
née Léontine *Melotte*. Billet a. s., et quitt. sig. Scène, in-fol. —
GRIMM (Mlle Louise-Sophie) Deux lett. 4 p. in-18. — GUICHARD
(Mlle Adèle-Louise). 1841. Théâtrale. 1 p. in-8. — JANNARD (Mme
F.). Morte en 1838. 3 nov. 1817. 1 p. in-4. — JOST (Mlle Caroline).
1808. 1 p. in-4. Théâtrale.

773. OPERA-COMIQUE (cantatrices de). 8 lett. aut. sig., et
1 lett. sig.
LAFOND (Mlle Eugénie). L. sig., au duc d'Aumont. 1 gr. p. in-fol.
Théâtrale. — LAUDIER (Mlle M.), a la Reine des Français. 1832. 2 p.
in-fol. — LEMESLE (Mme). 1838. 2 p. in-8. — LEMESLE (Mlle Sophie-
Marie), fille de la précédente. 1835. 1 p. in-8. — LEROUX (Mme Henry),
au duc d'Aumont. 1 p. in-fol. Intéressante. — MARGUERON (Mlle Marie-
Zulma), femme *Clara*. 1840. 3 p. pl. in-8. Jolie lettre. Théâtrale.
Portr.-costume colorié. — MARIETTE (Mlle). Morte en 1844. Au duc
d'Aumont. 1827. 1 p. in-4. — MICHU (Mlle Louise) femme *Paul Du-
treih*. Morte en 1844. 1 p. in-4. *Portr.*-costume colorié. — MILLER
(Mlle Anna). 1826. 1 p. in-4.

774. OPERA-COMIQUE (cantatrices de l'). 8 lett. aut. sig.,
et 4 p. sig.
MONSEL (Mlle E.). 1833. 1 p. in-8. — OLIVIER (Mlle Jenny), femme
de *Montebello*. 1845. 1 p. pl. in-8. *Portr.*-costume colorié. — POTIER
(Mme Henri), née M . .. de *Cussy*. 1 p. in-8. *Portr.*-costume colorié.
— POTIER (André), mari de la précédente, compositeur. 1837. 1 p.
in-12. — REVILLY (Mlle Antoinette-Jeanne-Hermance). Lett., et quitt.
sig. *Portr.*-costume colorié, et scène lith. in-fol. — ROY (Mme), née
Ferrand. 1840. 3 p. in-8. Jolie lettre théâtrale. — SAINTE-FOY (Mlle
Clariss- *Henry*), femme *Pubereau*, dite). Quitt. et billet de bal signé.
Portr.-costume colorié. — TALMON (Mlle Aimée-Caroline *Tillemont*,
dite). 1 p. in-18. — THILLON (Miss Anne *Hunt*, femme). Quitt. sig.
1843. *Rare*. *Portr.*-costume colorié. — VERTEUIL (Mlle A.). 1827, au
duc d'Aumont. 1827. 2 p. in-fol. Curieuse.

775. OPERA-COMIQUE (translation du théâtre de).
Lettre adressée au ministre par les membres de l'Institut composant la section de musique de l'Académie royale des Beaux-Arts (signée par Chérubini — Berton — Paër — Halévy — Auber — Carafa
— et Meyerbeer (associé étranger). Paris, 22 janvier 1838. 1 gr. p. pl.
in-fol.
Ils croient remplir un devoir en appuyant la demande qui lui a déjà été
faite relativement à la translation du théâtre royal de l'Opéra-Comique français
dans l'emplacement qu'occupait le théâtre Italien. Motif qui leur paraît dans
l'intérêt de l'art musical...

SIXIÈME VACATION.

Mercredi 9 décembre. — N°° 776 à 930.

776. OPERA-COMIQUE (théâtre de l').

Lettre adressée à M. le duc d'Aumont par Boieldieu, Dupaty, Sé-
wrin, Bouilly, Planard et Vial (et signée par eux), au sujet de l'Opéra-
Comique. 3 gr. p. pl. in-fol. Belle pièce, intéressante pour l'histoire
de ce théâtre.

Lorsqu'il leur a fait l'honneur, il y a huit mois, de les consulter sur les
moyens qui devaient sauver l'Opéra-Comique de sa décadence, il les a vus
disposés aussitôt à faire tous les sacrifices qui pouvaient dépendre d'eux, et
ils ont laissé ce théâtre libre jusqu'au 1er octobre, de jouer, sans tour de
droit, les ouvrages qui lui présageaient le plus de succès, etc., etc.

777. OPERA-COMIQUE (théâtre de l').

Lettre relative à l'Opéra-Comique adressée au duc d'Aumont par Auber, Berton, Boieldieu, Bouilly, Carafa, Champein, Hérold, Kreutzer,
Paul de Kock, Mélesville, Scribe, etc. (et signée par eux). 2 p. in-fol.

L'intérêt qui les attache à l'Opéra-Comique et à tous les artistes dont le
talent en soutient l'éclat et en assure le succès, leur fait un devoir aujour-
d'hui de recourir à sa bonté protectrice. Au milieu des affligeantes discussions
élevées par plusieurs sociétaires, il a cru devoir frapper deux des plus anciens
parmi eux. Cette mesure dont il a sans doute reconnu l'impérieuse nécessité,
leur fait craindre toute fois des suites funestes, et qui peuvent compromettre
le sort de ce bel établissement. MM. Huet et Darancourt ont des torts sans
doute, puisqu'ils ont eu le malheur d'encourir sa disgrâce... etc., etc.

778. ORGANISTES-COMPOSITEURS. 6 lett. a. s., et 1 p. sig.

BENOIST (François). Né à Nantes en 1795. 1844. 1 p. in-8. —
CHAMPION (Jacques). Quitt. sig. (sur parch.). 1649. — DANJOU. Pièce
intéressante sur l'influence bienfaisante de la musique sur l'amélira-
tion des mœurs.... 3 gr. p. pl. in-4. — DIETSCH (Louis). 1 p. in-8.
— DILLON (Mlle Agathe-Anaïs-Juliette Godillon, dite), fondatrice du
Progrès Musical. 1 p. in-8. — DREYFUS (Mme Charlotte). 1 p. in-8. —
DUVERNOY (Frédéric). An VIII. 1 p. pl. in-4. Intéressante. Portr.

779. ORGANISTES-COMPOSITEURS ÉTRANGERS.

BERGT (Christian-Gottlob-Auguste), allemand. N. 1772. M. 1837.
Quatre vers latins aut. sig. in-18. Rare. — CAMIDE (le docteur J.).
L. aut. sig. (en anglais), à M. Mori. York, 7 oct. 1837. 1 p. pl. in-4.
Cachet. — HOMEYER (Joseph-Marie). L. aut. sig. (en allemand). 17
août 1849. 2 gr. p. pl. et demie in-4. Belle lettre musicale. — WES-
LEY (Samuel). N. 1766. M. 1837. L. aut. sig. (en anglais). Londres,
30 oct. 1825. 1 p in-8.

780. ORSAY (le comte Alfred d'), longtemps roi de la mode
à Londres. Peintre, sculpteur.   Mort à Londres.

L. aut. sig., (en anglais), à Madame.... Samedi. 1 p. pl. in-8. Papier de deuil. Jolie lettre.

NEY (Casimir), musicien et compositeur. L. aut. sig., à M... 20 sept.
1855. 2 p. pl. et demie in-8.

Belle lettre toute de consolations et remplie de conseils affectueux.

781. OZY (Mlle Alice-Julie-Justine Pilloy, dite), actrice des
Variétés, du Vaudeville et du Palais-Royal.   N. 1822.

L. aut. sig., a son cher... 2 p. in-12. Curieuse. La *mazurka des
salons*, coloriée, in-fol.

OZY (Mlle Caroline), cousine de la précédente, chanteuse de la
Renaissance : elle y créa la *Chaste Suzanne*. L. aut. sig., à Ferville.
Lille, 27 janvier 1841. 1 p. pl. in-8. Théâtrale.

782. PACCHIEROTTI (Gaspard), célèbre chanteur *soprano*,

qui eut de magnifiques succès en Italie et à Londres.
Né en 1744.   Mort en 1821.

L. aut. sig. (en italien), à M. Giuseppe Rangone. Padoue, 3 mai
1803. 1 p. pl. in-4.

783. PACINI (Jean), célèbre compositeur italien. Né à Syra-
cuse en 1796.

L. aut. sig., à Camérani. 18 janvier 1815. 1 p. pl. in-4.
Paer (Ferdinand), célèbre compositeur italien. N. 1771. M. 1839.
L. a. s. 1823, 1 p. in-4, et quitt. a. s. 1 p. in-8. Beau *portr.* gravé in-4.

784. PALAIS-ROYAL (acteurs du théâtre du). 8 lett. a. s.

Augustin (A. *Doçemonot*, dit). N. 1824. 1856. 1 p. in-18. — Bras-
seur (Jules-Alex.-Victor). 1 p. in-8. — Cramoisan (Alfred-Edouard).
1854. 2 p. in-8. Théâtrale. — Derval (Hyacinthe *Dobigny de Ferrière*, dit). 1852. 1 p. in-4. *Portr.* — Dublais (Pierre-Théodore).
1844. 2 p. in-8. Théâtrale. — Duchesne (Alfred-Joseph). 1 p. in-8.
— Faugère. 1 p. in-8. — Félicien (Edme-Jean-Eugène). 1855. 1 p.
in-8.

785. PALAIS-ROYAL (acteurs du théâtre du). 13 lett. a. s.

Germain (Hubert *Ruel*, dit). Mort en 1849. 23 oct. 1846. 1 p. in-8,
et billet de bal signé. *Portr.*-costume colorié. — Kalekaire (Jean-
François). 1843. 1 p. in-4. — Lacourière (J.-L.-A.) N. 1817. M.
1855. 2 p. in-8. — Lhéritier (Romain-Gustave *Thomas*, dit). 2 p.
pl. in-8. Curieux. *Portr.*-costume. — Luguet (Dominique-René *Bénéfaud*, dit). Deux lett. 1844. 2 p. in-8. *Portr.* — Masson. 1 p. in-8.
— Pérès (Gil). In-18. *Portr.*-costume colorié. — Jully Lévy. In-18. —
Benou. Deux lett. 2 p. in-12. — Coupart (Ant.-Marie), régisseur,
auteur dramatique. 1 p. in-12, et liste aut. des artistes du théâtre du
Palais-Royal (écrite en 1846). 2 p. in-8. — Poirson (Charles), directeur-associé du Palais-Royal, mari de Mlle Escousse, sœur de Victor
Escousse. 3 p. in-12.

786. PALAIS-ROYAL (actrices du théâtre du). 19 lett. a. s.

Armande (Mlle *Besuche*). 2 p. in-8. *Portr.*-costume colorié. — Azi-
mont (Mlle Cécile). 1 p. in-8. — Bailly Mlle Henriette-Esther). 1 p.
in-12. — Blonval (Mme A.). 1 p. in-8. — Chauvière (Mlle Mathilde).
1 p. in-12. — Cholet (Mlle Annette). Deux lett. 3 p. in-8. — Cico
(Mlle Pauline). 1 p. pl. in-8. *Portr.*-costume colorié. — Cora Pelis-
ton (Mlle). 1852. 2 p. in-12.

787. PALAIS-ROYAL (actrices du théâtre du). 10 lett. a. s.

Couturier (Mlle Delphine). 1 p. in-8. — Darcemont (Mlle Emilie),
femme Gravier. 1854. 1 p. in-8. — Désirée (Mlle Rosalie-Augustine
Godde, dite). 1 p. in-12. — Dorsay (Mlle). 1 p. in-8. — Duchemin
(Mlle). 1832. 1 p. pl. in-8. Beau *portr.* lith. in-fol. — Dufuis (Mme
Charlotte-Catherine), née *Bordes*. 2 p. in-8. Théâtrale. Curieuse.
Deux *portr.*, dont un costume colorié. — Durand (Mlle Lucile-An-
toinette). Deux lett. 2 p. in-12. *Portr.* — Duverger (Mlle Julie-José-
phine-Auguste *Vaultrain de Saint-Urbain*, dite). 1844. 2 p. in-8. Intéressante. *Portr.*-costume colorié. — Emma (Mlle). 1 p. in-8. Deux
portr.

788. PALAIS-ROYAL (actrices du théâtre du). 12 lett. a. s.

Freneix (Mlle C.). 1 p. in-18, et billet de bal signé. — Gallois
(Mlle Adèle). Deux lett. 2 p. in-12. — Géraudon (Mlle Elisa
de). 1853. 1 p. in-12. — Irma (Mlle Irma *Malon*, dite). 1857. 1 p.
in-8. — Juliette (Pelletier, Mlle). Deux lett. 1853. 2 p. in-8.
Portr.-costume colorié. N. de Loterie. — Juliette (Mlle J. Aldegonde
Pélissier, dite), fille de Mlle Aldegonde des Variétés. Mercredi. 1 p.
in-8. — Kihn (Mlle Amélie). 1 p. in-8. — Kleine (Mlle Fanny). 1853.

1 p. in-8. — LAMBERT (Mlle Laure *Crinel*, dite). 1 p. pl. in-8. — LIÉVENNE (Mlle Athénaïs-Pauline). 2 p. in-12.

789. PALAIS-ROYAL (actrices du théâtre du). 11 lett. a. s.
LOVENDAL (Mlle *Elomire*, femme), fille de Mlle Elomire, ancienne actrice des Variétés. 1839. 1 p. pl. in-8. Théâtrale. — MÉRY (Mlle C... *Duruisselle*, dite). 1 p. in-8. — MOREL (Mlle E... *Karr*, dite). 1 p. in-8. — MOUTIN (Mme), née Aldegonde *Louis*. 1847. 1 p. in-8. — PERNON (Mlle). Deux lett. 6 p. in-8. Intéressantes. Trois *portr.*-costumes coloriés. — RUBENSTEIN (Mlle Mathilde). Deux lett. 2 p. in-12. — THIERRET (Mlle Marie F), veuve *Georgin*. 1 p. in-8. — TOBI (Mme), née *Rosette*. Morte en 1840. A Ferville, 1832. 1 p. pl. in-8. *Rare.* — VALORY (Mlle Amélie). 1 p. pl. in-8.

790. PALAPRAT (Jean de *Bigot*, sieur de), célèbre poëte dramatique. N. 1650. M. 1721.
Passeport aut. sig. de Palaprat, signé aussi par Philippe, duc de Vendôme. Castiglion, 15 janvier 1705. 1 p. in-fol. Cachet. *Portr.*

791. PALISSOT DE MONTENOY (Charles), littérateur et auteur dramatique. La *Comédie des Philosophes*, etc.
L. aut. sig., à Madame de Jolly. Paris, 1er mai 1 p. in-4. Jolie lettre. Charmante petite gravure (scène) sur les *Philosophes*, in-18. Rare.
Il lui adresse un exemplaire d'une édition bien complete, bien revue et bien augmentée qu'il vient de publier de ses ouvrages dans sa quatre-vingtieme année...

792. PALLARD (Mlle Eugénie-Antoinette *Paillard*, dite), femme *Rigaut*, célèbre cantatrice de l'Opéra-Comique.
L. aut. sig., au baron de la Margueritte. 16 mars 1857. 2 p. pl. in-8. Très-jolie lettre. *Portr.*-costume.

793. PALMER (John), l'un des plus éminents acteurs qu'ait possédés l'Angleterre. 1ers rôles tragiques et comiques. Né en 1747. Mort en scène à Liverpool en 1798.
L. aut. sig. (en anglais), a Colman, 13 juillet 1769. 2 gr. p. pl. in-fol. Très-belle et très-rare lettre théâtrale. *Portr.*
PALMER (Robert), frère du précédent, acteur du Haymarket. N. 1736. M. 1817. Trois signatures. *Portr.*

794. PANSERON (Auguste-Mathieu), compositeur de romances et de trois opéras-comiques N. 1795.
Canon énigmatique à deux parties, aut. sig., a Berton. Jolie petite pièce musicale. In-8, en travers.
PLANTADE (Charles), compositeur de romances et de chansonnettes. Billet aut. sig. 1843. In-8.
NEUKOMM (Sigismond), compositeur. L. aut. sig. (en allemand), à son ami. Paris, 20 août 1845. 3 p. in-8.

795. PANTHEON, *Renaissance, Cité, Comte,* etc. (acteurs et actrices des théâtres du). 11 lett. aut. sig. et 1 p. sig.
BRAUX (Charles-Auguste). 1855. 3 p. in-8. — CLÉMENCE (Mlle), née *Duplâtre*, femme *Leblanc* 1849. 2 p. in-8. — GEOFFROY (Georges-Marie), directeur du Panthéon en 1839. Engagement signé. — LAMBOUIN (Louis-Aristide). 1838 1 p. in-8. — POTET (Adrien). S'est suicidé a Rochefort le 15 déc. 1842, a Ferville. 1837. 1 p. in-8. — RICCIARDI (L.-B.). 1 p. in-8. — SAINT-FIRMIN (Alex *Ferré*, dit). Mort en 1839. 1 p in-8. — BARBA (Jean-Nicolas), acteur de la *Cité* en 1797, puis libraire. N. 1769. M. 1846. An II. 1 p. in-4. — ARQUET (Jean-Eugène), signée aussi par Rubel. 1 p. in-8. — BLONDEAU (Alfred-Alphonse). 1 p. in-8. — POULET (Antoine-Césaire-Emile). 1850. In-8. —COMTE fils, successeur de son père dans la direction du théâtre. In-8.

796. **PARADOL** (Mme), née *Fœtis*, célèbre tragédienne du
Théâtre-Français.   N. 1798. M. 1843.
> Deux lett. aut. sig. (dont une adressée à Régnier), et fin de lett.
> aut. sig. 1831. 3 p. in-8. Intéressantes. *Portr.* lith. in-fol.

797. **PAUL** (Antoine-J.-), célèbre danseur de l'Opéra, surnommé l'*Aérien*, frère de Mme Montessu.   N. 1797.
> Biographie aut. de sa sœur, à elle adressée. 1806. 2 p. in-4. Très-
> intéressante et rare pièce. *Portr.-costume* colorié.

798. **PAULINE** (Mlle Jeanne-Marguerite-Nicole *Lavrillière*,
dite), femme *Dartois*, célèbre actrice des Variétés, pendant trente ans. On l'avait surnommé la petite *Mars*
des Variétés.   N. 1784. M. 1844.
> L. aut. sig., à Ferville, 2 oct. 1834. 2 p. in-8, et lett. aut. sig.
> de son frère *Jourdheuil*, adressée au même. 1834. 1 p. pl. in-4.
> Deux *portr.*, dont celui de Vigneron, in-4.

799. **PEIGNOT** (Et.-Gabriel), littérateur, bibliographe.
> L. aut. sig., à l'abbé de Labourderie. Dijon 21 avril 1831. 2 gr. p.
> pl. in-4. Remerciement des intéressants opuscules qu'il lui a envoyés.

800. **PEINTRES ET DESSINATEURS** ayant travaillé pour le
théâtre. 8 lett. aut. sig.
> ALOPHE (Adolphe *Menut*, dit). 1850. 2 p. in-8. — BERTALL. 1851.
> 1 p. in-8. — BOILLY (Jules). 1 p. in-8. — CHAM (Alfred de *Noë*, dit).
> 1 p. in-12. — GIRAUD (Eugène). 2 p. in-8, et charge gravée. — LA-
> CAUCHIE (Alex.). 1846. 2 p. in-8. — LORSAY (Eustache). 1 p. in-8. —
> ORSAY (le comte Alfred d'). In-8.

801. **PEINTRES ET DÉCORATEURS POUR LE THEA-
TRE.** Six lettres et pièces.
> ALAUX. Mémoire aut. sig. de décors. 25 avril 1813. 1 p. pl. et de
> mie in-4. Curieuse pièce. — CICERI (Pierre-Luc-Charles-Alex.). L.
> aut. sig., à M. Colleville. 1 p. in-4. Intéressante. — CICERI (Ernest),
> fils du précédent. Billet aut. sig. 1 p. in-8. — GUÉ (Julien-Michel).
> Mémoire aut. sig. de décors fournis au théâtre de la Gaité. 6 juillet
> 1823. 3 gr. p. in-4. Curieuse pièce. — PHILASTRE. Deux lett. aut.
> sig. 1834 et 1835. 2 p. in-8. Théâtrales. Lot intéressant.

802. **PELLEGRINI** (Félix), célèbre chanteur italien et compositeur.   M. 1832.
> L. aut. sig. (à la 3e personne), à M. Achille Laurent. Sans date.
> 1 p. pl. in-4. Jolie lettre. Intéressante.
> PORTO (Matteo), célèbre basse-taille du théâtre Italien où il débuta
> en 1810. Mort en 1852. L. aut. sig. *Matteo* (en italien), à son neveu.
> 11 sept 1842. 1/2 p. in-4.

803. **PERLET** (Adrien), célèbre comédien du Gymnase dramatique, littérateur.   N. 1795. M. 1850.
> L. aut. sig., à son cher Gontier. Paris, 22 mai 1829. 3 p. pl. in-8.
> Jolie lettre. *Portr.* gravé.
> Il l'entretient de la maladie de son fils. Il pense qu'il a aussi le malheur de
> connaître un certain intrigant nommé Didier. « Je ne sais s'il vous a joué
> « quelque tours, mais pour moi, il n'est sorte de perfidie qu'il ne m'ait faite.
> « Fausse promesse, manque de parole, etc., etc., on en exécute tous les jours
> « en place de Grève qui sont moins coupables que lui. Ce vil intrigant, sous
> « prétexte d'affaires, prétend qu'il ne peut dîner avec aucun de ses amis.... »
> PERLET, père du précédent, ancien acteur du théâtre de la Cité, et
> correspondant dramatique. Mort en 1817. Deux lettres aut. sig. 1808
> et 1817. 2 p. in-4. Curieuses. Il y en a une qui est tachée.

804. PERROT (Jules), danseur de l'Opéra et chorégraphe.
> L. aut. sig., à son cher Leduc. 1 p. et demie in-8. *Portr.*-costume colorié. Biogr. impr. 4 p. in-4.
> PETIPA (Jean), danseur et chorégraphe de la Porte-Saint-Martin. L. aut. sig., à Ferville. Paris, 19 mars 1841. 1 p. pl. in-8.
> PETIPA (Joseph-Lucien), fils du précédent, danseur de l'Opéra. L. aut. sig. 1851. 2 p. in-8. — Billet de bal sig. *Port.*-costume colorié. Scène in-4.

805. PERSIANI (Mlle Fanny *Tacchinardy*, femme), admirable cantatrice italienne. **N. 1812.**
> L. aut. sig. (en italien), à Ronconi. 22 mars 1850. 2 p. in-12. Jolie et rare lettre. *Portr.* et scène gravée. Biogr. impr. 4 p. in-4.
> Elle le prie d'arranger pour elle le voyage à Amiens, où elle doit chanter, moyennant 600 fr., le logement et le manger pour deux personnes.

806. PERSON (Mme), née Béatrix-Marie *Dumaine*, très-remarquable actrice de drame. **N. 1828.**
> L. aut. sig., au général Pacheco. 9 janvier 1850. 2 p. in-8. Aimable lettre. Deux *portr.*-costumes coloriés.
> DUMAINE (Louis-François), frère de la précédente, acteur de l'Ambigu. N. 1831. L. a. s. 29 sept. 1856. 1 p. in-8. Curieuse petite charge.

807. PETIT (Mlle Athalie), actrice de l'Odéon.
> L. aut. sig., au duc de Maillé. Paris, 30 décembre 1823. 1 p. in-4. *Rare. Portr.* gravé (rôle de Clytemnestre).

808. PETITS THEATRES (acteurs et directeurs de).
> CASTELLI (Gilbert), directeur du gymnase Castelli (troupe d'enfants). 1838. 1 p. in-8. — DESROMAINS, acteur du théâtre Louvois en 1791. 1 p. in-18. — FLEURY. Directeur de l'École Lyrique. 1 p. in-8. — FOIGNET fils (François). Ancien directeur du théâtre des Jeunes artistes de la rue de Bondy. Acteur, professeur et compositeur de musique. N. 1783. M. 1845. Au Ministre. 1817. 1 pl. in-fol. Intéressante. — GARNIER, administrateur de l'Opéra-Bouffon, au théâtre de Molière. Paris, 7 vendémiaire, an VIII. 2 gr. p. in-fol. Intéressante. — LAMOTTE (Théâtre des sans-culottes en 1794). L. aut. sig., au citoyen Valloy. 1 p. in-4. *Rare.* Il le prie de vouloir bien lui prêter, si cela se peut, un drapeau tricolore avec son bonnet, si cela est possible, pour ce jour seulement. — LOMEL (de), entrepreneur du Théâtre de la rue de Louvois. 1791. 1 p. in-fol. — MAUCOMBLE. A joué avec Mlle Rachel au théâtre Molière, aujourd'hui peintre au daguerréotype. Deux lett. 3 p. in-8. Curieuses. — NEZEL (Théodore), directeur du th. du Panthéon, auteur dramatique. N. 1799. M. 1854. 1847. 1 p. in-8. — PIN ET BUTTOS, directeurs, en 1778, du théâtre de Bruxelles. 1778. 1 p. in-4. — PONTET, directeur du Jardin de Tivoli. 1 p. in-8, avec une note aut. Curieuse et rare caricature du café du Jardin de Tivoli, in-fol. colorié. — SAINT-HILAIRE (Auguste de *Monval*, dit), directeur-fondateur du th. du Gymnase des enfants, passage de l'Opéra. 1838. 2 p. in-8. — SASPORTAS, directeur de l'École Lyrique. 1850. 1 p. in-8. — Ensemble, quatorze lettres et pièces aut. sig. Lot intéressant.

809. PETRA CAMARA (la senora), femme *Guerero*, célèbre danseuse espagnole, qui a eu de grands succès à Paris en 1851, 1853 et 1856.
> L. a. s., à M.... Paris, 27 sept. 1856. 1 p. in-8. Curieuse. Charge.
> VARGAS (Mlle Pepa), célèbre danseuse espagnole, surnommée en Espagne le *Diamant de Cadix*, et la *Perle de l'Andalousie*, débuta au Palais-Royal en 1854. Pièce aut. sig. (en espagnol). 1854. 1 p. in-12. Affiche du théâtre de Spa. Charge.

809 *bis*. **PHILIDOR** (François-André *Danican*, dit), célèbre
joueur d'échec et compositeur.   N. 1727. M. 1795.
Dernier chœur pour le *Lauda Jerusalem*. 16 p. in-fol. aut. sig.
(cet ouvrage fut écrit pour la chapelle de Versailles en 1754). *Rare.*

810. **PHILIPPE** (Ph. *Cauvy*, célèbre acteur de la Comédie
Italienne où il débuta en 1780 dans le *Magnifique*.
Quitt. aut. sig. de sa pension du théâtre. 31 déc. 1816. Petite page
in-8 en travers. *Très-rare. Portr.*-costume colorié.

811. **PHILIPPE** (Philippe-Emmanuel *Lavillenie*, dit), célèbre
acteur de mélodrame. Il créa le *Vampire* à la Porte-
Saint-Martin.   Mort en 1824.
L. aut. sig., au comte de Choiseul. Paris. 28 avril 1821. 2 p. in-fol.
Belle lettre. Trois *portr.*-costumes, dont deux coloriés.

812. **PHILIS** (Mlle Jeannette, dite *Philis aînée*), femme Andrieux, célèbre chanteuse du théâtre Favart. 1780-1830.
Billet aut. sig. Sans date. 1 p. in-8 en travers. *Rare.*

813. **PHILLIPS** (Miss Louisa-A.), célèbre tragédienne de
Drury-Lane où elle débuta en 1829 dans *Rienzi*.
1º. L. aut. sig. (en anglais), à Elliston. 2 sept. 1817. 1 gr. p.
pl. in-4. Intéressante et rare. Charmant petit *portr.* gravé.
2º. L. aut. sig. (en anglais). 1 p. in-8. Théâtrale.
PHILLIPS (Thomas). 1er ténor anglais. Deux lett. aut. sig. (en anglais). 8 p. in-8.
PHILLIPS (Henri), célèbre basse-taille.   N. 1801.
1º. L. aut. sig. (en anglais), à M. Fricker. 1843. 1 p. in-4. Cachet.
Jolie lettre. Rare petit *portr.* Scène de *Sapho.*
2º. L. aut. sig. (en anglais), à .... 27 mars. 2 p. in-8.
Très-curieuse lettre sur sa tournée en Angleterre. Il termine ainsi : « Ayez
« soin de mettre sur toutes les affiches, M. Phillips, le célèbre chanteur, pour
« ses dernières représentations avant son départ pour l'Amérique. »

814. **PIANISTES FRANÇAIS ET ÉTRANGERS.**
BIGOT (Mlle Marie *Kiéné*, femme). N. 1786. M. 1820. 4 mars 1812.
1 p. in-12. -- HALLÉ (Charles). 1848. 1 p. in-12. — MARMONTEL.
1854. 1 p. in-8. — MATTMANN (Mlle Louise). 1 p. in-12. — MAZEL.
(Mlle Hélène-Robert). 1 p. in-12. — PFEIFFER (Mlle Clara), à Elwart,
3 p. in-8. Jolie lettre. — SCHAUROTH (Mlle Delphine Von). L. aut.
sig. (en allemand). 1823. 1 p. in-8. — Ensemble, sept lett. aut. sig.

815. **PIANISTES ET COMPOSITEURS** *français et étrangers.*
ALKAN aîné (Charles-Valentin). 1853. 1 p. pl in-8. Musicale. —
DÉSORMERY (Jean-Baptiste). 1844. 1 p. in-8. — FESSY (Alex.-Charles).
N. 1804. M. 1856. 1 p. in-8. — LACOMBE (Louis). 1 p. in-8. Musicale. — MOZIN (Benoit-François). 1817. 1 p. in-8. — POISOT (Charles-
Emile). 3 p. in-12. — QUIDANT (Alfred). 1 p. in-8. — RHEIN (Char-
les-Laurent). 1 p. in-8. — RUSSO (Luigi). Deux lettres (dont une à la
3e personne). 1844. 3 p. in-12. — SIEVERS (Mme), née *Lucci.* 1852.
2 p. in-12. — ZIMMERMAN (Pierre-Joseph Guill.). N. 1785. M. 1853.
1 p. in-12. — Ensemble, douze lettres aut. sig.

816. **PIANISTES ET COMPOSITEURS ALLEMANDS.**
DIETZ (Mlle Cathinka de), femme *Mackenzie*, pianiste des reines
d'Angleterre et de Bavière, et de l'Impératrice du Brésil. 1840. 1 p.
in-12. Beau *portr.* lith. in-fol. — HILLER (Ferdinand). 1832. 2 p.
in-12. Théâtrale. — KASTNER (Mlle Rosa). Deux lett. 1852 et 1853.
4 p. in-12 et in-8. -- NICOLAI (Otto). Berlin, 20 juillet 1837 (en allemand). Musicale. — PIXIS (Jean-Pierre). 1823. 2 p. in-8. — Ensemble,
six lett. aut. sig.

817. PIANISTES ET COMPOSITEURS *anglais et italiens.*

DULCKEN (Mlle Sophie). L. aut. sig. (en anglais). 1 p. in-8. — FUMAGALI (Adolphe). N. 1830. M. 1856. L. aut. sig. (en italien à la 3e personne). 1852. 1 p. in-8. — GOLDBECK (Robert). Fragment musical aut. sig. envoyé comme autographe. Londres, 15 juillet 1856. 1 p. in-8. — OSBORNE (George). L. aut. sig. (en anglais). 1846. 1 p. in-4. — POTTER (Cipriani). L. aut. sig. (en anglais). 1846. 3 p. in-18. Intéressante. — WILLMERS (F.-J.-Rodolphe). Né à Copenhague en 1820. Élève de Hummel. L. aut. sig. 1847. 1 p. in-8.

818. PICARD (Louis-Benoît), célèbre acteur et auteur dramatique, directeur de l'Opéra et de l'Odéon. 1769-1828.

L. aut. sig., à M. Boirie, régisseur général du théâtre de l'Odéon. Paris, 22 avril. 1 gr. p. in-4. Jolie lettre. Intéressante. *Portr.* gravé (eau forte), in-4.

819. PICCOLOMINI (Mlle Maria), célèbre chanteuse italienne, qui débuta au théâtre des Italiens de Paris en 1856, dans la *Traviata* (*la Dame aux Camélias*). N. 1833.

Fragment de 2 lignes aut. sig. (en italien) de la *Traviata*. 11 déc.-1856. In-8. Beau *portr.* lith. in-fol.

820. PIÈCES DIVERSES SUR LE THÉATRE.

Ces pièces, au nombre de dix-sept, se composent de : Du budget du second Théâtre-Français pour le premier trimestre de 1844, et de lett.. la plupart anonymes, adressées à des rédacteurs de journaux, ou à des directeurs de spectacles, etc., de 1788 à 1818, renfermant des faits très-intéressants sur les artistes, la littérature dramatique, etc. — Ensemble, 45 pages in-4 et in-fol. Très-curieux dossier.

821. PIERRE (N.), fondateur et directeur du spectacle pittoresque et mécanique qui portait son nom au Palais-Royal. N. 1739. M. 1814.

L. aut. sig., à M. le Maire .... Paris, 11 sept. 1809. 1 p. pl. in-4. *Rare.* — L. aut. sig. de l'administrateur de son théâtre. 2 p. in-4. Biogr. impr. 3 p. in-12.

822. PIERSON (Mlle F.-V. *Mahieux*, femme), femme de Pierson, de la Porte-Saint-Martin, danseuse de ce théâtre.

L. aut. sig., à M. Duponchel. 23 mars 1836. 2 p. pl. in-4. Théâtrale. *Rare.* Portr.-costume colorié.

PIERSON (Mlle Zélia), fille de la précédente, danseuse et mime de l'Opéra. L. aut. sig. 2 p. in-8. *Portr.*-costume colorié.

823. PILATI (Auguste), chef d'orchestre du théâtre de la Porte-Saint-Martin, compositeur.

Quadrille aut. sig. sur les motifs de *Don César de Bazan*, dédié à son ami Théodore Cogniard. 4 p. gr. in-fol.

824. PINDEMONTE (le chevalier Hippolyte), célèbre poëte italien.

L. aut. sig. (en italien), à son cher et honoré ami. Vérone, 25 février 1826. 1 gr. p. in-4. Aimable lettre.

825. PISCHEK (Jean-Baptiste), célèbre baryton allemand, qui possède une voix magnifique, un style et un goût parfaits. Il excelle autant dans la musique religieuse que dans le genre dramatique.

L. aut. sig. (en allemand, la moitié en musique), à M. Robert Ashton. Londres, 7 juin 1845. 1 p. in-8. *Portr.* et biogr. impr. en anglais.

PARKE (Will.-Thomas), hautboïste et compositeur anglais, savant écrivain sur la musique. N. 1762. L. aut. sig. (en anglois), à M. Savage. 8 juin 1826. 1 p. in-4. *Rare*.

Envoi d'une chanson. ci-joint la chanson en question, *non autographe*, dont le titre est : *Liberté, Indépendance, Vérité.* 2 p. et demie in-4.

PARISH-ALVARS (Elias), célèbre harpiste anglais. L. aut. sig. (en allemand), à M. de Haslinger. Vienne, 7 janvier 1847. 1 p. in-8.

826. PITROT (A.), excellent acteur comique du Vaudeville, où il débuta en 1821 dans *Gaspard l'Avisé.*

L. aut. sig., à Ferville. Nîmes, 19 mars 1831. 2 gr. p. in-4. Jolie lettre théâtrale. *Rare. Portr.*-costume colorié.

827. PIXERECOURT (René-Charles *Guilbert* de), fécond mélodramatique, directeur de l'Opéra-Comique et de la Gaîté. N. 1773. M. 1844.

L. aut. sig., au duc d'Aumont. Paris, 4 janvier 1827. 3 gr. p. in-4. Belle et curieuse lettre sur l'administration de l'Opéra-Comique et les mesures de sévérité qu'il a été contraint de prendre contre un des chanteurs dont l'ivrognerie, à peu près journalière, était devenue du plus dangereux exemple.

828. PLANARD (Eugène de), auteur dramatique.

Vers autographes adressés à Mlle Volnais. 2 gr. p. pl. et quart in-4.

POUJOL (Adolphe-Jacques-Marie), auteur dramatique, régisseur du théâtre Comte. L. aut. sig. 1852. 1 p. in-8.

ROUGEMONT (Michel-Nicolas *Balisson* de), poëte et auteur dramatique. 1°. Couplets aut. sig. 3 p. in-4. 2° Traité signé avec Barba. 1813. 1 p. in-4.

829. PLEYEL (Mlle Camille-Marie-Denise *Moke*, femme), célèbre pianiste. N. 1816. M...

L. aut. sig., au baron de Trémont. 10 janvier 1845. 1 p. et demie in-8. *Portr.* et biogr. anglaise.

PLEYEL (Camille), mari de la précédente, pianiste et compositeur, célèbre fabricant de pianos. N. 1788. M. 1855.

L. aut. sig., au baron de Trémont. 1841. 3 p. in-8.

830. POINSOT (Mlle Euphrasie), cantatrice de l'Opéra. Débuta en 1854, dans la *Juive.*

L. aut. sig., à sa chère amie .... 22 juin 1853. 6 gr. p. pl. in-8. Très-jolie lettre.

831. POISSON DE GRANVILLE, fils de Raymond Poisson, et frère cadet de Paul Poisson. Débuta au Théâtre-Français le 8 février 1694, par *Scapin*, dans l'*Esprit follet.* Il passa ensuite dans la troupe française du roi de Pologne où il mourut.

Pièce signée de lui et de ses camarades, comme comédiens du roi de Pologne. 7 février 1705. 1 gr. p. pl. in-fol.

832. POLIGNAC (le prince Jules de), premier ministre de Charles X en 1830.

L. aut. sig., à M. Théodore Anne. Wildthurn, 26 février 1844. 1 gr. p. pl. et demie in-8. Intéressante.

PEYRONNET (le comte de), ministre de la Justice en 1830. L. aut. sig., au même. 14 août 1843. 1 p. in-8.

833. POMARÉ (Elise-Rosine *Sergent*, dite la Reine), célèbre danseuse du jardin Mabille. Débuta plus tard au Palais-Royal. N. 1825. M. 1846.

L. aut. sig. *Moi la Reine*, à M.... 1 p. in-8. *La pêche aux Anglais, par la Reine Pomaré.* Brochure imprimée de 35 pages in-8. 1847.

834. **POMPADOUR** (Jeanne-Antoinette *Poisson*, marquise de), maîtresse de Louis XV.   N. 1722. M. 1744.

L. aut., à son frère. (M. de Vandière), à Rome. 15 décembre 1750. 1 p. in-8. Cachet.

On est à la cour dans les petites véroles jusqu'au cou, Mds de Luynes et de « Flavacourt l'ont, j'espère qu'elles s'en tireronts, je tremble (non pour moy « car je ne la crains pas) mais pour la famille royale. Dieu nous sauve de ce « malheur... »

835. **PONCHARD** (Jean-Frédéric-Auguste), chanteur de l'O-péra-Comique.   N. 1789.

L. aut. sig., à son cher directeur. 7 sept. 1826. 3 gr. p. pl. in-8. Charge de Dantan.

Lettre intéressante au sujet de sa femme, et de sa position au théâtre.

PONCHARD (Charles-Marie-Auguste), fils du précédent, chanteur de l'Opéra-Comique. L. aut. sig. 1 p. in-8.

836. **PONSARD** (François), poëte dramatique, membre de l'Académie Française.   N. 1814.

L. aut. sig., à M. Guérin ... 1 p. pl. in-8. Littéraire. — Quatre vers aut. extraits de Barthélemy. — Billet aut. sig. Deux charges.

837. **PORTE-SAINT-MARTIN** (acteurs de la).

AUGUSTE HOULLEVIGUE. Engagement sig. au théâtre de l'Odéon. 1820. 1 p. in-fol. — BARQUI (Pierre). 1833. 3 p. in-8. Théâtrale. — CHÉRI-LOUIS. 1830. 2 p. in-4. Théâtrale. — DELIMBRE (Pierre-Prosper). 1826. 2 p. in-4. Théâtrale. — DROUVILLE (Robert). 1844. 2 p. in-8. Théâtrale, et billet a. s. 1848. in-12. *Portr.*-costume colorié. — EMILE COTTENET. Acteur comique, chansonnier et auteur dramatique. Mort en 1833. Cession aut. sig. des *Jumelles Béarnaises*. In-8. — GRAILLY (Eugène). Mort en 1848. 1 p. in-8. *Portr.*-costume colorié. — GRAS (Anatole). Mort en 1846. 14 mars 1837. 1 p. gr. in-4. — HONORÉ (H. *Rémy*, dit). 1830. 2 p. in-4. Théâtrale. — Ensemble, dix lett. et pièces aut. sig.

838. **PORTE-SAINT-MARTIN** (acteurs de la).

LATOUCHE (Philippe-François). 1855. 2 p. pl. in-8. — LÉOPOLD (Léopold *Cresson*, dit). 1830. 2 p. in-8. Théâtrale. — LEPPEL. 1816. 1 p. in-4. *Rare.* — MARIUS (Ant.-Marie *Chavant*, dit). 1837. 1 p. pl. in-8. — NESTOR (Bon C. de *Biern*, dit). 1826. 2 gr. p. in-4. Théâtrale. — PEUPIN (Alex.). 1 p. in-8. — STEINER. 1855. 1 p. in-8. VALNAY (Jacques-Ernest *Desroches*, dit). 2 lett. 2 p. in-8. *Portr.* — VERNET (Victor), frère de Mme Albert. Son engagement sig. 1829. — Ensemble, huit lettres aut. sig., et deux pièces sig.

839. **PORTE-SAINT-MARTIN** (danseurs, directeurs de la). 10 lett. et pièces aut. sig., et une pièce sig.

ANIEL. Cession sig. de son ballet : *Les marchandes de Mode*. 1825. 1 p. in-8 en travers. — ESPINOZA (Léon *Moïse*, dit). 1843. 1 p. in-8. — LAURANÇON. 1845. 1 p. in-8. Théâtrale, et une lettre sig. de son fils. 1855. 2 p. in-8. — RAGAINE. 1836. 1 gr. p. in-4. Théâtrale. — ROUILLON 1837. 2 p. in-8. Théâtrale. — TÉLÉMAQUE. 1826. 1 p. in-4. Au bas, quitt. a. s. de sa femme. — *Directeurs.* — FOURNIER (Marc). 1 p. in-8. Deux charges. — LEFRUVE. Mort en 1843. Deux lett. 1 p. in-8 et 1 p. in-4. 1819. Théâtrales. — SAINT-ROMAIN. Mort en 1833. 20 décembre 1817. 1 p. in-4. Curieuse. Au sujet du bruit de la retraite de Potier de la Porte-Saint-Martin.

840. **PORTE-SAINT-MARTIN** (actrices de la).

ANDRÉA (Mlle d'Hargeville), fille du comte d'Hargeville. Billet a. s. (à la 3e personne). — ARMAND (Mlle Isabelle *Fitzelier*, femme *Bonyars*, dite), fille de Mme Astruc. 1 p. in-8. Théâtrale. — BOUTIN (Mlle Marie). 1 p. in-8, et billet de bal signé. — CASTILLON (Mlle Ninette). 1857. 1 p.

in-8. — Cenau (Mlle Clémentine). 1843. 2 p. in-8. — Daubrun (Mlle
Marie *Brunaud*, dite). 1 p. in-18. *Portr.*, et *Portr.*-costume colorié. —
Daudel (Mme), née *Lefèvre*. N. 1800. M 1851. 14 novembre 1830. 2
p. in-4. Théâtrale. — D'Harville (Mlle M.-Rose *Moulin*, dite). 1849.
1 p. in-8. Scène lith. in-fol. — Edith (Mlle *Duffaud*). 2 p. in-18, et
billet de bal sig. — Ensemble, neuf lettres aut. sig.

841. **PORTE-SAINT-MARTIN** (actrices de la).
Estelle (Mlle Georges). 1 p. in-8., et son engagement sig. 1828.
— Ficher (Mlle Marguerite). 1 p. in-8. — Florval (Mlle Victoire),
femme *Claessen*. 1 p. in-8. — Gonzales (Mlle Inez, dite *Angèle*).
1838. 2 p. pl. et demie in-8. Théâtrale. Intéressante. Billet de bal
sig. — Goy (Mlle Marie-Virginie). 1839. 1 p. in-8. — Grave (Mlle
Angélina). 1838. 1 p. in-8. *Portr.*-costume colorié. — Holise (Mlle). 1
p. in-8. — Klotz (Mlle Valérie). 1843. 1 p. in-8. Curieuse. Scène de
Mlle de La Vallière, in-4. — Ensemble, huit lettres a. s., et une pièce sig.

842. **PORTE-SAINT-MARTIN** (actrices de la).
Lorry (Mlle). 4 p. pl. in-8. Théâtrale. Billet de bal sig. — Marchand (Mlle Marie). 1 p. pl. in-8. — Martin (Mlle Clémentine), femme
Dusaule. 1840. 1 p. in-8. — Minard (Mlle Louise). 1 p. pl. in-4.
Jolie lettre théâtrale. — Mitaine (Mlle Elise). 1849. 1 p. in-8. Très-
curieuse. — Rey (Mlle Anaïs), dite Mme *Jourdain*. 2 p. in-8. *Portr.*-
costume colorié. — Stéphanie (Mlle Mary-Clara *Delaroche*, dite). Nantes,
1841. 3 p. in-8. Théâtrale. *Portr.*-costume colorié. — Ensemble, sept
lettres aut. sig.

843. **POTIER** (Charles), célèbre comédien. N. 1775. M. 1838.
L. aut. sig., à Ferville. Paris, 22 janvier 1827. 1 p. pl. in-4. Jolie
et curieuse lettre. Trois *portr.*, dont un avec (Odry) costume colorié.
Potier (Charles), fils du précédent, acteur et auteur dramatique.
Billet aut. sig. 1 p. in-18.

844. **POULTIER** (Guil.-Alex.-Placide), chanteur de l'Opéra.
L. aut. sig., à M. Leterrié. 1841. 1 p. in-8. *Portr.* lith. (avant la
lettre), in-fol.
Puget (Gustave), 1er ténor de l'Opéra-Comique et de l'Opéra. L.
aut. sig., au directeur des Variétés. 1856. 1 p. in-8.

845. **POWEL** (Miss Jane, femme), en secondes noces femme
Renoud, célèbre tragédienne anglaise. N. 1763. M. 1831.
L. aut. sig. *J. Renoud* (en anglais), à Elliston (sans date). Stockport.
1 p. pl. in-4. Cachet. *Rare*. *Portr.* gravé in-8.
Elle termine son engagement lundi, jour de son bénéfice, et comme elle ne
tient pas à rester dans cette ville enfumée, elle le prie de lui faire savoir s'il
a besoin d'elle.
Pope (Miss Jane), très-célèbre soubrette anglaise, enterrée dans
l'abbaye de Westminster. Quitt. sig. de la somme de onze livres. 13..
1802. Beau *portr.* gravé à la manière noire.
Poole (Miss Sarah), excellente cantatrice anglaise. L. aut. sig.
(en anglais), à M. Glossop. 8 mars 1810. 1 p. in-4. Belle lettre. *Rare*.
Poole (Miss Elisabeth), femme *Bacon*, charmante cantatrice anglaise,
avait débuté par être la Léontine Fay *Vocale* d'Angleterre. 1º Sa signature aut. 1845. in-18. — 2º Fragment (musical) aut. sig. de l'O-
péra de *Maritana*. 1849. In-12. *Portr.* et biogr. impr.

846. **PRADHER** (Mme *Pradère*, dite), née Félicité *More*, charmante cantatrice de l'Opéra-Comique de 1816 à 1835.
L. aut. sig., au duc d'Aumont. 1 gr. p. pl. in-fol. Très-belle
lettre. *Portr.* de J. Arago, colorié, et *portr.* colorié (avec Lemonnier dans le *Coq de village*).
Elle ose lui rappeler qu'il lui a dit avoir le projet de récompenser dans le
cours de l'année les sujets qui donneraient des preuves de zèle au théâtre
royal de l'Opéra-Comique... « Depuis environ six semaines, cinq ou six de ces
« dames étant malades, les difficultés du répertoire ont été telles que con-

« stamment le travail est tombé sur moi seule j'ai joué, presque tous les
« jours, tantôt une, tantôt deux pièces, et quelque fois même deux en trois
« actes. J'ai répété trois ouvrages que j'ai remis, qui sont, *la Dot, la Bergère
« châtelaine, et le Petit Matelot*. Enfin, monseigneur, je puis dire que sans mon
« courage et ma bonne volonté, on eut été quelquefois de plus obligé de fer-
« mer le théâtre... »

847. **PRESTIDIGITATEURS** *français et étrangers.*

ANDERSON (John-Henry), surnommé le *Magicien du Nord*, le plus
renommé dans son art en Angleterre. L. aut. sig. (en anglais), à M.
Ed. Vernon, 9 juillet 1856. 1 p. in-12. Curieuse annonce imprimée.

ANGUINET (Mlle Benita), la prestidigitatrice du *Pré Catelan*.
L. aut. sig. 1 p. in-8.

CHALON, escamoteur, physicien, qui épousa la fille de Malfey, directeur du théâtre des Pantogoniens en 1796-1797, sur le boulevart du
Temple. L. sig. (en son nom et en celui de Félix Mohier, Grotesque),
au directeur des *Annales*. 15 avril 1818. 1 p. in-4.

HAMILTON, ex-directeur de la banlieue, successeur de Robert-Houdin.
L. aut. sig. 1852. 1 p. in-8. quatre gravures.

848. **PREVOST** (Mlle Zoé), chanteuse de l'Opéra-Comique.

L. aut. sig., au duc d'Aumont. Paris, le 16 déc. 1827. 3 gr. p.
in-4. Très-belle lettre. *Portr.*-costume avec Albert, et scène lith. de
la Double Échelle. Biogr. impr. 4 p. in-4.

849. **PREVOST** (Jean-Baptiste-François), acteur de la Comédie-Française.

L. aut. sig., à M... 3 juin 1839. 2 p. pl. in-8. *Portr.*-costume, et
jolie petite scène avec Régnier, vers impr. de Charles Maurice, et
biogr. impr. 4 p. in-4.
Exposé curieux de sa situation théâtrale au point de vue des appointements.
Il est loin de croire mérités les éloges magnifiques qu'il lui donne relativement au rôle d'*Arnolphe*. « Enthousiaste des beautés sublimes, dans votre
« juste admiration pour un des grands chefs-d'œuvre de notre scène, vous
« confondez trop facilement l'illustre auteur et l'infime interprète... »

850. **PRIORA** (Mlle Olympia), célèbre danseuse de l'Opéra.

L. aut. sig. (en italien), au marquis de Sampieri. Jeudi. 1 p. in-18.
Scène lith. in-fol. Charge.
Aimables regrets d'être forcée de refuser sa charmante invitation.

851. **PROUT** (le révérend Francis *Mahony*, dit le *Père*),
l'un des plus spirituels écrivains d'Angleterre.

L. aut. sig. (en anglais), à M. John Bushe. 1843. 2 gr. p. pl. et
demie in-4. Cachet. Charmante lettre.

852. **PROVINCE** (acteurs et actrices de la), et de l'étranger.

Soixante-huit lettres ou billets sig. et aut. sig., ensemble, 85 pages
in-12, in-8 et in-4. Lot très-intéressant pour l'histoire du théâtre.

853. **PRUDENT** (Émile), célèbre pianiste.

Une fête aux Champs, pastorale. Musique aut. sig. Paris, octobre
1845. 3 gr. p. pl. in-fol. *Rare.*

854. **QUICK** (John), célèbre comédien anglais.   1748-1831.

Pièce de 2 lignes aut. sig. (à la 3e personne). 4 sept. 1827 (remontée). Très-rare. Deux *portr.* gravés.

QUICK (Will.), fils du précédent. L. aut. sig. (en anglais), à M. Bos-
wright. 2 p. pl. in-4. Lettre intéressante.
Il le prévient qu'il va mettre en loterie deux portraits de son père dans les
rôles de *Tony, Lumpkin* et de *Sancho*.

855. **QUINAULT** (Philippe), célèbre poète dramatique.

Quitt. sig. (sur parchemin). Paris, 16 décembre 1680. *Rare.* Beau
portr. d'Edeling, in-4.

856. **QUINAULT** (Mlle Jeanne-Françoise), célèbre actrice de la Comédie-Française de 1718 à 1741. N. 1700. M. 1783.

L. aut., à Grimod de la Reynière. Vendredi, très-matin. 4 gr. p. pl. in-4. Belle lettre.

Très-tendre, très-curieuse et très-singulière lettre, au sujet d'un accident qui lui est arrivé dans l'église lorsqu'elle était à genoux. Cinq chiens lui ont passé entre les jambes et l'ont renversée. Elle craignait qu'il n'y eût quelqu'enragé parmi ces chiens, mais le bedeau l'a rassurée, et lui a dit : « Mlle c'est « que le pain béni est si petit aujourd'huy qu'ils lonpris pour une gimblette, et « ils ont crue que cétois pour eux. Je ne suis que crottée et point blessée, « j'ose même vous rassurer sur la dessence de ma chutte, si vous doutés je vous « enveré un certificat de tous lés marguilliers qui certainement sonts gens bien « clair voyant, et qui vous jureront qu'ils n'ont rien vue... etc., etc. »

857. **RACHEL** (Mlle *Félix*), célèbre tragédienne.   N. 1820.

L. aut. sig., a M .... 1 p. pl. et demie in-8. Quatre *portr.*-costumes, dont un colorié. Jolie lettre. *M. 3 janvier 48.*

Elle n'a pas promis *Phèdre* à M. Buloz, parce que M. Buloz ne lui a pas demandé de jouer *Phèdre*, et que d'ailleurs elle était, comme il le sait, très-désireuse de jouer *Catherine*... Elle ne fera pas manquer le spectacle, et sera même heureuse de cette occasion pour prouver au comité, qu'en revanche des procédés peu aimables qu'il a eus pour elle dernierement, elle répond par un grand effort dans le but d'être utile au théâtre et à ses camarades.., qu'il affiche donc *Phèdre*...

858. **RACHEL** (Mlle *Félix*). *La même.*

L. aut. sig. *Rachel Félix*, à M... Paris, 5 mars 1840. 2 p. pl. et demie in-8. (Les lettres sig. *Rachel Félix* sont très-rares.) Trois *portr.*-costumes, dont un colorié, et une scène lith. in-fol.

Vive et pressante recommandation en faveur de M. Tournier qui a été, voilà six ans passé, son camarade au théâtre Molière.

859. **RACHEL** (Mlle *Félix*). *La même.*

1° Billet de bal signé (pour le comte Walewski). Trois *portr.* lith., dont un avant la lettre, deux charges, biogr. impr. 4 p. in-4.

2° L. aut. sig., à M... Mardi 24. 1 p. in-8. Curieuse.

L. aut. sig. de M. Joseph Bacher, docteur en droit, à Vienne (Autriche), adressée à M... le 26 oct. 1850. 7 gr. p. pl. in-4., au sujet des représentations de Mlle Rachel à Vienne.

Nous regrettons de ne pouvoir donner en entier cette lettre remarquable écrite pour la défense de Mlle Rachel contre M. Gustave Planche qui, dans la *Revue des Deux Mondes* (1er juillet 1850), est d'avis qu'il serait temps que l'engouement public s'attiédit un peu et se rendît aux conseils de la raison à son egard... « M. Planche trouve la voix de Rachel *stridente*. Nous élevés dans les « mêmes contrées, où Haydn, Mozart, et Beethoven ont cueilli leurs mélodies « immortelles, nous, accoutumés à n'entendre des notre enfance, jusque sur « nos montagnes, que de la musique suave, nous avons trouvé cette voix harmo-« nieuse, expressive, touchante, douce et tendre, et jamais chant ne nous a plus « profondément ému, que le récit de la fable de Lafontaine dans *Adrienne*, ou « la romance de Lesbie : *Te souvient-il*. Cette voix charmait nos oreilles, émou-« vait nos cœurs, et les larmes coulaient de nos yeux. Si M. P. ne s'est pas « trouvé attendri, il faut qu'il ne s'en prenne qu'à lui-même : c'est par les « oreilles de l'âme qu'il faut entendre Rachel, etc., etc. »

860. **RACINE** (Jean), célèbre poëte dramatique.

L. aut. sig., à Boileau. Au Quesnoy, 30 mai 1693. 3 gr.p. pl. in-4. Très-belle lettre. *Portr.* (avant la lettre), in-4.

861. **RADET** (Jean-Baptiste), l'un des fondateurs du Vaudeville, auteur dramatique.   N. 1751. M. 1830.

Sans qu'ça paraisse, ou la Fille Prudente. Chanson aut. sig. 3 p. pl. petit in-8.

862. **RAMPONNEAU** (Jean), célèbre cabaretier de la Courtille, qui parut quelque temps sur un des théâtres de la foire.

L. aut. sig., à M. Magny, procureur au Châtelet. 1786. 1 p. pl. et quart in-4. Curieuse et rare. Gravure de son cabaret. *Le Cabaret à la mode.* Grand in-fol. oblong.

863. RAUCOURT (Mlle Françoise-Marie-Antoine *Saucerotte*, dite), célèbre actrice de la Comédie-Française. 1756-1815.

L. aut. sig., au comte de... Paris, 14 avril 1813. 3 p. pl. in-4. Vue de son monument au Père La Chaise. — Curieuse caricature de son enterrement. — Charmante petite scène coloriée dans l'*Orphelin de la Chine*.

Elle le sollicite en faveur de Valmor (Prosper Lanchantin', son élève. Ce jeune homme fait des progrès, il peut un jour avoir un grand talent, ce sera à lui qu'il devra son bonheur. Il a la passion du théâtre et n'a nulle vocation pour l'état militaire, il vient de perdre à l'armée du Nord son oncle, le général Lanchantin qui a été massacré en voulant apaiser une émeute.......

864. RAYNOUARD (François-Just.-Marie), poëte dramatique, membre de l'Académie française.

L. aut. sig., au secrétaire perpétuel. Paris, 16 déc. 1831. 3 gr. p. in-4. Belle lettre littéraire.

865. REGNARD (Jean.-Fr.), célèbre poëte dramatique.

Quittance aut. sig. (sur parchemin) de la somme de deux mille deux cent dix-sept livres. Paris, 12 mai 1696. *Très-rare.*

866. REGNIER DE LA BRIERE (François-Joseph-Philoclès), acteur du Théâtre-Français, auteur dramatique.

1° L. aut. sig. *Philoclès Régnier*, à Ferville. Nantes, 28 novembre 1830. 1 gr. p. pl. in-4. Théâtrale. Intéressante. *Portr.* colorié (dans La joie fait peur) et biogr. impr in-8, et deux biogr. impr. 8 p. in-4.

2° L. aut. sig., au même. Nantes, 30 janvier 1831. 3 p. pl. in-8. Très-jolie lettre théâtrale.

867. REICHA (Antoine), célèbre compositeur et écrivain sur la musique. N. 1770. M. 1836.

L. aut. sig., à M. Norblin. Paris, 13 juin 1832. 1 p. et demie in-8. *Portr.* — Fac simile d'une lettre à son bon ami... 11 nov. 1832.

868. REINES (les) de la *Grande* Chaumière.

PACHOUTI (Mlle Clara, dite *Clara Fontaine*, célèbre danseuse de la Chaumière, a joué aux Délassements et aux Folies, sous le nom d'*Anaïs Miria*. L. sig., à M... 13 sept. 1844. 1 p. in-8. *A la Chaumière*, lith. coloriée in-fol.

MARIA (Mlle), danseuse de la Chaumière, rivale de la précédente. L. aut. sig. *Marie.* 1 p. in-8.

869. RENAUT *l'aînée* (Mlle Rose *Renaut*, dite), femme du poëte d'Avrigny, chanteuse du Concert spirituel (1781) et de la Comédie Italienne de 1785 et 1792.

L. sig. (écrite par son mari), aux sociétaires de l'Opéra-Comique National 2 frimaire an V . 1 p. pl. et demie in-4. *Portr.* colorié in-8. Lettre curieuse au sujet de son droit à reprendre le rôle des *Trois Sultanes*.

RÉZICOURT (Fr.- Geoffroy. LEPOITEVIN, dit), acteur de la Comédie Italienne et auteur dramatique. Billet de spectacle signé, et cession a. s. de son Opéra-Comique, *Les Vrais sans culottes*, an II. 1 p. in-4.

870. REYNOLDS (Frédérick), célèbre auteur dramatique anglais. Il a fait près de cent pièces de théâtre. M. 1841.

Trois lett. aut. sig. (en anglais), à Elliston et à M. Adam. 4 p. in-8. Théâtrales. Intéressantes.

REYNOLDS (John Hamilton), littérateur et auteur dramatique anglais. L. aut. sig. (en anglais), à Winston. 31 août 1833. 1 p. in-4.

871. RIBIÉ (César), acteur et célèbre directeur des théâtres de la Gaîté et d'Émulation. N. 1759. M. 1830.

L. aut. sig., à Cailhava. Lyon, 25 juin 1807. 1 gr. p. pl. in-4. Très-belle et très-curieuse lettre. Théâtrale.

RAUCOURT, acteur dramatique et comique de la Porte-Saint-Martin.

Mort en 1855. 1° L. aut. sig., à M. Cabaret. Juin 1854. 2 p. in-4. Curieuse. — 2° L. aut. sig., à son bon poëte... 1 p. in-8. Intéressante. Deux *portr.*-costumes, dont un colorié. Biogr. impr. 4 p. in-4.

872. **RICCOBONI** (Marie-Jeanne de *Mézières de Liboras*, femme d'Ant.-Fr.), actrice de la Comédie-Italienne de 1734 à 1761, romancière et auteur dramatique. 1713-1792.
Quitt. aut. sig. de la somme de quatre-vingt-trois livres six sous, huit deniers, reçus de M. Linguet, caissier de la Comédie Italienne, pour un mois de la pension de mille livres qu'elle a sur la dite comédie. 1er novembre 1773. 1 p. in-8 en travers.

873. **RICE** (Thomas), très-célèbre comique américain, plus connu sous le nom de *Jim Crow*, sobriquet qu'il doit à une fameuse chanson nègre. N. 1804.
L. aut. sig. (en anglais), à M. Kenneth. Londres, 4 mai 1837. 2 gr. p. pl. grand in-fol. *Très-rare. Portr.* (chantant *Jim Crow*), lith. in-4. Belle lettre toute théâtrale. Il y parle de la statuette de *Jim Crow*, faite à New-York, qui a coûté cent livres sterling, etc.

874. **RIFAUT** (Mlle Emilie *Gontier*, femme), fille de Gontier du Gymnase, cantatrice de l'Opéra-Comique.
L. a. s., à M. Certain. Sans date. 1 p. in-8. *Portr.*-costume in-8.

875. **RIGEL** (Henri-Jean *Riegel*, dit), célèbre pianiste, compositeur. N. 1772.
L. aut. sig., à Kalkbrenner. 24 mai 1849. 1 p. in-4. Intéressante. *Portr.* gravé, in-8.

876. **RIGOLETTE** (Mlle... *Gautier*, dite), célébrité chorégraphique du jardin Mabille.
L. aut. sig., à M... Sans date 1 p. in-8.

877. **RISLEY** (R.), célèbre équilibriste américain, qui a eu un très-grand succès à Paris et à Londres avec ses deux fils.
L. aut. sig. (en anglais), à M. Kenneth. Glascow, 11 fév. 1844. 1 p. in-8. Curieuse. Scène anglaise gravée.

878. **RISTORI** (Mlle Adélaïde), marquise *Capranica del Grillo*, admirable tragédienne, sans rivale dans *Mirra, Marie Stuart*, etc. N. 1822.
L. aut. sig. (en italien), à Mme... Paris, 29 août 1855. 3 gr. p. in-8. Très-belle lettre. Beau *portr.* gravé (rôle de Mirra), in-8. Elle a lu le magnifique article de la *Revue des Deux Mondes*. Quoiqu'elle se trouve indigne de tant d'éloges, elle n'en est pas moins reconnaissante de toutes les bontés qu'on veut bien avoir pour elle. Elle croit qu'il serait impossible de rien écrire de plus vrai, ni de mieux senti, sur l'art et la littérature dramatique italienne, etc.

879. **RISTORI** (Mlle Adélaïde). *La même.*
L. aut. sig. (en italien), All' *Ornatissimo* signor Corghi. Paris, 28 oct. 1855. 1 p. pl. in-8. Jolie et affectueuse lettre.

880. **ROBINSON** (Miss Mary *Darby*, femme), dite la *Sapho anglaise*, comédienne, poëte, romancière et auteur dramatique. Maîtresse du prince de Galles et de Fox. Très-belle femme. N. 1758. M...
L. aut. sig. (en anglais), à M. Phillips. 30 juin 1800. 1 p. pl. in-4. *Rare.* Deux *portr.* gravés. Sa biogr. impr. en anglais. Vers (d'elle) impr.

881. ROCHLITZ (Frédéric), savant compositeur allemand.

L. aut. sig. (en allemand), à M .... Leipsig. 8 déc. 1779. 1 p. pl. in-4. Jolie lettre. *Rare*.

882. ROGER (Gustave-Hippolyte), 1er ténor de l'Opéra.

L. aut. sig., à son cher .... 18 février 1851. 1 p. pl. in-8. Jolie lettre théâtrale. — Quittance sig. de ses feux. Deux *portr.*-costumes coloriés, scène de l'*Enfant prodigue*, in-fol., et biogr. impr. 4 p. in-4.

883. ROMAGNESI (Marc-Antoine de), célèbre acteur de la Comédie-Italienne sous le nom de *Cinthio*.

Quitt. sig. (sur parchemin). Paris, 16 juin 1692. *Rare*. *Portr*.-costume lith. in-fol.

884. ROMANCIERS, ROMANCIERES ET POETES AN-GLAIS CELEBRES. Cinq pièces.

Ainsworth (W.-Harrison), auteur du *Bandit* de Londres. L. a. s. 1 p. in-8. — Martineau (Miss Harriet). Sig. aut. 1er janvier 1845. in-18. — Opie (Mme Amélie), célèbre poëte. Vers aut. sig. (avec envoi aut.). 1 p. et demie in-8. *Rare*. Joli *portr.* gravé. — Ritchié (Leitch). Fragment aut. sig. d'un de ses romans. 1 p. in-8. — Warren (Samuel), jurisconsulte et romancier. Vers aut. sig. 1845. 1 p. in-8. *Portr*. — Toutes ces pièces aut. sig. sont en anglais.

885. ROMANCIERS, etc. *Idem*.

Ainsworth (W.-Harrison). 2 p. in-8. — Ainsworth (W.-Francis). 1 p. in-12. — Blessington (Lady) (à la 3e personne). 3 p. in-8. — Bowring (W.-S.) (sig. de ses initiales). 1839. 1 p. in-4. — Chamier (le capitaine). 2 p. in-12. — Knight (Charles). 1818. 1 p. in-4. — Power (Miss Marguerite). 3 p. in-8. — Romer (Mme Isabelle). 2 p. in-8. — Smith (le révérend Sydney). Billet de 2 lignes a. s. — Ensemble, huit lettres et un billet aut. sig. (en anglais). Réunion intéressante.

886. ROMANCIERS, etc. *Idem*.

Ainsworth (W.-Harrisson). 1843. 1 p. in-8. — Hall (Miss Anna-Maria *Fielding*, femme), et auteur dramatique. 3 p. in-8. — Lever (Charles-J.). Irlandais. 1843. 1 p. in-8. De l'autre côté se trouve la fin d'une lettre a. s. de Thomas Hood, célèbre écrivain comique. — Opie (Mme). Sa sig. aut. 1843. — Pardoe (Miss Julia), poëte et auteur dramatique. Pièce de vers. 1844. Beau port. gravé in-4. Ensemble, six lettres et pièces (en anglais) aut. sig.

887. ROMANCIERES ANGLAISES CELEBRES.

Blessington (la comtesse de). 4 p. in-18. — Bray (Mme Anna-Elisa). 1844. 1 p. in-8. Extrait d'un de ses romans. — Power (Miss Marguerite). 4 p. pl. in-8. — Romer (Mme Isabella). 2 p. in-8. — Thomson (Mme Catherine), fragment de son roman, le *Chevalier*. 1 p. in-8. — Ensemble, cinq lettres et pièces (en anglais) aut. sig. Joli lot.

888. ROMBERG (Maurice-Henri), maître de chapelle à Saint-Pétersbourg, compositeur.

L. aut. sig. (en allemand), au docteur Schmieder. Breslau, 11 mars 1827. 2 gr. p. in-4. Jolie lettre musicale.

Schuncke (Charles), bon pianiste et compositeur, nommé en 1835 pianiste de la reine des Français. Né à Magdebourg en 1801. Mort (s'est suicidé) à Paris, le 16 déc. 1839. L. aut. sig., à M. Fabre. Paris, 19 février 1825. 2 p. in-4. Curieuse pièce musicale.

889. RONSIN (Charles-Philippe), auteur dramatique, général de l'armée révolutionnaire.

L. aut. sig., à son cher Lablée. Paris, 18 sept. 1788. 1 p. pl. in-4. Au sujet de six louis qu'il lui demande à emprunter... Il faut que son mal soit bien grand pour recourir à un remède qui répugne tant à son caractère·

890. **ROQUEPLAN** (Victor-Louis-Nestor), directeur des Variétés de 1842 à 1847, de l'Opéra de 1847 à 1854, ex-rédacteur du *Figaro* et des *Nouvelles à la main*.

1º L. aut. sig., à Bayard. 6 février 1845. 1 p. in-8. Curieuse.

2º L. aut. sig., au major de la place de Paris, 17 sept. 1848. 1 p. et demie in-4. Trois charges.

Demande d'une sentinelle pour être placée à la porte principale de l'Opéra de six heures du soir à six heures du matin, pour prévenir contre toute attaque, et même contre des tentatives d'incendie de ce monument, dont la sûreté intéresse tout un quartier.

La Baume, administrateur du matériel de l'Opéra.

L. aut. sig, à M. Léon Pillet. 16 août 1843. 3 p. pl. in-4. Curieuse.

Il y est question de Mme Stolz.

891. **ROSENHAIN** (Jacques *Grammont*, dit), pianiste et compositeur, auteur du *Démon de la nuit*, joué en 1851.

Viens là-bas, chanson espagnole (paroles de M. H. Nouguier, à Mme la comtesse Duchâtel. 4 gr. p. pl. de musique aut. sig. in-fol. et le reste de la romance. 1 p. pl. aut. 1 p. in-8.

Rossi (Louis), compositeur (de Turin). Composition musicale aut. sig. Turin, 9 mars 1846. In-8. — Sur le verso : Chabrier (Emmanuel), compositeur. *Rêverie*, musique aut. sig. 22 janvier 1855 (né à Mannheim le 2 décembre 1813).

892. **ROSNY** (Ant.-Joseph-Nicolas de), littérateur et auteur dramatique.

L. aut. sig. (signée aussi par Mercier de Compiègne), au citoyen Renouard. Paris, 14 messidor an VII. 1 p. in-4.

Voilà le désagrément d'avoir affaire à des auteurs qui pour l'ordinaire sont *gueux comme rats d'église*; on est exposé à leurs importunités avant d'avoir à peine traité avec eux. Ils le prient de leur envoyer de suite un à compte... demain il aura le reste de la copie...

893. **ROSSINI** (Joachim), célèbre compositeur.

L. aut. sig. (en italien), à Mme la comtesse Orsini. 23 sept. 1851. 1 p. in-4. *Portr*. lith. in-4. Deux charges.

Un congrès légal, inattendu, l'empêche de se rendre chez elle. Il sera cependant dans son antichambre à 2 heures pour faire un peu de musique : mortifié comme un chien chassé du temple, il se dit son affectionné...

894. **ROSSINI** (Joachim). *Le même*.

L. aut. sig. en italien, au chevalier Michel Carafa. Florence, 15 mai 1830. 2 p. in-8. Cachet (grande tache d'huile).

Il le croit sans doute mort, mais pardieu, il n'en est rien. Sa santé est toujours faible, mais il n'en est pas moins toujours attaché à ses amis, *et parmi ceux-ci tu occupes le premier rang*. Il lui recommande très-vivement Mme Harley, excellente personne et amateur de musique, etc.

Pélissier (Mlle Olympe), femme du précédent, élève de Paër. Chanteuse agréable. Née en 1799. Elle a été une des plus jolies et des plus élégantes femmes de Paris. Elle épousa Rossini en 1846.

L. aut. sig., à Mme Pratore. Sans date. 1 p. in-8.

895. **ROSSINI** (Mlle Isabel-Angéla *Colbran*, femme), célèbre cantatrice, qui eut de très-beaux succès en Italie et à Londres. Elle épousa Rossini en 1822. Née à Madrid en 1785. Morte en 1845.

L. aut. sig. (en espagnol). Sans date. 1 p. pl. in-8. Jolie et rare lettre. *Portr*. gravé (remonté) in-8.

896. **ROUSSEAU** (Jean-Baptiste), célèbre poëte.

L. aut. sig., à Guyot de Merville à Paris. Bruxelles, 17 novembre 1736. 3 gr. p. pl. in-4 (un peu fatiguée).

Il le remercie des trois exemplaires qu'il lui a envoyés de sa comédie, mais il y a déjà un mois qu'il en a un entre les mains. Il n'en demeurera pas

vraisemblablement à celle qu'il vient d'essayer avec un si légitime succès « ou
« si vous vous y fixez, ce sera pour y rétablir l'honneur du théâtre et venger
« la comédie des affronts que l'usage y a tolérez jusqu'à présent, et dont les au-
« teurs qui vous ont précédé auroient pû facilement la relever s'ils avoient eu
« meilleur opinion du public. Vous venez d'éprouver que la nature, la justesse
« et le bon sens sont respectez partout où ils se montrent, et que leur réussite
« n'est point attachée à une rue, ni à un quartier de Paris plustôt qu'à un
« autre... »

897. ROUSSEAU (Thomas), poëte, littérateur et auteur dramatique.

L. aut. sig., à M. de Malesherbes. 4 déc. 1784. 4 p. pl. in-4.

Belle et curieuse lettre au sujet des cinq premiers chants imprimés de son
poème des fastes du commerce qu'il lui envoie.

898. ROUVIERE (Philibert), acteur du Théâtre-Français, du
Théâtre-Historique, de l'Odéon et de la Porte-Saint-
Martin. N. 1809.

L. aut. sig., à M... 27 oct. 1854. 1 p. in-8. Théâtrale. Beau *portr.*
gravé dans *Hamelet*, et biogr. impr. 4 p. in-4.

Rosambeau (*Minet*, dit), acteur qui a joué sur presque tous les
théâtres de France, vrai type du *Roman Comique*. L. aut. sig., à
M. Etienne. Sans date. 1 p. pl. in-4. Intéressante. *Portr.*-costume
colorié. Anecdote imprimée.

899. ROYER (Alphonse), directeur de l'Odéon et de l'Opéra,
auteur dramatique.

L. aut. sig., à Lockroy. 2 p. in-8. Vue de l'Odéon, décors de Lucrèce, trois charges.

Relative à la *Conscience*, dont Lockroy, quoique pas nommé sur l'affiche, est
l'auteur avec Dumas.

Vaez (Gustave), auteur dramatique, collaborateur du précédent.
L. aut. sig. 1 p. in-8. Théâtrale.

Rovigo (René de), littérateur et critique.
1º L. aut. sig. à M... 26 août 1855. 1 p. in-8. — 2º Deux billets
aut. sig., à divers. 2 p. in-18.

900. RUBINI (Jean-Baptiste), célèbre ténor italien. 1795-1854.

Sa sig. découpée, collée au bas de son *portr.* lith. in-4. Biogr.
impr. 4 p. in-4.

Rubini (Mme), née Adelaïde *Chomel*, dite *Comelli*, femme du précédent, cantatrice italienne. Se retira du théâtre en 1831. N. 1794.
L. aut. sig. 1 p. in-8. *Rare.*

Rossi (Napoleone), chanteur bouffe du Théâtre italien N. 1810. L.
aut. sig. (en italien), à M.... Paris, 24 avril, 1853. 1 p. in-8. *Portr.*

901. RUSSEL (Samuel), très-remarquable comique anglais.
Débuta à Drury-Lane en 1791. N. 1766. M. 1845.

Quatre lett. aut. sig. (en anglais), à divers. 1825. 4 gr. p. in-4.
Théâtrales. Joli *portr.* gravé in-8.

Russell (J.), 1er acteur comique anglais. N. 1789. L. aut. sig. (en
anglais), à Mme Nicholles. Jeudi. 2 p. in-8. Théâtrale. Envoi aut. sig.
de quelques notes de musique. 7 sept. 1844. 1 p. in-8. Scène gravée
de ses soirées musicales.

902. SAGERET, directeur à la fois du Théâtre-Français, de
l'Odéon et du théâtre Feydeau, de l'an VI à l'an VII.

1º L. a. s., au ministre des finances. 25 brumaire an VIII. 2 p. in-4.
C'est pour avoir rendu au Théâtre-Français de la République son activité et
sa splendeur qu'il est aujourd'hui victime. Il ne se permet aucune réflexion,
aucune plainte, mais il a surtout besoin d'estime...

2º L. (imprimée) signée. Paris, 20 messidor, an XI. 2 p. in-4.
Au sujet de la liquidation des trois théâtres dont il avait la direction.

903. SAINT-ANGE (Ange-François *Fariau* de), poëte et auteur dramatique, traducteur d'*Ovide*.

L. aut. sig. (en partie en vers), à M... 26 sept. 1 p. pl. et demie in-4. *Portr.* (dessin à la plume), in-4.

Au sujet de sa comédie l'*Échange réciproque*.

SAINT-MARCELIN (J.-Victor *Fontanes*, dit, fils naturel du comte de Fontanes, chansonnier et acteur dramatique. *Cadet Butteux*, *Batelier*, à *Fernand Cortez*, chanson poissarde, aut. sig. *M. Louis Saint-Marcelin.* 4 p. pl. in-8.

904. SAINT-AUBIN (Mlle Jeanne-Charlotte *Schrœder*, femme d'*Herbez*, dite), célèbre actrice de la Comédie Italienne et de l'Opéra-Comique de 1788 à 1808. N. 1764. M. 1850.

L. aut. sig., à ses camarades... . Sans date. 1 p. pl. et demie in-8. Intéressante. *Portr.*-costume colorié (dans *Lisbeth*).

905. SAINT-AULAIRE (Pierre-Jacques *Pagnon*, dit), acteur du Théâtre-Français. N. 1794.

L. aut. sig., *Pagnon*, à son cher ami... 13 avril 1848. Très-curieuse lettre. *Portr.*-costume lithogr. in-4.

906. SAINT-ERNEST (Louis-Nicolas *Brette*, dit), très-remarquable père noble du boulevart, Porte-Saint-Martin, Ambigu, Cirque, etc.

L. aut. sig., à son bon camarade.... 1 p. in-8. Trois *portr.*-costumes coloriés, charge, et scène de *Notre Dame de Paris*. Biogr. impr. 4 p. in-4.

907. SAINT-FAL (Étienne *Meynier*, dit), acteur du Théâtre-Français. N. 1760. M. 1835.

L. aut. sig. (signée aussi par Caumont, Mmes Lachassaigne et Suin), au citoyen Arnault le jeune. Paris, 14 ventôse an IX. 1 p. in-4. *Rare. Portr.*-costume colorié (dans *Briséis*).

908. SAINT-GEORGE (le chevalier de), également supérieur comme maître d'armes, écuyer, nageur, danseur et patineur. Il était en outre violoniste et compositeur remarquable. Né à la Guadeloupe en 1795. Mort à Paris en 1779.

L. sig., au président... sans date. 2 p. in-4. *Rare.*

Protestations de son dévouement à la patrie; preuves qu'il en a données...

STEPHEN DE LA MADELAINE, musicien distingué. Professeur de Mme Lauters. Écrivain sur la musique. Billet aut. sig. 1 p. in-18.

909. SAINT-HUBERTY (Mlle Antoinette-Cécile *Clavel*, dite), comtesse d'*Entraigues*, célèbre cantatrice de l'Opéra. Née en 1756. Morte assassinée à Londres avec le comte d'Entraigues son mari, en 1812.

L. aut., au comte d'Entraigues (alors son amant). Elle est sans date, mais antérieure à la révolution de 1789, et elle suit encore la carrière théâtrale. 7 gr. p. pl. in-4. *Portr.* gravé in-8.

Tendre et affectueuse. Curieux détails.

910. SAINT-LAMBERT (J.-F., marquis de), poëte, écrivain, philosophe et moraliste, membre de l'Académie française, auteur des *Fêtes de l'Amour et de l'Hymen*, comédie-ballet.

L. aut. sig., à M.... Eaubonne, 19 avril. 1 p. pl. in-4.

M. de Marmontel n'a point exagéré l'estime qu'il a pour la lettre de Mélophise... Il est fâché qu'un homme qui est son confrère ait toujours tort. Dans tous les temps l'Italie nous a envoyé des musiciens qui nous ont ôté un peu de notre barbarie, « mais dans tous les tems ces musiciens ont commencé par être « fort mal reçus, les chanoines de Metz battirent les musiciens que Charle- « magne avoit fait venir d'Italie, sous Charles IX nous assassinions Goudimel, « l'auteur de ces Noëls qu'on chante encore, les premiers bouffons en 1756 ont « pensé être assomés, les seconds ont été hués avec la musique de La Frasca- « tana, Lulli fut mieux traité parce que la cour avait du goût, Piccini est traité « fort mal par une raison contraire... »

911. SAINT-LEGE, bon comique chantant du théâtre des Troubadours et de l'ancien Vaudeville. N. 1766. M. 1845.

L. aut. sig., à M. Duchesnes. 23 nov. 1814. 1 p. in-4. *Rare.* Joli costume colorié : *La famille des Lurons*.

912. SAINT-PRIX (Jean-Amable *Foucault*, dit), célèbre acteur du Théâtre-Français. N. 1758. M. 1834.

Pièce signée, comme semainier. Paris, 26 oct. 1792. 1 gr. p. pl. in-fol. Deux *portr.*-costumes coloriés, in-8 et in-fol.

Les citoyens artistes du théâtre de la Nation, à Paris, témoignent le désir d'employer leurs talents au soulagement des veuves et orphelins de cette ville dont les époux et peres sont morts pour la défense de la patrie. Ils proposent à cet effet à la municipalité de leur permettre de se servir de la petite salle du château pour y jouer deux représentations de pièces patriotiques dont le produit sera appliqué par moitié tant aux dites veuves et orphelins, qu'à un acte de bienfaisance particulière que se proposent les dits sociétaires...

913. SAINTINE, romancier et auteur dramatique, auteur de *Picciola*.

1° L. aut. sig., à M... 31 janvier 1849. 2 p. pl. in-8. Jolie lettre.
2° L. aut. sig., à M. de Lauzanne. Dijon, 2 septembre 1845. 2 gr. p. pl. et quart in-8. Jolie et curieuse lettre.

914. SAINTVILLE (Mlle Séraphine), 1re chanteuse de l'Opéra. Elle y débuta en 1821 dans la *Vestale*, et y resta jusqu'en 1825.

L. aut. sig., au rédacteur du *Corsaire*. Sans date. 2 p. pl. in-8. Jolie lettre théâtrale. *Rare.*

SAINVILLE GAY (Mlle), célèbre cantatrice qui a eu de beaux succès en Italie. L. aut. sig., au directeur de l'Opéra. 29 sept. 1834. 3 p. pl. in-8. Belle lettre théâtrale.

915. SAINVILLE (...*Morel*, dit), joyeux comique du Palais-Royal. N. 1805. M. 1854.

L. aut. sig., à M... 1 p. in-8. Petit portr. découpé.

WALTER (Etienne), acteur de l'Ambigu et de Saint-Pétersbourg. L. aut. sig., à M. Pau..., 1er février 1854. 1 p. pl. et demie in-8. Touchante lettre sur la mort de Sainville qui a expiré dans ses bras.

916. SALIERI (Ant.), célèbre compositeur italien. 1750-1825.

L. aut. sig., à Persuis, Vienne, 18 février 1817. 2 gr. p. pl. in-4. *Portr.* in-8. Très-belle lettre.

Il lui indique les petits changements qu'il aimerait bien qu'on fît *dans le co-piulures* de ses Danaïdes, si on remet en scène cet opéra à Paris...

917. SALVINI (Thomas), le meilleur élève du célèbre Modena, 1er artiste tragique de l'Italie. Joue en ce moment à Paris avec le plus grand succès.

L. aut. sig. (en italien), à M... 10 sept. 1857. 1 p. pl. in-4. Charmant et gracieux envoi de son autographe.

918. SAMSON (Joseph-Isidore), acteur du Théâtre-Français et auteur dramatique. N. 1793.

1° Deux lett. aut. sig. 1852 et 1854. 2 p. in-8. Beau *portr.* gravé dans *Figaro*, in-fol. Biogr. impr. 4 p. in-4.
2° Son engagement à l'Odéon, approuvé et signé. 1819.

919. SAMSON. *Le même.*
L. aut. sig., aux présidents du banquet Molière. 15 janvier 1857. 2 p. in-8. Jolie lettre.

920. SAND (Georges) [Mlle Marie Aurore *Dupin*, baronne *Dudevant*], célèbre romancière et auteur dramatique.
L. aut. sig., à M. Buloz (sans date). 1 p. pl. in-8. *Portr.* lith. in-4. Deux charges gravées. Jolie lettre littéraire.

921. SAND (Georges). *La même.*
L. aut. sig., à M...5 oct. 1853. 2 p. in-8. Jolie lettre.

922. SAND (Georges). *La même.*
L. aut. sig., à Madame Dorval. Paris, 21 février 1843. 1 p. pl. in-8. Charmante et affectueuse lettre. Beau *portr.* de Charpentier (1839), gravé par Desmadry, in-fol. Biogr. impr. 4 p. in-4.

923. SANTINI (Félix), célèbre basse-taille du Théâtre Italien. Né en 1798. Mort en 1836.
L. aut. sig. (en italien), à Séverini. Munich, 4 sept. 1831. 1 p. in-8. *Rare.* Charge de Dantan.
ROVÉDINO (Georges), célèbre basse-taille de l'ancien théâtre Italien. N. 1760. M. 1820. Pièce signée par lui, et écrite et signée par sa femme (en italien). Dresde, 12 avril 1815. 1 p. in-4. Cachet.

924. SAQUI (Mlle Marguerite-Antoinette-Sévère *Lalanne*, femme), célèbre danseuse de corde. N. 1777.
1° L. sig., à M... Sans date. 1 p. et demie in-18. Charge. — 2° Quitt. sig., de la somme de quinze cents francs pour les frais relatifs à l'ascension qu'elle a faite lors du feu d'artifice donné à Neuilly à la fête du 14 juin 1810. 1 p. in-4.

925. SARRETTE (Bernard), directeur-fondateur du Conservatoire de musique. N. 1765.
1° L. aut. sig., au citoyen Chalgrin, 23 messidor an VIII. 1 p. in-4. *Portr.* lith. in-4.
2° L. sig., au Ministre de l'Intérieur. 15 germinal an VII. 2 p. in-4. Relative aux décors de la bibliothèque du Conservatoire de musique qui aura une copie en marbre de l'Apollon du Belvédère copiée par le citoyen Lemot. Il lui propose d'ordonner que deux bustes, l'un d'Orphée, l'autre d'Amphion seront exécutés en marbre pour être également placés dans la même bibliothèque. Le citoyen Chaudet serait chargé de la composition de ces deux bustes qui lui seraient payés trois mille francs chaque...

926. SAUVAGE (Mlle Elisa-Eugénie), actrice du Gymnase, de la Porte-Saint-Martin et de la Gaîté.
Son répertoire aut. sig. en tête. 2 p. pl. et demie in-8. Joli *portr.* lith. in-fol.
BOURGOIN (Mlle Lili), nièce de Mlle Thérèse Bourgoin, actrice du Panorama dramatique et du Gymnase. N. 1810. L. aut. sig., à Ferville, Paris, 3 mars 1831. 1 p. pl. in-8. Jolie lettre théâtrale. *Rare.*
HABENECK (Mlle), fille de l'ex chef d'orchestre de l'Opéra, baronne *Amyot,* actrice du Gymnase. L. aut. sig., à M... 1 p. in-8. Charge.

927. SCARAMOUCHE (Tiberio *Fiorelli,* dit), très-célèbre acteur de la Comédie Italienne. N. 1608. M. 1694.
On a dit de lui :
« Cet illustre comédien
« De son art traça la carrière :
« Il fut le maître de Molière,
« Et la nature fut le sien. »
Quitt. sig. *Tiberio Fiorelli detto Scaramucca* (sur parchemin) de la somme de trois cents livres qu'il a plu à Sa Majesté lui faire délivrer en considération de ses services.... Paris, 20 août 1656. Très-rare pièce.

928. **SCHILLER** (Jean-Frédéric-Christophe), célèbre poëte, littérateur et auteur dramatique.   N. 1759. M. 1805.
L. aut. sig. (en allemand), à son ami Koerner. Weimar, 10 avril 1789. 4 p. pl. in-8. *Portr.* Très-belle lettre littéraire.

929. **SCHLEGEL** (Jean-Elias), célèbre poëte dramatique. Né en 1718.   Mort en 1749.
Feuille d'album aut. sig. (en allemand). Sans date. 1 p. in-8.
Schlegel (Aug.-Guill.), célèbre littérateur allemand, traducteur de Shakspeare. L. aut. sig. (en français), à M. John Murray. Bonn, 17 janvier 1826. 2 p. pl. in-4. Cachet. Belle lettre littéraire.

930. **SCHNEIDER** (Jean-Chrétien-Frédéric), compositeur allemand, maître de chapelle à Dess. N. 1786. M. 1853.
Morceau musical aut. (introduction de son *Jugement dernier*). 2 p. in-fol.
Schad (Joseph), pianiste et compositeur allemand. N. 1812. Deuxième mazurka pour le piano. aut. sig. 3 p. in-fol.

SEPTIÈME VACATION.

Jeudi 10 décembre. — Nᵒˢ 931 à 1069.

931. **SCHRODER** (Mlle Antoinette-Sophie *Burger*, femme), célèbre tragédienne allemande.   N. 1781.
L. aut. sig. (en allemand), à M. de Schregrogel. 11 oct. 1819. 2 p. in-8. Jolie lettre théâtrale. Rare. Carte de visite aut. *Portr.*
Salicola (Margharita), dite la *bella Margharita*. Célèbre et très-belle cantatrice, qui fut amenée en Allemagne en 1683 par l'Electeur de Saxe, Jean-Georges. Quitt. sig. de la somme de 7 rix-thalers, 1691. 1 p. in-4. Cachet. *Rare.*

932. **SCHUMANN** (Robert), l'un des meilleurs compositeurs allemands de nos jours : digne successeur de Mendelssohn.   N. 1810. M. 1856.
L. aut. sig. (en allemand), à M. Bogmann. Leipsig, 21 avril 1842. 2 gr. p. pl. in-4. Belle et intéressante lettre.

933. **SCRIBE** (Augustin-Eugène), auteur dramatique.
1º Cession aut. sig. de son ballet de *Manon Lescaut*. Paris, 4 mai. 1830. 1 p. pl. in-4. *Portr.*, charge, et biogr. anglaise.
2º L. aut. sig., à son cher ami... 19 mai 1847. 2 gr. p. pl. et demie in-8. Très-jolie lettre théâtrale.

934. **SCRIBE** (Augustin-Eugène). *Le même.*
1º L. aut. sig., à M... Paris, 26 janvier 1855. 1 p. in-8. Biogr. impr. 4 p. in-4.
2º L. aut. sig., à son ami.... Sans date. 4 gr. p. pl. in-8.
Il a lu enfin *Edouard III et sa Cour* et y a pris grand plaisir, lui qui en a si difficilement à la lecture d'une pièce de théâtre. Son sentiment, comme lecteur est que cela est fort amusant, comme spectateur son opinion est moins favorable. Le grand défaut qu'il trouve à l'ouvrage, c'est que chaque acte forme une pièce et un intérêt à part. Ce n'est pas un danger dans une histoire ou un roman, au théâtre c'est un danger mortel... Critique curieuse et très-détaillée de toute cette pièce.

935. **SERAPHIN** (François), fondateur du théâtre d'ombres chinoises qui porte son nom au Palais-Royal.
L. aut. sig., au maire du 2ᵐᵉ arrondissement. Paris, 3 juin 1822. 1 p. pl. in-4. *Rare.*

SÉRAPHIN (P. Royer), directeur en 1854, du même théâtre. L. aut. sig. à M. A. Denis. 5 août 1854. 1 p. in-8.

936. **SESSI** (Mlle Marianne), célèbre cantatrice du Théâtre Italien, où elle débuta en 1812, compositeur d'ariettes. Née en 1776.   Morte en 1840.
> L. aut. sig., à M.... Paris, 10 août 1816. 1 p. in-8. Théâtrale.
> SEVERINI, directeur du théâtre Italien. N. 1785. Mort (s'est tué en sautant d'une fenêtre lors de l'incendie de son théâtre. 1838.
> L. aut. sig. (en italien), à Balochi. 18 Nov. 1 p. in-8.
> Relative à la mise en scène de *Clari*.

937. **SGRICCI** (Thomas), célèbre improvisateur italien.
> L. aut. sig., au libraire Urbain Canel. Paris, 25 mai 1825. 1 p. in-8. *Portr.* lith. in-4.
> Au sujet de l'impression d'une tragédie *improvisée* par lui.

938. **SHAW** (Mme Alfred), née Mary..., très-remarquable cantatrice anglaise (1ère contralto). Elle débuta au théâtre de Covent-Garden en 1842 dans *Sémiramide*. N. 1818.
> L. aut. sig. (en anglais), à Mme Goethe. 20 janvier 1835. 3 p. in-8. Sa signature aut. Dieppe. Deux *portr.*-costumes anglais.
> Très-jolie lettre sur son concert d'*Adieu à Leipsig*, etc.

939. **SHELLEY** (Mme), fille du célèbre Godwin et femme de Shelley. Très-remarquable romancière anglaise, auteur de *Frankenstein*.
> L. aut. sig. (en anglais), à M. Plalford. 18 avril. 5 p. et demie in-8.
> Jolie et rare lettre.

940. **SIDDONS** (Henry), fils de la célèbre Mme Siddons, 1er rôle tragique du théâtre de Drury-Lane. Acteur de talent et auteur dramatique.   N. 1774. M. 1815.
> L. a. s. (moitié en vers, en anglais), à M. Hill.... 1 p. in-8. *Portr.*
> Il craint que le club de Covent-Garden ne l'empêche de se trouver avec lui. Il consultera cependant les oracles.

941. **SIGNATURES** des personnes qui se sont présentées chez le duc d'Aumont, pour s'informer de sa santé.
> On y remarque parmi les artistes et auteurs dramatiques de l'Opéra-Comique, etc.: Chérubini, Lesueur, Plantade, Baillot, Féréol, Nourrit, Catrufo, Rézicourt, Grangé, Pixerécourt, Darboville, Huet, Auber, Hérold, Belnie, etc. etc. Ces signatures remplissent 4 gr. p. in-fol.
> Réunion curieuse.

942. **SIGOURNEY** (Mme L.-H.), célèbre poëte et littérateur américain.
> L. aut. sig. (en anglais), à M. Thomas White, à Richmond (Virginie). Hartford, Connecticutt. 15 mai 1834. 3 gr. p. pl. et quart in-4. Très belle pièce.
> Envoi de deux poëmes (ils remplissent les trois quarts de la lettre):.. *Colomb à l'Université de Salamanca*, et l'*Intempérance*.

943. **SIVORI** (Camille, élève de Paganini, le meilleur violoniste depuis ce maître.   Né à Gênes en 1817.
> L. aut. sig. (en italien, avec trois lignes de musique), à M.... Londres, 23 sept. 1844. 1 p. in-8. *Portr.* lith. in-fol.

944. **SMITH** (Richard-John, dit *O*), célèbre acteur mélodramatique anglais. On l'appelait d'abord *Obi* Smith, après sa création du rôle de ce nom, puis par abréviation *O* Smith. Pendant plus de 50 ans il représentait les dé-

mons et les scélérats de toute espèce. Créateur du *Monstre* dans *Frankenstein*.   N. 1786. M. 1854.

L. a. s. (en anglais), à M.... 1 p. in-12. *Portr.* et biogr. impr. Scène. Il lui envoie une lettre pour être imprimée dans le *Punch*, si toutefois il l'en croit digne.

945. **SOLEINNE** (*Martineau de*), célèbre collectionneur dramatique.

L. a. s., à M. Decroix. Paris. 10 déc. 1816. 1 gr. p. pl. in-4. Curieuse.

946. **SOLIE** (Jean-Pierre *Soulier*, dit), célèbre acteur de la Comédie Italienne et compositeur.   N. 1755. M. 1812.

Pièce aut. sig. (signée aussi par Philippe et par Camérani). Fait en leur salle d'assemblée, le 7 brumaire an VII. 1 p. pl. in-4. Ils certifient avoir donné ample liberté à la citoyenne Sérigny, une des artistes attachées à leur spectacle, de s'engager où bon lui semblera.

947. **SONTAG** (Mlle Henriette), comtesse *Rossi*, célèbre cantatrice.   N. 1805. M. 1854.

L. a. s. *Hte Rossi* (en allemand), à Miss Rigby. Pétersbourg, 19 mai 1840. 4 gr. p. pl. in-4. Beau *portr.* lith. in-4, et *portr.*-costume colorié. Charmante et affectueuse lettre (Collection de M. Frenck).

948. **SOUSCRIPTION** au banquet de fête de M. le baron Taylor, 14 mai 1852.

Pièce avec les signatures originales de Derval, Fontenay, Marty, Chilly, Surville, A. Villot, Gautier, Albert, Volnys, Pierron, Daudel, Amant, Samson, Got, Ambroise, Geoffroy et Saint-Mar. 1 gr. p. in-fol., et le *portr.*-costume colorié de Marty dans *Rodolphe* de Sobiesky.

949. **SPAGNOLETTI**, célèbre violoniste.

L. aut. sig. (en italien), à son cher Mori. 6 avril 1818. 1 p. in-8. Rare. Entièrement musicale. Kontski (Antoine de), pianiste polonais. L. aut. sig., au prince.... 1 p. pl. in-8. Sowinski (Albert), pianiste et compositeur polonais. N. 1803. L. aut. sig., à Paër. Paris, 20 déc. 2 p. in-8. Jolie et touchante lettre sur sa triste situation. Wolff (Edouard), pianiste et compositeur polonais. N. 1816. L. aut. sig., à Auber. Paris, 3 juillet 1844. 1 p. in-8. Jolie lettre.

950. **SPINDLER** (A.-R.-Carl.), célèbre romancier et poëte dramatique allemand.   N. 1795.

L. aut. sig. (en allemand), au baron de Kuepplin. 3 avril 1850. 1 p. pl. in-4. Jolie lettre.

951. **SPOHR** (Louis), célèbre compositeur allemand. N. 1783.

L. aut. sig. (en allemand), à.... Cassel, 16 avril 1838. 2 gr. p. pl. et demie in-4. *Portr.* lith. in-4. Très-belle lettre musicale.

952. **SPONTINI** (Gaspard-Louis-Pacifique), célèbre compositeur dramatique.   N. 1778.

1° L. aut. sig., au duc d'Angoulème. Paris, 16 avril 1814. 2 p. in-fol. Très-belle lettre. Biogr. impr. 1 p. in-4. Il a composé vingt-quatre opéras, dont quinze exécutés sur les principaux théâtres d'Italie, et neuf sur ceux de France. Son opéra de la *Vestale* a mérité le grand prix décennal que le gouvernement accordait au meilleur opéra tragique... Il a dirigé pendant deux ans, à Paris, l'*Opéra Buffa*... Il est Italien et naturalisé en France... Il ose implorer la protection de S. A. R. pour obtenir la place de directeur de la musique particulière du roi, et d'*Opéra-buffa-et-seria Italien*. 2° Rapport à M. De Remusat, premier chambellan de l'empereur et roi et sur-intendant des spectacles, sur le résultat des deux premières

années de sa direction du Théâtre Italien de Paris, depuis le 1er sept. 1810, avec les comptes de recettes et dépenses, les opéras représentés, les artistes qui les ont interprétés, etc., etc. approuvé et signé trois fois dans le cours des 25 gr. p. in-fol. qui le composent.
Pièce importante pour l'histoire de ce théâtre.

953. **STADLER** (l'abbé Maximilien), compositeur allemand d'un grand talent dans le genre religieux. 1748-1833.
Liste aut. (en allemand) de fragments pour des instruments à vent. 1 p. pl. in-4. *Rare.*
SCHICHT (Jean-Gottfried), très-remarquable compositeur de musique religieuse. N. 1753. M. 1823. Quitt. sig. (en allemand). 1804. 1 p. in-4.
STRUNZ (Jacques), compositeur. Né en Bavière en 1783. L. aut. sig. à M. Henry. Paris, dimanche soir... 1 p. pl. in-8. Musicale.

954. **STAUDIGL** (Joseph), 1re basse-taille du théâtre de Vienne. Voix magnifique, puissante et d'une grande étendue. En 1856, il devint fou, et fut transporté à l'hôpital.   N. 1807.
L. aut. sig. (en allemand). Londres, 1843. 1 p. in-12 (remontée). Deux *portr.*-costume, et notice impr.
SAPIO. L'un des pages de la reine Caroline, 1er ténor de Drury-Lane.   N. 1792.
L. aut. sig. (en anglais), à M.... Vendredi. 1 p. pl. in-4. *Rare.*

955. **STEEVENS** (Georges), célèbre commentateur des œuvres de Shakspeare.   N. 1736. M. 1800.
L. aut. sig. de ses initiales (en anglais), à M. Isaac Reed. Sans date. 2 p. pl. in-4. *Curieuse et rare.*

956. **STEIBELT** (Daniel), compositeur dramatique et instrumentiste, pianiste célèbre.   N. 1759. M. 1823.
L. aut. sig., à M. Ignace Pleyel. 1/2 p. in-4. Notice ms. du baron de Trémont. Deux notices impr., et *Portr.* gravé in-4.

957. **STEPHAN** (Mlle Marie-A.), femme *Guy*, dite Mme *Guy-Stéphan*, danseuse de l'Opéra, très-remarquable dans les danses espagnoles.
Billet aut. sig., à M. Mapleton. Londres, 4 août 1843. 1 p. in-12. *Rare.* Deux *portr.*-costumes coloriés, dont celui des *Gloires de l'Opéra*, dans la *Cracovienne*, in-fol. — L. aut. sig. de son mari. 1 p. in-8.
SAINT-LÉON (Charles-Victor-Arthur *Michel*, dit), célèbre danseur, chorégraphe et violoniste, mari de la Cerito. L. aut. sig., à M... Londres, 20 juin 1843. 2 p. in-8. Jolie lettre. *Portr.* lith. étant enfant (1829), par son père. In-8.

958. **STEPNEY** (Lady Cath.), célèbre romancière anglaise.
L. aut. sig. (en anglais), à M... 4 p. pl. in-4. Joli *portr.* gravé in-8. Belle et spirituelle lettre.

959. **STOKLEIT** fils, très-remarquable acteur de l'Ambigu et du Théâtre-Français.   Mort à Saint-Pétersbourg.
L. aut. sig., à Ferville. Lyon, 1er août 1828. 1 gr. p. pl. in-4. Théâtrale. Curieuse.
SERRES (Emile), excellent comique populaire de l'Ambigu, de la Porte-Saint-Martin, des Variétés et de la Gaîté. Mort en 1854. L. aut. sig., à M.... Lisieux, 24 oct. 3 p. pl. in-8. Curieuse lettre théâtrale. *Portr.*-costume colorié.

960. **STORACE** (Anna-Selina *Sorace*, dite), femme *Fischer*, célèbre cantatrice, élève de Sacchini. N. 1761. M. 1827.
L. a. s. (à la 3e personne, en anglais), à M. Sherlock. 1 p. pl. in-4. *Portr.* dans *Comus*. Aimable et affectueuse lettre, extrêmement rare.

961. **STRAUSS** (J.), dit le *Roi des valses*, célèbre chef d'orchestre et compositeur de musique de danse. 1804-1849.
L. aut. sig. (en allemand), à M. de Hastinger. 21 novembre 1830. 1 p.
pl. in-8. *Portr.*-scène, in-fol. Affiche anglaise.
Toute musicale. Il y est question des valses de Schubert, etc.
STRAUSS, musicien compositeur, chef d'orchestre des bals de la Cour
et de l'Opéra en 1856-7. L. aut. sig. 1 p. in-12.

962. **STRAUSS** (Jean). *Le même*.
Krapfen-Waldl-Walzer aut. sig. Beau manuscrit musical, 23 p. pl.
in-4. *Portr.*, et biogr. anglaise impr.

963. **STRICKLAND** (Miss Agnès), célèbre poëte et littérateur.
La Reine de la joyeuse Angleterre. Chanson aut. sig. (en anglais).
3me et 4me couplets. 27 août 1844. 1 p. pl. in-4.

964. **STRINASACCHI** (Mlle Teresa), célèbre chanteuse italienne, prima dona au Théâtre Italien de Paris en 1801.
Elle était admirable d'inspiration. Née à Rome en 1777.
L. aut. sig. (en italien), à M. Scrofani. 13 pluviôse... 2 p. pl. et
demie petit in-18. *Très-rare*.
Elle lui apprend que la veille son camarade Parlamagni l'a insultée devant
le public. Comme elle connaît son caractère, elle a fait prévenir le commissaire
pour qu'elle soit garantie à l'avenir d'un pareil désagrément, etc.

965. **SUE** (Eugène), célèbre romancier et auteur dramatique.
L. aut. sig., à Mlle.... 25 mai. 1 p. in-8. (Papier de deuil). Jolie
lettre. Charge (le *Juif Errant*). Biogr. impr. 4 p. in-4.

966. **TAGLIONI** (Mlle Marie), comtesse *Gilbert des Voisins*,
célèbre danseuse de l'Opéra. Née à Stockholm en 1809.
L. aut. sig. (en anglais), à M.... 21 juillet 1839. 1 p. pl. et demie
in-4. *Portr.* (dans la *Sylphide*) in-fol., et pas tyrien (avec son frère).
Biogr. impr. 4 p. in-4.
Très-intéressante lettre contre l'augmentation du prix des places pendant
les représentations qu'elle doit donner à Birmingham.

967. **TAIGNY** (Emile), acteur du Vaudeville, plus tard directeur des Délassements-Comiques.
L. aut. sig., à son bon Alophe. Paris, 15 oct. 1850. 1 p. pl. in-8.
Joli *portr.* (par Gavarni), avec celui de sa femme.
GUILLEMIN, acteur du Vaudeville. N. 1780. M. 1840. L. aut. sig.,
à son collègue.... Paris, 5 mai 1837. 1 p. pl. in-8. Théâtrale. *Portr.*-
costume.

968. **TALFOURD** (Thomas-Noon), célèbre poëte dramatique.
Sonnet aut. sig. (en anglais), à l'occasion de la réception à Oxford
du poëte Wordsworth. 19 déc. 1843. 1 p. pl. in-4. Belle pièce.
BALL (William), auteur dramatique anglais. Il a traduit *Joconde* et
les *Visitandines*. 1º Notice critique aut. (en anglais) d'un recueil musical intitulé le *Présent d'Apollon*. 2 p. pl. in-4. — 2º L. aut. sig.
(en anglais), à M. Wesmacott. 7 janvier. 1 p. in-4. Envoi de la pièce
qui précède.

969. **TALMA** (François-Joseph), tragédien célèbre.
L. aut. sig., à Mme.... Paris, 4 août 1810. 1 gr. p. pl. et demie
in-4. Très-belle lettre. *Portr.* lith. in-4.
Différentes études, beaucoup d'affaires, ne lui ont pas permis de s'occuper
plus tôt de son ouvrage, et de lui en écrire son opinion. Il discute longuement
et sévèrement le mérite des situations et le caractère des personnages de cette
œuvre dramatique.

970. **TALMA** (François-Joseph). *Le même*.
1º Billet de garde signé, comme commandant du poste de la section du Montblanc. Paris, 7 brumaire an III. 1 p. in-8. Deux *portr.*,
dont un costume colorié.

2° L. aut. sig. de son père, à John Kemble. Paris, 28 mai 1814.
2 p. pl. in-4. Curieuse.

3° L. aut. sig. d'Édouard Corbière, au rédacteur des *Annales*. 10 sept. 1818. 1 p. in-4. Envoi d'une épître impr. (ci-jointe) adressée à Talma.

971. **TAYLOR** (le baron Isidore-Justin-Séverin), ex-commissaire du Théâtre-Français, président-fondateur de l'association des artistes dramatiques, littérateur. N. 1789.

L. sig. (signée aussi par Samson, Provost, Henri, Leménil, Amant, Jemma, Chéri, Armand-Villot, Bouffé, Derval, Dubourjal et Berthier), à M.... 5 oct. 1848. 1 p. pl. in-4. Intéressante.

972. **TE DEUM** exécuté à Notre-Dame le 18 août 1838, à l'occasion de la naissance de S. A. R. le comte de Paris.

Etat de payement des artistes (près de 200), signatures originales composant l'orchestre pour cette cérémonie. On y trouve les noms des principaux musiciens de l'époque. Cet état est approuvé et signé par Habeneck et M. Vatout. 17 p. in-fol.

973. **TENNYSON** (Alfred), le meilleur poëte anglais vivant.

L. aut. sig. (en anglais), à M.... 26 août 1840. 3 p. pl. in-8. Jolie lettre littéraire.

974. **TERRY** (Daniel), célèbre comédien anglais, ami de Walter-Scott, auteur dramatique. N. 1780. M. 1829.

Deux lett. aut. sig. (en anglais), à M. Winston. 1823 et 182... 2 p. in-8. Théâtrales. Curieux article nécrologique ms. sur Terry (en anglais). 25 juin 1829. 4 p. pl. in-8. Rare affiche (1820). Joli *portr.* gravé in-8.

975. **THACKERAY** (William-Makepeace), célèbre romancier anglais, auteur de la *Foire aux vanités*, du *Livre des Snobs*, etc.

L. aut. sig. (en anglais), à miss.... 1 p. in-12. Curieuse.

DIBDIN (Charles), célèbre auteur et chansonnier anglais. Mort en 1833. L. aut. sig. (en anglais), à M. Hougeman. 29 sept. 1829. 1 p. in-18. *Portr.* gravé in-8.

DIBDIN (Thomas), filleul de Garrick, célèbre acteur comique, fécond chansonnier et auteur dramatique. N. 1771. M. 1841.

1° Billet aut. sig. (en anglais), à M.... 1 p. in-18. Deux *portr.*

2° L. aut. sig. (en anglais), au rédacteur du journal *The Age*, 23 déc. 1829. 3 p. in-18. Curieuse.

976. **THALBERG** (Sigismond), célèbre pianiste et compositeur. N. 1812.

1° Fragment musical aut. sig. Londres, 12 mai 1848. 1 p. in-8 en travers. *Portr.* et charge.

2° L. aut. sig. (en allemand), à M. Schlesinger. 25 mai 1845. 3 p. pl. in-8. Jolie lettre.

Relative à la publication de son duo (avec Panofka) sur des mélodies styriennes.

977. **THÉATRE-FRANÇAIS.**

Feuille de présence du Théâtre-Français du 23 décembre 1843. Signée par les sociétaires : Samson, Périer, Ligier, Beauvallet, Geoffroy, Régnier, Provost, Guyon, Brindeau. — *Mesdames* : Mante, Desmousseaux, Anaïs Aubert, A. Noblet, Brohan et Mélingue, et par les pensionnaires : Mirecourt, Marius, etc., etc. 2 gr. p. in-fol.

978. **THÉATRE-FRANÇAIS.**

Etat de payement de pensions signé par Larive, et par Mlles Doligny, Luzy, Fanier, Saint-Val aînée et Laurent. 1815. 1 p. in-fol.

Croquis original de Mlle Laurent. *Fanchette* dans le *Mariage de Fi-garo*. in-18.

THÉATRE-FRANÇAIS. L. adressée aux artistes sociétaires du Théâtre-Français de la République par quatorze musiciens de l'orchestre, afin d'obtenir des billets de faveur pour leurs amis. 2 p. in-fol.

979. THEATRE DE LA COUR DE VIENNE.

Sociétaires du théâtre de la Cour de Vienne, trente-cinq signatures originales découpées et collées dans un cahier en forme d'album. Réunion complète et rare, avec une liste et notice biographique de Heurteur, par M. de Falkenstein, 2 p. pl. in-4. On remarque parmi ces signatures : Loewe, Anschütz, Carl Laroche, Nicolas, Heurteur, Antoine Hasenhut, Mmes de Weissenthurn, Rettig, Julie Loewe, Louise Neumann, etc.

980. THENARD (Mlle Marie-Madeleine *Chevalier-Perrin*, dite), actrice du Théâtre-Français), élève de Préville. Se retira en 1819. **M...**

Pièce sig. pour obtenir un passeport pour Rouen. 1 p. in-8 en travers. *Rare*.

THÉNARD (Mlle Louise *Chevalier-Perrin*, dite), fille de la précédente, actrice du Théâtre-Français. Né en 1792. Retirée en 1857. L. aut. sig., à Ferville. 9 février 1831. 1 p. in-8.

981. THENARD jeune (Auguste *Chevalier-Perrin*, dit), bon acteur de l'Odéon et de l'Ambigu. On l'appelait *Coco Thénard*. Né en 1783. Mort à l'hôpital en 1853.

1º Son engagement au Théâtre-Français approuvé et sig. (avec la nomenclature des rôles qu'il devra remplir). 3 gr. p. in-fol. *Portr.*-costume colorié.

2º L. aut. sig., à Ferville. 1 p. pl. in-8. Théâtrale.

982. THENARD (Etienne), ténor du théâtre des Nouveautés et de l'Opéra-Comique. N. 1806. **M.** 1838

L. aut. sig., à M. Duverger. Bruxelles, 28 juillet 1837. 1 p. in-12

THÉNARD (Mme Gabrielle-Reine), née *Bousigues*, femme du précédent actrice du Vaudeville. N. 1809. L. aut. sig., à M.... 28 février 1853 1 p. in-8. Petit *portr*. découpé. Biogr. impr. 4 p. in-4.

983. THEODORE (Mlle Estelle), actrice du Gymnase où elle débuta en 1823. On l'appelait *la Mars du Vaudeville*

L. aut. sig., à Ferville. Paris, 22 avril 1831. 3 p. pl. in-8. Jolie e curieuse lettre théâtrale. Joli *portr*. de vigneron in-4, et *portr*.-costume colorié.

984. THERIGNY, acteur remarquable de la Porte-Saint-Martin de 1820 à 1825.

L. aut. sig., à Ferville. Montpellier, 7 février 1841. Beau *portr* de Colin. Rôle du Lépreux de la *Vallée d'Aost*, in-fol. Jolie lettr théâtrale. Curieuse.

985. THIERS (Louis-Adolphe), homme d'Etat et historien Il a fait la préface des *mémoires* de Miss Bellamy. N. 1798

L. aut. sig. de ses initiales *A.-T.*, à M. Paulin. 1 p. in-4. *Portr* Il a été vivement frappé de l'article de M. Th. Anne, il est aussi bien tourn qu'impartial à son égard. « Je ne hais pas les royalistes, bien que leur caus « ne soit pas la mienne; mais en me regardant comme ennemi, M. Anne m' « traité avec des égards et une faveur dont je lui sais un gré infini. »

986. THOMPSON (Benjamin), auteur dramatique anglais traducteur du théâtre allemand.

L. aut. sig. (en anglais), à son cher Hill. Nottingham, 24 janvie 1801. 2 gr. p. pl. in-fol. Belle lettre toute littéraire.

987. **THOMPSON** (Benjamin). *Le même.*
L. aut. sig. (en anglais), à son cher Hill. Nottingham, 30 oct. 1800. 2 gr. p. pl. in-4. Belle lettre.

988. **THIECK** (Louis), célèbre poëte, romancier et auteur dramatique allemand. Né à Berlin en 1773.
L. aut. sig. (en allemand), à son ami.... 21 juin 1812. 3 gr. p. pl. in-4. Belle et rare lettre.

989. **TIMEONI** (Irène), femme *Dutilleu*, célèbre cantatrice allemande. Prima dona à Venise en 1787. N. 1760. M...
L. aut. sig. (en italien), au conseiller.... Sans date. 2 p. pl. in-8. Jolie et rare lettre théâtrale.
TICHATSCHECK (Joseph-Aloys), célèbre ténor allemand. N. 1807. L. aut. sig. (en allemand), à M.... Dresde, 22 oct. 1855. 1 p. in-8.

990. **TOLBECQUE** (J.-B.), célèbre violoniste, chef d'orchestre et compositeur. N. 1796.
L. aut. sig., à M. Angelo Soriano. Paris, 3 mai 1856. 2 p. pl. in-8. Jolie et curieuse lettre. Charge de Dantan.

991. **TOUZEZ** (Léonard), acteur des Variétés de 1816 à 1826, auteur dramatique. M. 1849.
L. aut. sig., à M. Crétu. Paris, 29 avril 1818. 1 p. pl. in-8. Curieuse. *Très-rare.* Scène coloriée (les Bolivars et les Morillos).

992. **TOUZEZ** (Alcide) [Etienne-Augustin, dit], frère du précédent, inimitable *Jocrisse* du Palais-Royal. 1806-1850.
L. aut. sig., à M.... 11 février 1848. 1 p. in-8. Beau portr.-costume lith. in-4. Biogr. impr. 4 p. in-4.
TOUZEZ (Mme), née Charlotte-Zoé *Régnier*, mère de Régnier du Théâtre-Français, et femme (en 2mes noces) de Léonard Touzez des Variétés, actrice du Théâtre-Français de 1819 à 1842. N. 1782. L. a. s., à M. Masson. 6 oct. 1825. 1 p. pl. in-8. Théâtrale. *Rare.*

993. **TREE** (Miss Anne-Maria), femme *Bradshaw*, charmante cantatrice et comédienne, sœur de Mme Charles Kean. Débuta à Covent-Garden en 1819 dans le *Barbier de Séville.* N. 1801.
L. aut. sig. (en anglais), à M. Godwin. 27 juillet 1826. 1 p. in-4. Joli *portr.* gravé ressemblant. in-4.
TURPIN (Miss Maria), jolie femme et gracieuse actrice du Haymarket. L. aut. sig. (en anglais), à M. Kenneth. 1 p. in-8. Théâtrale.
SAINT-LÉGER (Mme), née Catherine *Williams*, en secondes noces femme *Cains*, actrice de Covent-Garden, où elle parut en 1799 dans *Jeanne Shore*. L. aut. sig. (en anglais), à M. Kenneth. 24 mai. 3 gr. p. pl. in-4. Curieuse lett. théâtrale. *Rare. Portr.* gravé in-8.

994. **TRUBLET** (l'abbé Nicolas-Charles-Joseph), littérateur et auteur dramatique, membre de l'Académie française.
L. aut. sig., à M. Coignard. Versailles, 8 juin 1743. 1 p. pl. et demie in-4. Curieuse lettre littéraire.

995. **TULOU** (Jean-Louis), célèbre flûtiste, professeur au Conservatoire et compositeur. N. 1786.
L. aut. sig., à M. Douin. Paris, 30 juin 1824. 1 p. pl. in-4.
COLLINET, célèbre flageolet. N. 1797. L. aut. sig., au directeur de l'Opéra. Paris, 15 nov. 1839. 1 p. in-8. Charge de Dantan.

996. **UGALDE** (Mme), née Gabrielle-Delphine *Beaucé*, célèbre cantatrice de l'Opéra-Comique. N. 1829.
L. aut. sig., à M.... 1 p. pl. in-8. Jolie lettre. *Portr.*-costume colorié, et deux scènes lith. in-fol.

997. VADE (Jean-Joseph), célèbre chansonnier et auteur dramatique.   N. 1720. M. 1757.

Cession aut. sig. de la *Nouvelle Bastienne*. Paris. 5 oct. 1854. 1 p. in-4. Beau *portr.* gravé in-8.

SÉDAINE (Michel-Jean), littérateur et auteur dramatique. N. 1719. M. 1797. Quitt. sig. pour ses honoraires d'une reprise de la *Gageure imprévue*. 24 vendémiaire an V. 1 p. in-4. *Portr.* gravé in-8.

998. VALENTINO (H.), ex-chef d'orchestre de l'Opéra-Comique, fondateur des concerts qui portent son nom.

L. aut. sig., à M. Raymond. Nancy, 29 nov. 1817. 2 gr. p. pl. in-4. Musicale.

999. VALERE, basse-taille de l'Odéon (1824) et de l'Opéra-Comique (1825). Se retira en 1828.

L. aut. sig., au duc d'Aumont. Paris, 24 mai 1826. 2 p. in-4.

1000. VANDENHOFF (John), célèbre tragédien anglais.

Billet aut. sig. (en anglais). 1 p. in-12. — Enveloppe aut.-critique imprimée, et scène de *Fiesco*.

VANDENHOFF (Georges), fils du précédent, acteur tragique de Covent-Garden et du Haymarket. L. a. s. (en anglais) à M. Boddie. Liverpool, 8 août 1840. 1 p. in-4. Scène de *Ranelagh*, critique imprimée.

TERNAN (Mme), née Frances-Eléonore *Jarman*, célèbre tragédienne anglaise. N. 1805. L. aut. sig. (en anglais), à M. John Fawcett. 27 oct. 2 p. in-12. Théâtrale. Joli *portr.* gravé.

TERNAN (miss Fanny), fille de la précédente, actrice du théâtre Olympic. Billet aut. sig. (à la 3e pers., en anglais), à M. Vernon. 25 juillet 1856. 1 p. in-18.

TERNAN (Thomas L.), acteur tragique, mari de miss Jarman. N. 1804. M. 1846. L. aut. sig. (en anglais), à M. Kenneth. Birmingham, 23 juillet 1844. 3 p. in-8. Intéressante lettre théâtrale.

1001. VANHOVE (Mme), femme de Vanhove de la Comédie-française. et mère de Mme Talma, actrice tragique du Théâtre-Français.

L. aut. sig., à M. le grand maître.... Paris, 15 avril 1809. 1 gr. p. in-fol. *Rare*.

1002. VANHOVE (Ernest), mari de la précédente, acteur du Théâtre-Français.

L. aut. sig., au citoyen préfet du département de la Seine. Huit germinal an IV. 1 p. pl. in-4.

VALMONZEY (Mlle C.), Belle et bonne tragédienne du Théâtre-Français et de l'Odéon.   N. 1799. M. 1835.

L. aut. sig., à M... Samedi, 3 juillet 1830. 2 p. pl. in-8. Jolie lettre. Beau *Portr.*-costume lith. in-fol.

Le charmant article qu'il a fait sur *Christine de Suède* l'a comblée de joie et de reconnaissance... Cette extrême bienveillance s'est-elle ralentie?...

1003. VARIÉTÉS (acteurs des). 9 lett. aut. sig.

AMÉDÉE (Louis-Ant. *Roque*, dit). 1 p. in-12. — ASTRUC (Jean). 1830. 1 p. pl. in-8. — BOUGNOL (Antoine), à Ferville. Rouen, 1834. 3 p. pl. in-4. Détails sur l'engagement qu'on lui propose à Toulouse. — CACHARDY (Charles-Joseph). 1835. 1 p. in-4. *Portr.*-costume colorié. — CANDEILH (François-Ferdinand), d'abord au Théâtre-Français. 1 p. in-8. — DANTERNY (Pierre-Jules *Deliège*, dit). 1853. 2 p. in-18. Théâtrale. Scène de la *Vie de Bohême*, lith. in-fol. — DEVAUX (Hippolyte-Paul). Deux lett. 3 p. in-8. — FLEURY. Pièce aut. sig. 1821. 1 p. in-8.

1004. VARIÉTÉS (acteurs des). 10 lett. aut. sig. et p. s.

GALLIN (Charles), depuis à la Porte Saint-Martin). 1842. 1 p. in-4.

—Guibert. Reçu aut. sig. 1830. 1 p. in-18. — Henry (Vachot-Jules). Deux lett. 1844 et 1851. 2 p. in-8 et in-4. — Lasozelière 1808. 1 p. in-4. *Rare.* — Lefèvre. Reçu sig. 1833. — Lhérie (Victor), et auteur dramatique. N. 1808. M. 1845. A Ferville. Le Mans, 1841. 3 p. in-4. Théâtrale. — Masquillier (Pierre-Gabriel). 1832. 1 p. in-4. Théâtrale. — Matis. Son *portr.* lith., rôle de *Pierre Laramée*, dans un *Tour de Faction*, in-fol., avec 2 lignes aut. sig. — Nanteuil (Gustave-Jacques *Boulé*, dit). 1 p. in-8.

1005. VARIÉTÉS (acteurs des), Directeurs-Auteurs dramaques. 9 lett. et pièces aut. sig., etc.

Oscar Pichat (Léon-Alphonse *Rolin*, dit). 1 p. in-8. — Perroud. Reçu aut. sig. 1812. in-18. — Rébard (J.-B.-Hippolyte). Mort en 1849. Sa signature. — Rhéal. 1853. 1 p. in-8. — Thierry (Emile), auteur de chansonnettes. 1853. 1 p. pl. in-8. Curieuse. — Villette (Jean-Désiré). 1 p. in-12. — *Directeurs, etc.* — Bowes (John). Deux lett. (en anglais). 1854. 2 p. in-12. — Dartois (François-Victor-Armand). 2 p. in-8. Théâtrale. — Dumanoir (Philippe). 1 p. pl. in-8. Théâtrale. Biogr. impr. 4 p. in-4. — Veyron *Delacroix* (Auguste). 1 p. in-12.

1006. VARIÉTÉS (actrices des). 10 lett. aut. sig.

Adèle (Mlle). 1855. 1 p. in-8. — Alphonsine (Mlle Jeanne-Alphonsine *Fleury*, dite). Deux lett. 2 p. in-8. *Portr.*, anecdote impr. — Antonia (Mlle *Jatiot*). 1 p. in-8. — Blum (Mlle Maria *Cerf*, dite). Deux lett. 1855. 2 p. in-12. — Boisgontier (Mlle Elisa). 1855. 1 p. in-8. — Bongars (Mlle Esther de), femme *Hédé*. 1850. 1 p. in-8. *Portr.*-costume. — Constance (Mlle *Besuche*), à Arnal. 1 p. in-8. Catalogue (imprimé) de son mobilier vendu en 1854. — Crécy (Mme). 1 p. in-8.

1007. VARIÉTÉS (actrices des). 8 lett. et 1 p. aut. sig.

Cundel (Mlle Éliza), femme *Danterny*. 1 p. in-8. — Delorme (Mlle Joséphine *Chevallier*, dite). 1852 (en anglais). 1 p. in-12. — Demorange (Mlle Virginie). 1 p. in-18. — Dulac (Mme Céline *Deshayes*, dite). Deux lett. in-18. Dupont (Mlle Blanche *Eugénie*, dite). 2 p. in-8. — Ernestine (Mlle Ernestine *Hornig*, dite). 1838. 1 p. pl. in-8. Curieuse. — Esther (Mlle Emilie E. *Delarue*, dite *Delonchamps*, au théâtre). 2 p. in-18.

1008. VARIÉTÉS (actrices des). 6 lett. aut. sig.

Ferreyra (Mlle Judith-Gustavine). 1851. 1 p. in-8. — Fitz-James (Mlle Caroline *Payart*, dite Cara). 1 p. in-8. — *Florestine* (Mlle). 2 p. in-8. — Genot (Mme), née Elisa *Fay*. 1842. 2 gr. p. in-4. Théâtrale. Petit *portr.* découpé. — Herfort (Mlle), célèbre par son procès contre son mari, un épicier nommé *Godard*. 2 p. in-18. — Jolivet (Mlle Céleste-E. *Delinant*, dite). 1830. 1 p. pl. et 1/2 in-4. Théâtrale.

1009. VARIÉTÉS (actrices des). 6 lett. aut. sig. et 1 p. sig.

Laurence (Mlle Pauline *Chevalier*, dite). 1836. 1 p. in-8. — Leyder (Mlle Marie-Joséphine). 1851. 1 p. in-8. — Mathilde (Mlle Mathilde *Guisolphe*, dite). Morte en 1856. 1 p. in-12. — Melval (Mlle Caroline). 1837. 1 p. in-4. Théâtrale. — Metoven (Mlle). Quitt. sig. écrite et aussi signée par Brunet. 1811. 1 p. in-12. — Olivier (Mlle Caroline). 1 p. in-8. — Pauline-José (Mlle Anna *Lyon-José*, dite). 1 p. in-8.

1010. VARIÉTÉS (actrices des). 6 lett. aut. sig.

Potel (Mlle Pauline *Piau*, dite). 1855. 1 p. in-18. — Rougemont (Mlle S.). 1835. 1 p. pl. in-4. Théâtrale. — Scriwaneck (Mlle Célestine). 1 p. in-8. — Valence (Mlle M. *Desportes*, dite). 1843. 1 p. in-8. *Portr.*-costume colorié. — Valérie (Mlle) 1 p. in-18. — Valmont (Mlle Adeline). 1830. 2 p. in-8.

2   **1011. VATTEMARE** (Nicolas-Marie-Alexandre), célèbre ventriloque.   N. 1797.

L. aut. sig., comme correspondant de l'Institut National des États-Unis, etc., au ministre de l'Agriculture et du Commerce. Paris, 5 décembre 1844. 1 gr. p. in-fol. Rare *portr.* anglais, dans le rôle de Miss Flirtilla, in-fol. colorié.

Au sujet des exemplaires de la collection de la statistiqne générale de la France que le ministre a adressés, de la part de son gouvernement, aux états du Massachussets et de la Pensylvanie...

1012. VAUDEVILLE (acteurs du). 7 lett. aut. sig.

BALLARD (Ch.-Napoléon), 20 mars (au crayon). 1 p. in-8. *Port.*-costume colorié. — BAR (Édouard *Andres*, dit). 1847. 1 p. in-8. — BASTIEN (Sébastien *Ménard*, dit). 1 p. in-8. — BÉRON (Léon) 1/2 p. in-8.—BONDOIS (Paul-Julien). 1844. 3 p. pl. in-8. Théâtrale.—BRETON (Jules), mort à Lyon en 1853. Rouen 1847. 1 p. in-4. — CAMIADE (J.-V.). N. 1784. M. 1853. Hospice Beaujon, 25 sept. 1850. 1 p. in-8.

1013. VAUDEVILLE (acteurs du). 10 lett. aut. sig.

DELANNOY (Edmond-Léopold-Émile). 4 lett. 1844-1850. 5 p. in-8. *Port.* — DULAC, 1847. 1 p. in-8. — FÉDÉ (Charles), mort en 1848. A Ferville, 1839. 3 p. in-8. Théâtrale. — FÉLIX (Félix *Cellerier*, dit). 1 p. in-18. *Port.* — FLEURY (Francis-*Plunkett*, dit), frère de madame Doche. 1 p. in-18. — FONTENAY (J.-B.-Léonard *Daligi* de). Deux lett. 1840 et 1853. 2 p. in-8 et in-4. Deux portr.-costumes coloriés. — FRADELLE (*Conailhat*, dit). 1843. 4 p. pl. in-8. Théâtrale. Curieuse.

1014. VAUDEVILLE (acteurs du). 8 lett. aut. sig.

GALABERD (Charles-Honoré). 1854. — GUÉNÉE (L.). N. 1757. M. 1843. 25 juin 1825. 2 p. in-8. *Port.*-costume colorié. — HIPPOLYTE (Daniel Worms). L. et pièce aut. sig. 2 p. in-12. *Port.*-costume color. — JALIET (Nicolas, dit Léon). 1856. 1 p. in-8. — JUCLIER, 1837. 1 p. in-8. — LABA (Paul-Joseph). 1 p. in-8. Deux *port.*-costumes color., et scène, in-fol.

1015. VAUDEVILLE (acteurs du). 9 lett. aut. sig.

LAGRANGE (Félix *Leroy*, dit). 1853. 2 p. in-8. — LECOURT (Achille-Théodore). Deux lett. 1841 et 1851. 1 p. in-8 et 2 p. in-4. — LÉONCE (Thédore E. *Nicole*, dit). 1855. 1 p. pl. in-8. Curieuse. — LINGÉ (Emmanuel). 1856. 2 p. in-8. Très-curieuse. — LUCIEN. 1850. 2 p. in-8. Théâtrale. — LUDOVIC (Louis-M.-A. *Cayard*, dit). Deux lett., 1840 et 1848. 1 p. in-18 et 2 p. in-8. — MARTIN (Gabriel), 1855. 1 p. in-8.

1016. VAUDEVILLE (acteurs du). 7 lett. aut. sig.

MONTALAND (Jean-Antoine-Marie). 1838. Théâtrale, et billet aut. sig. de sa femme. — NÉROUD (Louis-André-Joseph). 2 p. in-8. — NEUVILLE (Charles-Félix *Dubourg*, dit). 1847. 1 p. in-8. — PARADE (Auguste). 1 p. in-8. — ROUSSEAUX (Eugène-Rémi). 1852. 1 p. in-8. — VIETTE (Isidore), 1838. 2 p. in-8. Théâtrale. — VILLOT (Armand). 1824. 1 p. in-8.

1017. VAUDEVILLE (directeurs du), auteurs dramatiques et littérateurs. 9 lett. aut. sig.

BÉRARD (Cyprien). 2 gr. p. pl. in-4. Curieuse. — BOUFFÉ (Louis). N. 1808. M. 1853. 1 p. in-8. — BOYER (Louis). 1 p. in-18. Charge. — CARPIER (A.). 1 p. in-8. — ERNEST (Paul *Dulin*, dit). 1850. 1 p. in-8. — GUERCHY (le marquis Ant.-Fréd.-Louis *Régnier* de). 1829. 1 p. in-18. — LEFÈVRE (Louis). 1847. 1 p. in-8. — DRAT, à M. Thenard. Nantes, 3 mars 1842. 2 gr. p. in-4. Théâtrale. Curieuse. — TRIBERT (A.). 1839. 1 p. pl. in-8.

1018. VAUDEVILLE (actrices du). 8 lett. aut. sig.

BADER (Mlle Marie-Caroline). 2 p. in-8. — BALLAGNY (Mme J.). 1 p. in-8. — BALLAURI (Mlle Clotilde-Caroline), 1845. Théâtrale. — BALTAZAR (Mlle Hortense), à Arnal. 1 p. in-12. Trois portr.-costumes coloriés. — BELMONT (Mlle Hélène). 1 p. in-8. — BRASSINE (Mlle Marie). 1 p. in-8. *Portr.* — CHARLOTTE (Mlle). 1 p. in-12. — CHEVALIER (Mlle Emma). 1 p. in-8.

1019. VAUDEVILLE (actrices du). 8 lett. aut. sig.

CLARY (Mlle). L. aut. sig. *Tala.* 2 p. pl. in-18. — CLORINDE DUCHÉ (Mlle). 1 p. in-12. — CLOZEL (Mme), née Anne-Geneviève MAYNON, 1816. 1 p. pl. in-4. Curieuse. — DELVALLE (Mlle). 1 p. in-8. — DELVIL (Mme), née Angélique *Bonnaire.* 1 p. in-8. — DUMONT (Mme Eugénie *Roussel*, dite). 1 p. in-8. — ENJALBERT (Mlle Félicie-Victoire-Zélie). 1855. 1 p. in-8. — ERNEST (Mme Paul), née Clémence *Jamet.* 2 p. in-8, et billet de bal signé. *Portr.-costume colorié.*

1020. VAUDEVILLE (actrices du). 9 lett. aut. sig.

FANNY (Mlle). 1 p. in-8. — FITZELIER (Mme *Astruc*). 2 p. in-8. — HANNEGRESSE (Mlle Pauline). 1850. 2 p. in-8. Théâtrale. Curieuse. — JEANNE (Mlle Jeanne-Euphrosine *Pozat*, dite). 1 p. in-8. Affiche, et lettre aut. sig. de Mme Bomard au sujet d'un concert. — JULIA (Mlle *John*, dite *Mailet*). Deux lett. 3 p. in-8. — MARIA (Mlle). 1 p. in-8. — MARTIN (Mlle Adèle). 1842. 1 p. in-8. Théâtrale. — MAX (Mlle Céline), femme DESHAYS. 1 p. in-8. Scène de *Diogène.*

1021. VAUDEVILLE (actrices du). 7 lett. aut. sig.

MÉRAUX (Mme Louise-Alexandrine), Pensée aut. sig. in-18. — MIRA (Mme Valérie). 2 p. in-8. — RENAUD (Mlle Émélie-Anne-Joé), femme *Lecomte.* 3 p. in-8. Jolie et intéressante lettre. — VALENTIN (Mlle Elisabeth-Odille). L. aut. sig. *Odille.* 1850. 1 p. in-12. — WILLMEN (Mlle Eugénie *David*, dite). 2 lett. 1855. 3 p. in-18 et in-8.

1022. VAUTRIN (Mme), célèbre actrice des Variétés depuis 1808 jusqu'à sa mort.   N. 1780. M. 1840.

Bon de payement, aut. sig. 21 octobre 1818. 1 p. in-8 en travers. *Portr.* lith. de Jules Vernet in-4.

1023. VERDI (Giuseppe), célèbre compositeur dramatique.

L. aut. sig. (en italien), à M. Corti, 10 nov. 1852. 1 p. pl. in-4. Belle lettre. *Rare Port.* gravé, in-4.

Relative à la nomination de Corti comme directeur du théâtre italien de Paris.

1024. VERON (le docteur Louis), directeur de l'Opéra. N 1798.

L. aut. sig., à M. 15 juillet 1853. 1 p. in-8. Six charges sur la même feuille, et *Le Remède de Mimi Véron*, actualité curieuse, in-fol., coloriée.

1025. VERTPRE (Mlle Jenny), célèbre et charmante actrice de la Porte-Saint-Martin et des Variétés, femme de l'auteur dramatique Carmouche.

L. aut. sig. *Jenny Carmouche*, à Arnal, mardi... 1 p. pl. in-8. Intéressante. *Port.* et deux portr.-costumes, dont un colorié. Biogr. impr. 4 p. in-4.

1026. VESTRIS (Angelo-Marie-Gaspard *Vestri*, dit), frère du *Dieu de la danse*, d'abord danseur à l'Opéra, puis à la Comédie Italienne en 1769. En 1782 il donna l'opéra intitulé : *Ariane à Naxos.*   N. 1730. M. 1809.

Reçu aut. sig. 16 janvier 1752, in-8.

VESTRIS (Éliza Lucy), née *Bartolozzi*, en secondes noces, femme

Mathews, la plus séduisante actrice anglaise de son époque. Née en 1797. **Morte en 1856.**

L. aut. sig. (en anglais, à la 3e personne), au rédacteur de *The Age*, 1831. 1 p. in-8, — Billet aut. sig. in-8, en travers. Sa signature aut. (remontée). Trois *port.*, affiche, etc.

1027. VIARDOT (Mlle Fernande-Laurence-Pauline *Garcia*, femme), fille de Manuel Garcia, et sœur de Mme Malibran, célèbre cantatrice du Théâtre Italien et de l'Opéra.

L. aut. sig. *Pauline*, à Mme la comtesse Merlin. 2 p. in-8. Intéressante. *Port.* et notice imprimée de la *Galerie de la Presse*, notice hist. du baron de Trémont, et *portr.*-costume dans le *Prophète*.

1028. VICTORINE (Mlle), actrice du Vaudeville. **N. 1797.**

L. aut. sig., à Ferville 1826. 1 p. in-8. Portr.-costume colorié.

1029. VIEUXTEMPS (Henri-J.), célèbre violoniste et compositeur belge. **N. 1820.**

L. aut. sig., à M... Paris, 10 août 1855. 1 p. pl. in-8. Jolie lettre musicale. *Portr.* (avec ceux de Deloffre, Hill, Piatti et Ella).

1030. VIGANONI (Joseph), célèbre ténor italien. 1754-1823.

Billet aut. sig. (à la 3e personne, en italien), à la duchesse de Fronzac. 12 janvier 1790. Petite page in-18. *Rare*. Petit *portr.* médaillon.

VALLI (Louis), 1er baryton du Théâtre Italien. L. aut. sig., à M. Alexandre Corti. Paris, 29 janvier 1853. 1 p. pl. in-4. Curieuse lettre théâtrale.

1031. VIGARANI (Charles).

Inventeur et conducteur des machines des ballets du roi Louis XIV. En 1672, il s'associa avec Lully pour exploiter conjointement l'Opéra pendant huit années. Cette société fut dissoute le 24 août 1680.

Quitt. sig. (sur parchemin), de la somme de quinze cents livres pour le quartier d'avril, mai et juin de la pension que lui fait S. M. Paris, 22 juillet 1682.

CONTANT (Charles), machiniste en chef de l'Opéra. Auteur d'un grand ouvrage sur les machines des différents théâtres. L. aut. sig., à M. Bunce. 4 juillet 1840. 1 p. in-8. Relative à son ouvrage.

BOUTRON, ancien machiniste en chef de l'Opéra. L. sig. au préfet de la Seine (certifiée par le directeur Bonet). 1 p. in-fol.

1032. VILLARS (Charles), acteur du Gymnase, qui avait joué aux Variétés, à Berlin, etc. N. 1811. S'est noyé en 1855.

L. aut. sig., à Ferville. Rouen, 24 août 1833. 2 gr. p. pl. in-4. Rare et curieuse lettre théâtrale. *Portr.*

1033. VIOLONISTES-COMPOSITEURS FRANÇAIS.

ALARD (Delphin). 1 p. in-8. — BLONDEAU (Pierre-Auguste-Louis). 1838. 2 p. pl. in-12. Toute musicale. Intéressante. — DANCLA (Charles), 1er violon de l'Empereur. 1 p. in-8. — DANCLA (Léopold), frère du précédent. 2 p. in-8. — LECIEUX (Léon). 1856. 1 p. in-12. — LEUDET (Louis Ferdinand). 2 p. in-18. — NYON (Claude-Guill.), breveté par lettres patentes comme *roi des violons et maître des jouets d'instruments, tant haut que bas, dans tout le royaume de France*. Quitt. sig. (sur parchemin), de quatre écus dix sols. 15 octobre 1598. *Rare*. — REYNIER (Léon). 1855. 2 p. in-8. — ROPICQUET (Casimir-Alexandre). 1 p. pl. in-4. Curieuse.

1034. VIOLONISTES-COMPOSITEURS allemands, anglais, italiens, etc. 7 lett. aut. sig. et 1 pièces sig.

BAZZINI (Antonio). 1856. 1 p. in-8. — GASSE (Ferdinand). A Pixerécourt. 1824. 2 p. in-4. Musicale. Intéressante. — GUHR (Charles-

Guill.-Ferdinand). 1845 (en allemand). 1 p. in-4. Théâtrale. — Hauman (Théodore). 1 p. in-8. *Portr.* lithog. in-4. — Lysinski (Charles). 1841. 1 p. pl. in-4. — Mori 1835 (en anglais). 1 p. in-4. — Panofka (Henri). 1 p. in-8. — Veracini (Francesca-Maria). Né à Florence en 1685. Mort à Pise en 1750. Quitt. sig. 1719. 1 p. in-4. Rare.

1035. VIOLONCELLISTES-COMPOSITEURS *français* et *étrangers.* 5 lett. aut. sig. et 2 pièces sig.

Batta (Alexandre). 1 p. in-8. — Batta (Joseph), frère du précédent, musicien. Billet a. s. 1/2 p. in-8. — Battanchon (Félix). 1844. 3 p. in-8. Intéressante. — Christiani (Mlle Lise B.) Née en 1828. Morte en 1853. Billet d'une ligne aut. sig. Cachet. — Duport aîné (Jean-Pierre). N. 1741. M. 1818. Mémoire sig. 1765. 1 p. in-4. — *Franchomme* (Auguste). 1845. 2 p. in-8. — Lindley (Robert), 1er violoncelle du théâtre du roi à Londres pendant plus de cinquante ans. 15 mars 1829 (en anglais). 1 p. in-8. *Portr.*, avec celui de Dragonetti.

1836. VIOLONCELLISTES-COMPOSITEURS *français* et *étrangers.* 5 lett. aut. sig.

Offenbach (Jacques), directeur-fondateur des Bouffes-Parisiens. 1 p. in-12. Trois charges et deux impr. — Seligmann (Hippolyte-P.). 1 p. in-8. — Servais (Adrien-François). 1852. 3 p. in-8. — Vaslin. 1844. 1 p. in-8. *Portr.* lith. in-4. — Viotti (Jean-Baptiste). N. 1753. M. 1824. Paris, 4 août 1821. 2 p. in-8. Intéressante. *Portr.* gravé in-8.

1037. VOISENON (Claude-Henri *Fusée*, abbé de), littérateur et auteur dramatique, membre de l'Académie française.

L. a. s., à M.... Paris, 16 janvier 1762. 1 p. pl. in-4. Intéressante.

1038. VOLET (Mlle Emilie *Coralli*, dite), femme *Aladenize*, actrice de l'Odéon.

L. aut. sig. *Emilie V.*, à son cher petit.... 1 p. in-8.

Volet (Mlle Maria *Coralli*, dite), sœur de la précédente, baronne Devaux, actrice et danseuse des Variétés. Morte en 1849, à l'âge de 24 ans. Billet de bal signé. 1845. *Portr.*-costume colorié.

Coralli (J.), père des précédentes, danseur et maître de ballets de l'Opéra. Mort en 1854. Rapport aut. sig. 1 p. in-4. *Portr.*-scène, in-4.

Coralli (Eugène), fils du précédent, danseur de l'Opéra. Billet de bal. sig. 1846. *Portr.* sur une redowa, in-fol. lith.

1039. VOLNYS (Charles *Joly*, dit), acteur du Théâtre-Français et du Gymnase.   N. 1803.

B. aut. sig., à Mme.... (à la suite d'une lett. aut. sig. de Mme....) 1 p. in-8. Portr.-costume. Biogr. impr. 4 p. in-4.

Volnys (Jeanne-Louise-Léontine *Fay* (femme), longtemps la *Petite Merveille* du Gymnase, puis comédienne du Théâtre-Français. N. 1810.

L. aut. sig., à son bon Henri. 8 avril 1846. 3 p. in-8. Jolie lettre. Intéressante.

1040. VOLTAIRE (François-Marie *Arouet* de).

L. aut. sig. *V.*, au maréchal de Richelieu. Cirey, 8 juin 1745. 4 gr. p. pl. in-4. *Portr.* gravé (de l'artiste), in-4.

Très-belle lettre au sujet de la pièce qu'il compose, où doivent figurer le duc de Foix et la princesse de Navarre. Longs et curieux détails sur les décorations, divertissements et scènes qu'il projette pour cette pièce.

1841. WAGNER (Mlle Johanna), femme *Jochmann*, célèbre cantatrice dramatique allemande.

Sa signature donnée comme autographe, in-18. *Portr.* gravé in-8.

Wagner (Mlle Francesca), sœur de la précédente, actrice du théâtre de Weimar. Pièce aut. Dresde, 21 avril 1848. 1 p. in-8 en travers. Jolie petite pièce.

1042. WALLACK (James), l'un des plus célèbres comédiens d'Angleterre.   N. 1792.

1° L. aut. sig. (en anglais), à M. Kenneth. 2 nov. 1833. 2 gr. p. pl. in-4. *Portr.*

Il lui envoie un extrait de journal, pour lui faire voir qu'il l'a échappé belle.

2° Trois lett. aut. sig. (en anglais). 1 p. in-8 et 3 p. in-4. Théâtrales.

WALLACK (Henry-John), frère du précédent, 1ers rôles de tragédie. En 1835, il joua *Macbeth, Othello*, etc., à la salle Ventadour. Billet aut. sig. pour deux personnes au théâtre du Haymarket (sur la même feuille). Billet aut. sig. de *Warde*, tragédien anglais).

WARDE (James *Prescott*, dit), 1ers rôles tragiques. N. 1792. N. 1840.

L. aut. sig. (en anglais), à son cher Vining. 11 décembre 1832. Théâtrale.

1043. WALTER (Jean-Gottfried), savant musicien, organiste et compositeur, auteur d'un lexique de musique, ouvrage devenu classique.   N. 1684. M. 1748.

Fragment aut. de son ouvrage sur la musique (en allemand). 4 gr. p. pl. in-fol. *Rare.*

1044. WARTEL (François), chanteur remarquable de l'Opéra où il débuta en 1831.   N. 1809.

Pièce aut. sig. (écrite pour M. de Falkenstein). Dresde, 24 nov. 1843. 1 p. in-4. Curieuse. *Portr.*-costume colorié.

1045. WARTON (Mme Elisa), célèbre poseuse dans les tableaux vivants à Londres. Une des plus magnifiques femmes d'Angleterre.

Billet aut. sig. (en anglais). 17 avril 1848. Petite page in-18. Gravure anglaise la représentant en costume de lady *Godiva*, lors de la fête à Coventry. gr. pièce in-fol.

2° L. aut. sig. de son mari (en anglais). 3 déc. 1849. 3 p. in-8. Relative à son intention de venir à Paris avec sa femme. Sa troupe se compose de seize personnes.

3° L. aut. sig. de l'agent de Mme Marton (en anglais). 13 nov. 1849. 2 p. in-8.

AIXA (Mlle). Belle personne, fort bien faite, qui a paru dans les tableaux vivants de la salle Bonne-Nouvelle, ainsi qu'au petit théâtre des Champs-Elysées. L. aut. sig., à M. Planti. Sans date. 1 p. in-8. Jolie lettre. Intéressante.

1046. WEBER (Carl.-Marie Von), célèbre compositeur dramatique allemand.   N. 1786. M. 1826.

L. aut. sig. (en allemand, avec la traduction en français), à Mlle Caroline Brandt. Prague, 15 sept. 1813. Belle et rare lettre. Notice ms. du baron de Trémont. Portr. lith. in-4.

Leur opéra a commencé avec succès par Fernand Cortez, et ils l'attendent avec impatience pour monter *Cendrillon* et *Jean de Paris*. « Hâtez-vous d'arriver; ne prêtez aucune attention à de faux bruits qui courent, nous jouissons de la plus parfaite tranquillité, et le Dieu de la guerre ne troublera nullement notre repos... »

1047. WENZEL (Mlle Elisa), femme *Jaillard*, remarquable actrice tragique de l'Odéon et du Théâtre-Français.

1° Pièce de procédure approuvée et signée. 13 février 1829. 1 p. in-4. Curieuse. *Portr.*-costume, in-18.

2° L. aut. sig., au rédacteur du *Diable Boiteux*. Paris, 9 mai 1825. 1 p. in-8.

VICTOR (Pierre-Victor *Lerebours*, dit), 1er rôle tragique de l'Odéon et du Théâtre-Français, auteur dramatique. N. 1793.

L. aut. sig., au rédacteur des *Annales*. Paris, 12 mai 1818. Théâtrale.

Curieuse. 1 p. in-4. Article ms. de journal. *Portr*. lith. in-4., et deux *portr*.-costumes coloriés.

1048. WERTHEIMBER (Mlle Palmyre), cantatrice de l'Opéra-Comique (1852) et de l'Opéra.

L. aut. sig., à Mme.... 25 avril 1854. 2 p. in-8. Jolie lettre. Deux scènes de *Galathée*, in-fol.

1049. WILHEM (B.-Guill.-Louis, *Bocquillon*), fondateur de l'*Orphéon*, directeur de l'enseignement du chant dans les écoles primaires, compositeur de romances, écrivain musical.   N. 1781. M. 1842.

1° L. aut. sig., a M. Perrotin Paris, 28 août 1841. 3 p. in-4. Au sujet de l'impression de son cours de l'orphéon. Intéressante.
2° L. aut. sig., a M.... Paris, 24 sept. 1822. 2 p. in-4.

1050. WILLIS (N.-P.), célèbre poëte et littérateur américain.

Pièce de vers aut. sig. (en anglais), adressée a M. Ashton. Londres, 14 juillet 1845. 1 p. pl. in-4. Belle pièce. Joli *portr*. gravé in-4.

1051. WILSON (Henriette), célèbre courtisane anglaise, maîtresse du prince de Galles, auteur de *Mémoires*.

Pièce aut. (en anglais), relative au docteur Nevinson, son amant (sans date). Cinq gr. p. pl. et demie in-fol. Ecrit satirique et curieux. *Rare*. *Portr*. gravé in-12.
Vers aut. du docteur Nevinson (en anglais), a Henriette Wilson. 1 gr. p. in-4 (quelques taches).

1052. WOLFF (Pius-Alexander), célèbre acteur allemand. Né en 1784.   Mort en 1828.

L. aut. sig. (en allemand), a M... 1er nov. 1804. 1 p. in-4. *Rare*. Il le prie de lui procurer le drame anglais, un *Conte mystérieux*.
Wolff (Oscard-Louis-Bernard), célèbre improvisateur allemand. N. 1779. M. 1852. *Le Sommeil*, sonnet aut. sig. (en allemand). Jéna, 1833. 1 p. in-4.
Weidner (Julius), acteur du théâtre de Francfort. L. aut. sig. (en allemand), à M. Beck. Francfort, 5 juillet 1828. 3 gr. p. pl. in-4. Cachet. Belle lettre théâtrale.

1053. WOOD (Mme), célèbre cantatrice anglaise. En 1824, elle épousa lord William Lennox. En 1830, les époux se quittèrent et elle se remaria avec le chanteur Wood.

L. aut. sig. *Mary-Ann Lennox* (en anglais), à M. Westmacott. 1 p. in-8. Cachet. (Les lettres avec cette signature ne se trouvent presque jamais.) *Deux portr*.-costumes in-8 et in-fol., et caricature gravée extrêmement rare (elle donne de l'argent a Wood, lui chantant : *Tout ce que j'ai, je te le donne, là, là, là*).
Adresse de lettre aut. sig. de Lord Will. Lennox. *Dossier curieux*.
Wood (Joseph), 1er ténor anglais. En 1830, il épousa Miss Paton, célèbre chanteuse. L. aut. sig. (en anglais), a M... 18 déc. 1839. 1 p. in-4. Théâtrale. *Portr*.-scène.
Wood (W.-B.), directeur du théâtre de Philadelphie. Trois lett. aut. sig. (en anglais), a M. Thomas Philippe. 1817-1818. 3 gr. p. in-4. Belles et intéressantes lettres théâtrales.

1054. WRENCH (Benjamin-Ellis), excellent et spirituel comédien, presque sans rival dans l'emploi de valets. Né en 1775.   Mort en 1853.

L. aut. sig. (en anglais), a M.... 2 sept. 1836. 2 p. pl. in-8. Joli *portr*. gravé (avec six autres sur la même feuille). Intéressante lettre théâtrale.

Wright (Edward), le meilleur comique anglais depuis Liston, l'idole des habitués du théâtre Adelphi.

L. aut. sig. (en anglais), 1847. 1 p. in-12. *Portr. et biogr. scène.*

1055. **YATES** (Fréd.-Henry), célèbre 1er comique et travesti, longtemps directeur du théâtre Adelphi. 1797-1842.

1º L. aut. sig. (en anglais). à M.... Jeudi... 1 p. in-4. Théâtrale. Curieux et rare *portr.*-costume colorié (par Cruikshank).

L. aut. sig. (en anglais), à M. Westmacott. 15 avril.... 1 p. in-4. Théâtrale.

Yates (Miss Elisabeth *Brunton*), femme du précédent, célèbre actrice du théâtre Adelphi, 1ers rôles de drame. N. 1799. Deux lett. aut. sig. (en anglais). 2 p. in-12. *Portr.* gravé in-8.

1056. **ZANOTTI** (Giovanni-Andrea), célèbre acteur de la Comédie Italienne.   Mort en 1684.

Quitt. sig. (sur parchemin), de la somme de 3750 livres pour lui et sa troupe pendant le quartier de juillet, août et septembre 1674. *Rare.*

1057. **ZANUZZI** (Francesco), acteur de la Comédie Italienne. Il y débuta en 1759.

Quitt. a. s. (en italien), de la somme de 880 livres, comme avances pour son voyage à Paris. Venise, 20 mars 1759. 1 p. in-4. *Rare.*

1058. **ZENO** (Apostolo), célèbre poëte dramatique italien. Né en 1669.   Mort en 1750.

1º L. aut. sig. (en italien), à M. J.-B. Sabbioni. Venise, 12 février 1736. 1 gr. p. pl. in-4. Historique et littéraire.

2º L. aut. sig. (en italien), au même. Venise, 19 juin 1736. 2 gr. pl. in-4. Belle et intéressante lettre.

1059. **ZUCHELLI** (Carlo), 1re basse taille du Théâtre-Italien de 1822 à 1830.   N. 1792.

L. aut. sig. (en italien), à Benelli. Rome, 29 août 1821. 1 gr. p. pl. et demie in-4. Théâtrale. *Portr.* lith. in-4, et portr.-costume colorié.

Zezi (Alfonso), 1re basse-taille, célèbre chanteur du théâtre de Dresde, N. 1790. L. aut. sig. (en italien), à M. de Falkenstein. Dresde, 12 août 1843. 1 p. pl. in-4. Charmant envoi de son autographe.

PORTRAITS, PORTRAITS-COSTUMES COLORIÉS, SCÈNES, ETC.

1060. **ACTEURS FRANÇAIS.** Portraits-costumes coloriés. *Soixante pièces.*

1061. **ACTEURS ET ACTRICES DE PARIS.** 1.º Portraits avec biographies (imprimées). Dix pièces. — 2º Portraits-costumes coloriés (Suite rare). *Vingt pièces.*

1062. **ACTEURS ET ACTRICES DE PARIS.** Portraits, portraits-costumes, scènes, etc. *Quarante pièces.*

1063. **ACTEURS ET ACTRICES.** Portraits, portraits-costumes en noir et coloriés, scènes. *Cinquante-six pièces.*

1064. **ACTRICES FRANÇAISES.** Portraits-costumes coloriés. *Soixante pièces.*

1065. ACTEURS ANGLAIS. 1° Dix pièces renfermant *trente-cinq* portraits. — 2° *Trente pièces* de scènes et portraits de l'Illustration anglaise.

1066. DANSEURS ET DANSEUSES. 1° Portraits-costumes coloriés. *Vingt-cinq pièces.* — 2° Portraits et scènes. *Dix pièces.*

1067. KEAN (Edmond et Charles). Portraits, scènes et carica-tures. *Huit pièces.*
> MACREADY (W.-C.). Portraits et scènes, quatre sur bois et un portrait sur acier.

1068. KEMBLE (la famille). Portraits-costumes et scènes, en partie coloriés. *Seize pièces.*

1069. RACHEL (mademoiselle). Portraits, portraits-costumes, scènes, caricatures, en partie coloriés. *Vingt et une pièces.*

N. B. Toutes les lettres, pièces, portraits, scènes, etc., de cette collection, se trouvent dans le meilleur état (à moins d'indications contraires), et renfermés dans des enveloppes (ou chemises) uniformes, annotées avec le plus grand soin et le meilleur ordre par le collectionneur.

FIN DU CATALOGUE.

Quelques erreurs s'étant produites dans la rédaction de la pièce relative à la mort de Louis XVI que renfermait notre XXIIᵉ Catalogue (19 février dernier), sous le n° 217, nous croyons devoir la reproduire complètement ici.

DERNIÈRE COMMUNION DE LOUIS XVI.

Le document historique dont nous transcrivons ci-après intégralement le contenu, est l'original même qui a été adressé au curé de la paroisse de a Tour du Temple, la veille de la mort de Louis XVI, et qui a dû rester en sa possession. Il provient de la succession de M. l'abbé Godard, mort chanoine-honoraire de la métropole de Paris ; il nous suffira, ce nous semble, d'en donner la description matérielle, son contenu n'ayant pas besoin de commentaires !!!

Il se compose de deux grandes pages pleines in-folio, avec l'entête imprimée de la commune de Paris ; l'écriture autographe de l'abbé Edgeworth commence aux mots : *Un crucifix*, et se termine à sa signature ; les + placées à la suite des objets demandés, et les mots *Cartons, Lavabo*, indiqués ici en italique, sont sans doute de la main de curé de Saint-François d'Assises, pour marquer que ces objets ont été envoyés ; le reste est de la main du commissaire de la commune, *Douce*, et l'un des signataires. — La pièce qui est d'une conservation parfaite est renfermée entre deux vitres avec bordure à filets dorés, fleurs de lis aussi dorées aux quatre coins, et fond noir verni : cette bordure funèbre paraît être d'une époque très-rapprochée de la mort du Ro martyr.

Commune de Paris.

(Ici est le cachet gravé de la Commune de Paris, avec ces inscriptions 1º dans le 1er cercle : *Commune de Paris*. Dans le centre, entourée d'une couronne de chêne fermée par le bonnet de la liberté : *Liberté*. 14 *juillet* 1789. *Egalité*. 10 *août* 1792.)

Un crucifix. +
Un missel. + *Cartons*.
Un calice. +
Un corporal et une palle. —
Une patène. +
Une pierre sacrée.
Un purificatoire. +
Un amict. +
Une aube. +
Un cordon. + *Un lavabo*.
Un manipule. +
Une étole. +
Une chasuble. —
Deux nappes d'autel. +
Une grande et une petite hostie.

Je soussigné, ministre du culte catholique, agréé par le conseil de la commune séante au Temple pour dire la messe demain dans l'appartement de Louis Capet, conformément à son vœu, désire qu'on me fournisse les objets détaillés dans la liste ci-dessus. Ce 20 janvier mil sept cent quatre-vingt-treize.

Edgeworth.

Nous soussignés, commissaires de la Commune, de garde à la tour du Temple, délibérant sur la demande cy-dessu énoncé, prions le citoyen curé de la paroisse de St-François-d'Assise, de vouloir bien prêter les objets détalliés dans la demande cy-contre, et sur le désir de Louis Capet, pour luy faire entendre une messe qui doit être célébrée dans sa chambre à la tour du Temple demain matin a six heures précises, et denvoyer ses objets au conseil du Temple par une personne qu'il choisira a cet effet, lesquels objets luy seront rendu dans la matinée du même jour.

Nous prions de plus le citoyen curé de vouloir bien nous envoyer ses objets ce soir, s'il est possible, ou de nous faire assurer par le présent porteur, qu'il voudra bien nous les envoyer demain à cinq heures du matin.

Fait au conseil du Temple, ce dimanche au soir, vingt janvier mil sept cent quatre-vingt-treize, l'an deuxième de la république française :

Douce, Baudrais, Paffe, Destournelles, Teurtot, Jori, Boiron, Mercereau et *Gillet-Marie*.

Ici a été apposé le cachet à la cire rouge (un peu brisé) du conseil de surveillance du Temple, avec cet exergue, entre le filet et une couronne de chêne : *Commune de Paris. L'an Ier de la République française*. Et au milieu, traversé par une pique surmontée du bonnet de la liberté : *Surveillance du Temple*.

On lit dans l'almanach national de 1793, l'an II de la république, page 185, au sujet de la délimitation constitutionnelle des trente-trois paroisses de Paris, la note suivante, qui établit que la tour du Temple était située dans a circonscription de *St-François-d'Assises*, aujourd'hui *St-Jean-St-François* :

Curés de Paris.

SAINT-FRANÇOIS-D'ASSISES.

Le C. Sébastien-André Sibire.

Arrondissement de cette paroisse.

Rue du Temple, le boulevart à droite, jusqu'à la rue Neuve-Saint-Gilles ; ladite et celle du ci-devant Parc-Royal à droite, jusqu'à celle Payenne ; ladite à droite, jusqu'à celle des Bourgeois ; ladite, celle de Paradis, du Chaume, des Vieilles-Audriettes et du Temple à droite, jusqu'au Boulevart.

Prix . . . . . (trois mille francs). . . . 3000 fr.

Paris. — Typographie de GAITTET et Cie, rue Gît-le-Cœur, 7.